Schöningh

EinFach Deutsch
Unterrichtsmodell

Klassische Kurzgeschichten

Erarbeitet von
Timotheus Schwake

Herausgegeben von
Johannes Diekhans

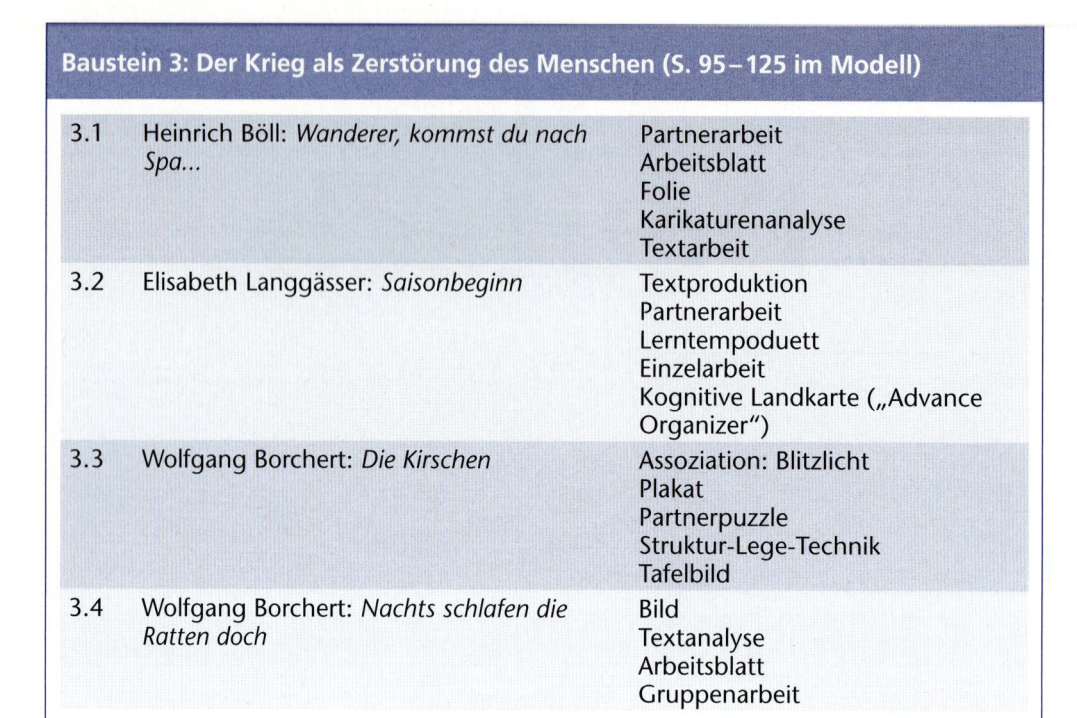

Baustein 3: Der Krieg als Zerstörung des Menschen (S. 95–125 im Modell)

3.1	Heinrich Böll: *Wanderer, kommst du nach Spa...*	Partnerarbeit Arbeitsblatt Folie Karikaturenanalyse Textarbeit
3.2	Elisabeth Langgässer: *Saisonbeginn*	Textproduktion Partnerarbeit Lerntempoduett Einzelarbeit Kognitive Landkarte („Advance Organizer")
3.3	Wolfgang Borchert: *Die Kirschen*	Assoziation: Blitzlicht Plakat Partnerpuzzle Struktur-Lege-Technik Tafelbild
3.4	Wolfgang Borchert: *Nachts schlafen die Ratten doch*	Bild Textanalyse Arbeitsblatt Gruppenarbeit

Baustein 4: Das Individuum in Wirtschaft und Gesellschaft (S. 126–161 im Modell)

4.1	Siegfried Lenz: *Der große Wildenberg*	Arbeitsblatt: Rätsel Textproduktion Partnerarbeit Textanalyse Tafelbild Filmplakat
4.2	Günter Eich: *Der Stelzenmann*	Internetanzeige Rollenbiografie Textarbeit Tafelbild Lesekompetenz-Test Gruppenarbeit Folie
4.3	Kurt Marti: *Neapel sehen*	Assoziation: „Blitzlicht" Textanalyse Partnerarbeit Tafelbild Thesenpuzzle Folie Diskussion
4.4	Theo Schmich: *Die Kündigung*	Einzelarbeit Partnerinterview Inhaltsangabe Tafelbild Urteil Collage („Flugplakat")

Klassische Kurzgeschichten

Baustein 1: Beziehungen und Kommunikation (S. 16–71 im Modell)

1.1	Kurt Marti: *Happy End*	Filmplakate Szenische Interpretation: Standbild Schreibauftrag
1.2	Peter Bichsel: *Der Milchmann*	Textproduktion Präsentation: Doppelkreis Tafelbild Text-Bild-Vergleich
1.3	Peter Bichsel: *Die Tochter*	Partnerarbeit Szenische Interpretation: Standbilder Textproduktion: Innerer Monolog Textüberarbeitung: Schreibkonferenz Kommunikationsanalyse: Arbeitsblatt
1.4	W. H. Fritz: *Augenblicke*	Lesekompetenz-Test: Multiple-Choice Partnerpuzzle-Methode Tafelbild
1.5	Reiner Kunze: *Fünfzehn*	Brainstorming/Assoziation Arbeitsblatt: Gruppenarbeit Perspektivenwechsel: Textproduktion
1.6	Helga M. Novak: *Schlittenfahren*	Partnerarbeit Einzelarbeit Textproduktion: Stilwechsel Bild: Perspektivenwechsel
1.7	Gabriele Wohmann: *Schönes goldenes Haar*	Rätsel: Körpersprache Arbeitsblatt: Interview Szenische Interpretation: Standbilder Präsentation Textanalyse Tafelbild: Vergleich

Baustein 2: Menschen in außergewöhnlichen Situationen (S. 72–95 im Modell)

2.1	Herbert Malecha: *Die Probe*	Tafelbild: Inhaltsangabe Partnerarbeit Standbilder: Gruppenarbeit Präsentation Textproduktion: Kommentar
2.2	Georg Britting: *Brudermord im Altwasser*	Assoziation: „Tümpel" Stillarbeit: Lektüre Folie Strukturierte Kontroverse Textproduktion
2.3	Günther Weisenborn: *Zwei Männer*	Rätsel: Textproduktion Einzelarbeit Tafelbild Lesekompetenz-Test
2.4	Eigene Kurzgeschichten verfassen	Werkstatt: Schreibplan Arbeitsblatt Textproduktion Schreibkonferenz: Überarbeitung

Bildnachweis:

S. 9 o.: Des Moines (IA), Des Moines Art Center Permanent Collection, 1958.2 – **S. 9 u., 124:** © Cinetext – **S. 25, 42, 46, 70, 74:** Verlagsarchiv Schöningh/Timo Schwake – **S. 44 o. li., u. li., 148 li.:** © Cinetext Bildarchiv; **S. 44 o. re., 148 re:** © action press/EVERETT COLLECTION – **S. 45, 154:** © Isolde Ohlbaum – **S. 50, 53, 63, 110, 149:** © dpa – **S. 52:** VG Bild-Kunst, Bonn 2007 – **S. 56, 67, 169** u.: © picture-alliance/dpa – **S. 69, 115 re. o.:** © akg-images – **S. 71:** Andreas Reeg/VISUM – **S. 86, 145:** © ullstein bild – **S. 87:** © blickwinkel/M. Woike – **S. 89:** © picture-alliance/akg-images – **S. 91, 155, 161, 164, 168:** Verlagsarchiv Schöningh/Reinhild Kassing – **S. 115** o. li.: Deutsches Historisches Museum, Berlin; u.: © Hans Traxler – **S. 116:** D. H. Teuffen/Interfoto – **S. 120, 123:** Wolfgang Borchert Archiv, Hamburg – **S. 158:** © Theo Schmich – **S. 168:** © picture-alliance/dpa-Report – **S. 169** o.: Geoffrey Clements/Corbis

© 2008 Bildungshaus Schulbuchverlage
Westermann Schroedel Diesterweg Schöningh Winklers GmbH
Braunschweig, Paderborn, Darmstadt

www.schoeningh-schulbuch.de
Schöningh Verlag, Jühenplatz 1–3, 33098 Paderborn

Das Werk und seine Teile sind urheberrechtlich geschützt.
Jede Nutzung in anderen als den gesetzlich zugelassenen Fällen bedarf der vorherigen schriftlichen Einwilligung des Verlages.
Hinweis zu § 52a UrhG: Weder das Werk noch seine Teile dürfen ohne eine solche Einwilligung gescannt und in ein Netzwerk gestellt werden.
Das gilt auch für Intranets von Schulen und sonstigen Bildungseinrichtungen.

Auf verschiedenen Seiten dieses Buches befinden sich Verweise (Links) auf Internetadressen. Haftungshinweis: Trotz sorgfältiger inhaltlicher Kontrolle wird die Haftung für die Inhalte der externen Seiten ausgeschlossen. Für den Inhalt dieser externen Seiten sind ausschließlich deren Betreiber verantwortlich. Sollten Sie dabei auf kostenpflichtige, illegale oder anstößige Inhalte treffen, so bedauern wir dies ausdrücklich und bitten Sie, uns umgehend per E-Mail davon in Kenntnis zu setzen, damit beim Nachdruck der Verweis gelöscht wird.

Druck 8 7 6 / Jahr 2013 12 11
Die letzte Zahl bezeichnet das Jahr dieses Druckes.

Umschlaggestaltung: Jennifer Kirchhof
Druck und Bindung: Media-Print Informationstechnologie GmbH, Paderborn

ISBN 978-3-14-022402-4

Vorwort

Der vorliegende Band ist Teil einer Reihe, die Lehrerinnen und Lehrern erprobte und an den Bedürfnissen der Schulpraxis orientierte Unterrichtsmodelle zu ausgewählten Ganzschriften und weiteren relevanten Themen des Faches Deutsch bietet.
Im Mittelpunkt der Modelle stehen Bausteine, die jeweils thematische Schwerpunkte mit entsprechenden Untergliederungen beinhalten.
In übersichtlich gestalteter Form erhält der Benutzer/die Benutzerin zunächst einen Überblick zu den im Modell ausführlich behandelten Bausteinen.

Es folgen:

- Vorüberlegungen zum Einsatz der Texte im Unterricht
- Hinweise zur Konzeption des Modells
- Ausführliche Darstellung der einzelnen Bausteine
- Zusatzmaterialien

Ein besonderes Merkmal der Unterrichtsmodelle ist die Praxisorientierung. Enthalten sind kopierfähige Arbeitsblätter, Vorschläge für Klassen- und Kursarbeiten, Tafelbilder, konkrete Arbeitsaufträge, Projektvorschläge. Handlungsorientierte Methoden sind in gleicher Weise berücksichtigt wie eher traditionelle Verfahren der Texterschließung und -bearbeitung.
Das Bausteinprinzip ermöglicht es dabei den Benutzern, Unterrichtsreihen in unterschiedlicher Weise und mit unterschiedlichen thematischen Akzentuierungen zu konzipieren. Auf diese Weise erleichtern die Modelle die Unterrichtsvorbereitung und tragen zu einer Entlastung der Benutzer bei.

Die Texte, die behandelt werden, sind in diesem Modell abgedruckt.

Arbeitsfrage

Einzelarbeit

Partnerarbeit

Gruppenarbeit

Unterrichtsgespräch

Schreibauftrag

szenisches Spiel, Rollenspiel

Mal- und Zeichenauftrag

Bastelauftrag

Projekt, offene Aufgabe

Inhaltsverzeichnis

1. Theorie der Kurzgeschichte   10

2. Kurzgeschichten im Deutschunterricht und Kriterien für die Textauswahl   12

3. Konzeption des Unterrichtsmodells   14

4. Die thematischen Bausteine des Unterrichtsmodells   16

   Baustein 1: Beziehungen und Kommunikation   16
   - 1.1   Kurt Marti: *Happy End*   16
   - 1.2   Peter Bichsel: *Der Milchmann*   20
   - 1.3   Peter Bichsel: *Die Tochter*   23
   - 1.4   H. W. Fritz: *Augenblicke*   27
   - 1.5   Reiner Kunze: *Fünfzehn*   32
   - 1.6   Helga M. Novak: *Schlittenfahren*   36
   - 1.7   Gabriele Wohmann: *Schönes goldenes Haar*   39
   - Arbeitsblatt 1:   Kinofilmplakate   44
   - Arbeitsblatt 2:   Kurt Marti: *Happy End*   45
   - Arbeitsblatt 3:   Ein Standbild zu einer Kurzgeschichte entwerfen   46
   - Arbeitsblatt 4:   Sprachanalyse   47
   - Arbeitsblatt 5:   Eine Kurzgeschichte produktiv verändern – Gedicht   49
   - Arbeitsblatt 6:   Peter Bichsel: *Der Milchmann*   50
   - Arbeitsblatt 7:   Aus Sicht einer literarischen Figur einen Brief schreiben   51
   - Arbeitsblatt 8:   Peter Schneider: *Auf der Straße*   52
   - Arbeitsblatt 9:   Peter Bichsel: *Die Tochter*   53
   - Arbeitsblatt 10:   Personenkonstellationen über Standbilder erarbeiten   54
   - Arbeitsblatt 11:   Textanalyse: Kurze Prosatexte untersuchen   55
   - Arbeitsblatt 12:   Walter Helmut Fritz: *Augenblicke*   56
   - Arbeitsblatt 13:   Lesekompetenz-Test zu W. H. Fritz: *Augenblicke*   57
   - Arbeitsblatt 14:   Paul Watzlawick: *Menschliche Kommunikation*   58
   - Arbeitsblatt 15:   Friedemann Schulz von Thun: *Zwischenmenschliche Kommunikation – die vier Seiten einer Nachricht*   60
   - Arbeitsblatt 16:   Reiner Kunze: *Fünfzehn*   63
   - Arbeitsblatt 17:   Mit Adjektiven charakterisieren   64
   - Arbeitsblatt 18:   Sprachliche Mittel untersuchen   65
   - Arbeitsblatt 19:   Helga M. Novak: *Schlittenfahren*   67
   - Arbeitsblatt 20:   Den Erzählstil einer Kurzgeschichte verändern   68
   - Arbeitsblatt 21:   Kreativer Umgang mit Gemälden – Edward Hopper: *Cape Cod Morning (1950)*   69
   - Arbeitsblatt 22:   Nonverbale Kommunikation: Der Körper meldet sich zu Wort   70
   - Arbeitsblatt 23:   Gabriele Wohmann: *Schönes goldenes Haar*   71

Baustein 2: Menschen in außergewöhnlichen Situationen 72
- 2.1 Herbert Malecha: *Die Probe* 72
- 2.2 Georg Britting: *Brudermord im Altwasser* 76
- 2.3 Günther Weisenborn: *Zwei Männer* 79
- 2.4 Eigene Kurzgeschichten verfassen 81

Arbeitsblatt 24: Herbert Malecha: *Die Probe* 83
Arbeitsblatt 25: Die Entwicklung einer literarischen Figur analysieren 85
Arbeitsblatt 26: Georg Britting: *Brudermord im Altwasser* 86
Arbeitsblatt 27: Die Naturbeschreibungen in *Brudermord im Altwasser* 87
Arbeitsblatt 28: Schuldig oder nicht: Die Frage der Verantwortung 88
Arbeitsblatt 29a: Günther Weisenborn: *Zwei Männer* 89
Arbeitsblatt 29b: Günther Weisenborn: *Zwei Männer* – Fortsetzung 91
Arbeitsblatt 30: Lesekompetenz-Test zu Weisenborns: *Zwei Männer* 92
Arbeitsblatt 31: Kurzgeschichten selbst verfassen – der Schreibplan 93
Arbeitsblatt 32: Eigene Texte überarbeiten: die Endredaktion 95

Baustein 3: Der Krieg als Zerstörung des Menschen 96
- 3.1 Heinrich Böll: *Wanderer, kommst du nach Spa…* 96
- 3.2 Elisabeth Langgässer: *Saisonbeginn* 100
- 3.3 Wolfgang Borchert: *Die Kirschen* 103
- 3.4 Wolfgang Borchert: *Nachts schlafen die Ratten doch* 107

Arbeitsblatt 33: Heinrich Böll: *Wanderer, kommst du nach Spa…* 110
Arbeitsblatt 34: Innere und äußere Handlung unterscheiden 114
Arbeitsblatt 35: Die Rolle der Schule gestern und heute kritisch reflektieren 115
Arbeitsblatt 36: Elisabeth Langgässer: *Saisonbeginn* 116
Arbeitsblatt 37a: Timotheus Schwake: Erzählverhalten und Sprache in *Saisonbeginn* 118
Arbeitsblatt 37b: Von Gier und Blindheit der Figuren in *Saisonbeginn* 119
Arbeitsblatt 38: Wolfgang Borchert: *Die Kirschen* 120
Arbeitsblatt 39a: Eine Kurzgeschichte erarbeiten (I) 121
Arbeitsblatt 39b: Eine Kurzgeschichte erarbeiten (II) 122
Arbeitsblatt 40: Wolfgang Borchert: *Nachts schlafen die Ratten doch* 123
Arbeitsblatt 41: Den Aufbau einer Kurzgeschichte untersuchen 125

Baustein 4: Das Individuum in Wirtschaft und Gesellschaft 126
- 4.1 Siegfried Lenz: *Der große Wildenberg* 126
- 4.2 Günter Eich: *Der Stelzengänger* 132
- 4.3 Kurt Marti: *Neapel sehen* 137
- 4.4 Theo Schmich: *Die Kündigung* 142

Arbeitsblatt 42a: Siegfried Lenz: *Der große Wildenberg* 145
Arbeitsblatt 42b: Siegfried Lenz: *Der große Wildenberg* – Fortsetzung 147
Arbeitsblatt 43: Charlie Chaplin: *Moderne Zeiten* 148
Arbeitsblatt 44: Günter Eich: *Der Stelzengänger* 149
Arbeitsblatt 45: *Der Stelzengänger* – Eine Rollenbiografie verfassen 152
Arbeitsblatt 46: *Der Stelzengänger* – Lesekompetenz-Test 153
Arbeitsblatt 47: Kurt Marti: *Neapel sehen* 154
Arbeitsblatt 48: Sprachliche Mittel erkennen und deuten 155
Arbeitsblatt 49: Thesenpuzzle zu *Neapel sehen* 156
Arbeitsblatt 50: Theo Schmich: *Die Kündigung* 158
Arbeitsblatt 51: Eine Inhaltsangabe verfassen 160
Arbeitsblatt 52: Zu einem literarischen Text Stellung beziehen 161

5. Zusatzmaterial

- Z1: Merkmale der Kurzgeschichte 162
- Z2: Formen modernen Erzählens 164
- Z3: Kommunikationsanalyse 166
- ⌬ Z4: Rhetorische Figuren (Übersicht) 167
- Z5: Internetwerbung 168
- ⌬ Z6: Kreatives Schreiben: Schreibanlässe I/II 169/171

Zu diesem Heft gehört eine Hör-CD: EinFach Zuhören. Die klassische Kurzgeschichte. Best.-Nr. 062631-6. Sie enthält zahlreiche der in diesem Heft abgedruckten Kurzgeschichten. Diese sind im Inhaltsverzeichnis mit ⌬ gekennzeichnet.

Edward Hopper: Automat, 1927

„Uns fehlt der Optimismus des 19. Jahrhunderts, zu glauben, diese Welt ließe sich auf fünfhundert Seiten einfangen; deshalb wählen wir die kurze Form!" (Jorge Luis Borges)

Filmszene aus „Deutschland im Jahre Null", 1947

„Mein hartgesottener Ehrgeiz kann nicht ablassen von dieser Form. Nimmt man sie wirklich ernst, dann wird die Kurzgeschichte – das ist meine Meinung – zur schwierigsten aller Prosaformen, denn keine andere verlangt vom Autor so viel Disziplin." (Truman Capote)

Theorie der Kurzgeschichte

Fragen zur Gattung, zur historischen Entwicklung und Aktualität

„Die Menschen (sic!) gehen nicht zum Nordpol und fallen von Eisbergen herunter; sie gehen in Büros, streiten mit ihren Frauen und essen Kohlsuppe."
(Tschechow)

Mit diesem berühmten Diktum Tschechows ist ein zentrales Merkmal der Kurzgeschichte angesprochen, ihr Verzicht auf Spektakel und Sensation. Für Tschechow konzentriert sich die Kurzgeschichte auf die Beschreibung und Darstellung des gewöhnlichen Alltags ganz normaler Durchschnittsmenschen. Dabei bedeutet der Verzicht auf Pose und große Geste nicht, dass nur Banalitäten transportiert werden. Durch Kohlsuppe kann auch der „Zorn über ein fehlgeschlagenes Leben" ausgedrückt werden, Kohlsuppe kann auch zum „Symbol für eine Katastrophe" werden wie der Sturz von einem Eisberg. (Vgl. Leonie Marx: Die deutsche Kurzgeschichte. Stuttgart 1985, S. 128) Dabei korrespondiert die Alltäglichkeit der Inhalte mit grundsätzlichen, schwierigen Situationen, Krisen von Menschen oder Ausnahmesituationen des alltäglichen Lebens, die von einfachen Menschen oder auch Außenseitern – nicht Helden oder Schurken – bewältigt werden müssen. Im Scheitern des Einzelnen wird dabei oft Exemplarisches deutlich, gesellschaftlich häufig unhinterfragte Normen und Werte werden als brüchig und instabil vorgeführt.

Formal besitzen die meisten Kurzgeschichten einen unvermittelten Anfang und ein offenes Ende, aufgrund des begrenzten Umfangs wird – zumindest bei der klassischen Kurzgeschichte – unter Verzicht auf Nebenhandlungen meist konzentriert und einsträngig-linear erzählt. Die Fokussierung auf nur wenige Figuren erlaubt die Darstellung eines singulären Ereignisses im Leben eines Individuums, das sich als Wendepunkt begreifen lässt und häufig zur Entscheidung zwingt. Eine gezielte Pointierung legt in dichter Atmosphäre ein Stück Wirklichkeit offen, das für jeden Menschen Relevanz in sich trägt und somit über sich hinaus auf eine „wahre Wirklichkeit" verweist, die es in einer von Zwängen der Verwaltungsbürokratie verstellten Gegenwart aufzuzeigen gilt.

Gattungstypologisch ist die Kurzgeschichte eine Lehnübersetzung aus dem Angloamerikanischen (von „short story"). Sie setzt sich in Deutschland mit dem Ende des Zweiten Weltkrieges durch und erlebt in der unmittelbaren Nachkriegszeit ihren bis heute gültigen Höhepunkt. Für die Autoren der „lost generation" bietet die neue Form der Kurzgeschichte ein gewisses Identifikationsangebot, das man angesichts des tiefen Misstrauens gegenüber traditionellen, aber in der NS-Zeit häufig missbrauchten literarischen Formen dankbar annahm. Thematisch steht natürlich die existenzielle Erfahrung des Krieges und des Holocausts im Vordergrund, die angesichts ihres bisher nicht gekannten Schreckens nicht durch überkommene literarische Formen gestaltet werden konnte, sondern nach neuen Ausdrucksformen suchte. Die einfache, prosaische Sprache und die Unmittelbarkeit des Ausdrucks reflektieren das Verlangen der Autoren, die sogenannte „schöne Literatur", der Eskapismus vorgeworfen wurde, hinter sich zu lassen. Das fehlende Pathos und die hohe Glaubwürdigkeit der Kurzgeschichten der unmittelbaren Nachkriegszeit resultiert aus diesem bewussten Verzicht auf tradierte Formen und korrespondiert mit dem Verzicht auf Erklärungen und umfassende Exposition. Angesichts des Grauens des Krieges kam nur eine klare, wortkarge, asketische Sprache infrage, die das „Ethos des Humanen" mit einer „moralischen Anklage gegen den Krieg und alle Abstufen von Unmenschlichkeit" verband. (Ebd., S. 141) So zeigt in Wolfgang Borcherts berühmter Kurzgeschichte „Das Brot" der Übergriff des Mannes auf die Brotration seiner Ehefrau und deren Entscheidung, auf ihre zweite Scheibe zugunsten ihres Mannes zu verzichten, ausschnitthaft und am Beispiel einer kleinen Szene „das ganze Elend und die ganze Größe des Menschen". (Böll, zitiert nach Marx: Die deutsche Kurzgeschichte, a.a.O., S. 141)

Mit dem Verblassen der unmittelbaren Kriegserfahrungen erweitert die Kurzgeschichte ihr thematisches Spektrum über die „Trümmerliteratur" hinaus. Schon in den 50er-Jahren, ausgeprägter noch in den 60er-Jahren wendet sie sich den Lebensumständen des Individuums zu, die diesem als kaum noch verständlich erscheinen, den Menschen verunsichern, befremden oder gar bedrohen. Die zunehmende Komplexität der modernen Gesellschaft, eine „verdinglichte und versachlichte Umwelt" der Großstadt (Ebd., S. 154) führen zu neuen Fragen, die von der Kurzgeschichte angesprochen und bearbeitet, jedoch so gut wie nie gelöst werden. Dabei geht es weiterhin um Aspekte der unbewältigten Vergangenheit, aber auch um alltägliche Probleme wie Ehe- und Kommunikationsschwierigkeiten oder um Probleme während der Adoleszenz. Angesichts der gesellschaftlich-sozialen Restauration im Wirtschaftswunderland Deutschland werden auch soziale Fragen neu fokussiert: Die „Folgen des Wirtschaftswunders, Werteverlust, Orientierungslosigkeit, menschliche Vereinsamung und seelische Verwahrlosung" werden für die konstatierte krisenhafte Gefährdung und schicksalhafte Bedrohung des Menschen verantwortlich gemacht. (Vgl. Rainer Könecke: Interpretationshilfen. Deutsche Kurzgeschichten 1945 bis 1968. Stuttgart 1994, S. 10) Aufgezeigt wird die Orientierungslosigkeit des Menschen, der erkennen muss, dass materieller Wohlstand und einseitiger Fortschritt häufig nur eine Fassade darstellen, hinter der sich seelische Leere und Ohnmacht verbergen.

Spätestens mit dem Ende der 60er-Jahre scheint der Höhepunkt der Gattung überschritten, wichtige Autoren wie Böll, Aichinger oder Lenz nutzen die Form der Kurzgeschichte immer seltener. Das Abrücken von der Kurzgeschichte bedeutet jedoch nicht den „Tod der Gattung". Bis heute ist das Interesse an der Kurzgeschichte nicht verschwunden, angesehene zeitgenössische Autoren wie Sybille Berg, Judith Hermann oder Ingo Schulze stehen für die weiterhin gültige Modernität und Aktualität der Kurzgeschichte. Auch zeigen anspruchsvolle Literaturpreise wie der der Stadt Arnsberg sowie eine große Zahl an Wettbewerben und Foren im Internet das gegenwärtige Interesse an einer Gattung, die unter Verzicht auf strenge Formkriterien ein breites Publikum erschlossen hat. (Vgl. B. Greese: Die Kurzgeschichte auf dem Weg ins 21. Jahrhundert. Paderborn: Schöningh 2007)

Kurzgeschichten im Deutschunterricht und Kriterien für die Textauswahl

Die Frage, warum überhaupt epische Texte ihren Platz im Deutschunterricht haben sollten, beantwortet Joachim Pfeiffer mit Verweis auf ihren „Sitz im Leben". Zwar habe nicht jeder Mensch einen Sinn für Lyrik, aber „jeder erzählt". Im Akt des Erzählens werden „Beziehungen gestiftet, das Spiel von Nähe und Distanz reguliert, Welt- und Menschenbilder entworfen". Für den Didaktiker ist Erzählen somit ein „Grundbestandteil menschlicher Kommunikationsfähigkeit". (Vgl. Joachim Pfeiffer: Romane und Erzählungen im Unterricht. In: K.-M. Bogdal/ H. Korte (Hg.): Grundzüge der Literaturdidaktik. München 2002, S. 190–202; hier: S. 190) Roland Barthes findet Erzählen „an allen Orten und in allen Gesellschaften; die Erzählung beginnt mit der Geschichte der Menschheit; nirgends gibt und gab es jemals ein Volk ohne Erzählung". (Vgl. R. Barthes: Das semiologische Abenteuer. Frankfurt a.M. 1988, S. 102) Die von dem Literaturdidaktiker und dem Philosophen geäußerten Ansichten über das Erzählen an sich lassen sich ohne Mühe auch auf die Kurzgeschichte als spezifisch moderner Form des Erzählens beziehen. Diese Einschätzung lässt sich mit Blick auf die Schule schon dadurch begründen, dass mit Aufkommen der Kurzgeschichte in der Nachkriegszeit diese sogleich in den Lesebüchern des Literaturunterrichts rezipiert wird. Der Siegeszug der Kurzgeschichte nach dem Zweiten Weltkrieg hat neben der thematischen Dimension der (moralischen) Erneuerung einer am Boden liegenden und zu Recht zerstörten Nation auch eine didaktische, die in der Länge der neuen Gattung zu finden ist. Im Sinne einer curricularen Progression gingen Generationen von Lesebüchern davon aus, dass sich kürzere Texte aufgrund der fehlenden Erfahrung jugendlicher Leser mit längeren epischen Texten für eine unterrichtliche Behandlung besonders eignen würden. Angesichts der von der empirischen Lesesozialisationsforschung geleisteten Untersuchungen nimmt man heute im literarischen Unterricht zunehmend Abstand vom Gedanken des Spiralcurriculums, da nicht nur die Harry-Potter-Hysterie der letzten Jahre gezeigt hat, dass jugendliche Leser durchaus auch längere Romane mit großer Begeisterung zu lesen imstande sind. Der Deutschunterricht sollte sich diese Erkenntnis zunutze machen und sich trauen, auf die bekannten außer-schulischen Lesegewohnheiten einzugehen. Das Plädoyer für ein Aufbrechen gewohnter Lektürepraxis im Literaturunterricht beinhaltet aber andererseits keinen Abschied von der Kurzgeschichte. Diese sollte vielmehr in allen Jahrgangsstufen bis zum Abitur rezipiert werden, schließlich sind viele aktuelle Kinder- und Jugendromane durchaus einfacher aufgebaut und leichter verständlich als moderne Kurzgeschichten, die äußerst „komplex, sinnoffen oder sogar sinnverweigernd" sein können. Kurzgeschichten „widersetzen sich oft dem flüchtigen Lesen, weil die inhaltliche und formale Verknappung und Verdichtung des Textes sich erst der aufmerksamen und geduldigen Lektüre erschließt". (Vgl. J. Pfeiffer: Romane und Erzählungen im Unterricht, a. a. O., S. 197) Anders als es die ursprüngliche Idee des Spiralcurriculums also befürwortete, sollten Kurzgeschichten von ihrer dienenden und an die „hohe Literatur" heranführenden Funktion befreit und auch in den höheren Jahrgangsstufen gelesen werden.

Das didaktische Potenzial der Kurzgeschichte wird gerade angesichts der veränderten Wahrnehmungs- und Lesegewohnheiten in der modernen, durch das Internet geprägten Mediengesellschaft deutlich. Zwar sollte sich der Literaturunterricht anfangs grundsätzlich – das ist ein zentrales Ergebnis der Lesesozialisationsforschung – an den Interessen und Gewohnheiten der jungen Leser orientieren und die Freude am Lesen als zentrales Lernziel propagieren, doch kann ein moderner Literaturunterricht auf die Anbahnung von Lesefreude nicht reduziert werden, will er seiner Grundlagen nicht beraubt werden. Auf Analyse- und Interpretationsarbeit zugunsten einer reinen „Erlebnisdidaktik" (ebd., S. 199) sollte der Literaturunterricht nicht verzichten. Mithilfe von Kurzgeschichten als spezifisch moderner Literatur kann der unauflösbare Konflikt zwischen Individuum und Gesellschaft immer wieder neu thematisiert werden. Eine Auseinandersetzung mit klassischen deutschen Kurzgeschichten betont dabei die Bedeutung, die der funktionale und historische Aspekt bei der Behandlung von Kurzprosa hat. Es macht durchaus Sinn, „sich Texten der Vergangenheit zuzuwenden, die aufgrund des historischen Abstands eine kritisch-reflexive Lesehaltung" nahelegen. Dabei wird es (zumindest in der Oberstufe) „unumgänglich" sein, das „Leseinteresse der Schüler zu überschreiten". Anders als ein Großteil der aktuellen Kinder- und Jugendliteratur fördert die Beschäftigung mit klassischen Kurzgeschichten nicht Identifikation, sondern zwingt zur distanzierenden Reflexion, da diese häufig von „Sinnverweigerung, Ausschnitthaftigkeit oder ironischer Distanz" geprägt ist und schon von daher eine „affirmative, identifikatorische Lektüre verhindert zugunsten eines kritischen, distanzierten Lesens". (Ebd., S. 202) In diesem Sinn sind in das vorliegende Unterrichtsmodell zahlreiche bekannte, mittlerweile kanonisierte und klassisch zu nennende deutsche Kurzgeschichten berühmter Autoren wie Böll, Borchert, Wohmann, Bichsel oder Eich aufgenommen worden, die neben den fachspezifischen Texterschließungskompetenzen auch einen Beitrag zur Identitätsfindung leisten können. Neueste Kurzgeschichten finden sich in dem EinFach-Deutsch-Unterrichtsmodell von Bettina Greese, 2007 im Schöningh Verlag erschienen.

Konzeption des Unterrichtsmodells

Das vorliegende Unterrichtsmodell bietet zahlreiche klassische deutsche Kurzgeschichten, die sich in den Lesebüchern der letzten Jahrzehnte finden, in didaktisch und methodisch neuer, aktueller Aufbereitung an. Die Textsammlung wird dabei ergänzt von nicht ganz so populären Texten wie beispielsweise Eichs *Stelzengänger*, Schmichs *Kündigung* oder Lenz' *Der große Wildenberg* und eignet sich prinzipiell für einen Einsatz in den **Jahrgangsstufen 8 bis 13**.

Die Kurzgeschichten des **ersten Bausteins** thematisieren die Schwierigkeiten des Individuums, mit seinen Mitmenschen in Beziehung zu treten. Gezeigt werden ganz normale Menschen, die angesichts der Überkomplexität des modernen Lebens zunehmend die Orientierung oder aber das Interesse aneinander verloren haben. Die Schülerinnen und Schüler erkennen anhand der gestörten Kommunikation grundlegende Schwierigkeiten des modernen Menschen, seine Einsamkeit und Unausgefülltheit, sein Schreien nach Glück. Der Baustein wird ergänzt um einige Kurzgeschichten, die den Ablösungsprozess jugendlicher Erwachsener von ihren Eltern thematisieren („Emanzipation in der Adoleszenz").

Baustein 2 präsentiert klassische Kurzgeschichten über Menschen, die durch erschütternde Ereignisse in Grenzsituationen ihres Lebens geraten und sich in diesen bewähren müssen. Ein schicksalhafter, komprimierter Lebensausschnitt verändert das Leben der Protagonisten entscheidend. Die drei ausgewählten Kurzgeschichten werfen dabei die Frage auf, welche Handlungs- und Bewährungsmöglichkeiten dem Menschen in einer immer unkonturierter und komplexer werdenden Lebenswirklichkeit noch möglich sind. Am Ende dieses Bausteins findet sich eine kleine **Schreibwerkstatt**, mit der jugendliche Schreiber ziel- und kriterienorientiert dazu angeleitet werden können, eigene anspruchsvolle Texte in Anlehnung an die Vorlagen zu verfassen.

Das Auftauchen der Kurzgeschichte als neuer, unverbrauchter Gattung nach 1945 ist ohne einen Blick auf die unmittelbare Vergangenheit Deutschlands nicht zu erklären. Aus diesem Grund stehen im **dritten Baustein** Kurzgeschichten im Mittelpunkt, die sich unmittelbar (Böll, Langgässer, Borcherts *Nachts schlafen die Ratten doch*) oder mittelbar (Borcherts *Die Kirschen*) auf den Krieg beziehen lassen. Eindringlich und prägnant erzählt bilden die ausgesuchten Kurzgeschichten einen starken Kontrast zur sogenannten schönen Literatur und lassen eskapistische Tendenzen erst gar nicht zu.

Schon in den 50er-Jahren, deutlicher noch in den 60er-Jahren verschiebt sich der thematische Fokus der deutschen Kurzgeschichte. Analog zur gesellschaftlich-ökonomischen Saturierung der Bundesrepublik rücken nun Fragen wirtschaftlicher Unsicherheit und Arbeitslosigkeit, die Folgen des Wirtschaftswunders für das Individuum sowie ein von manchen Autoren konstatierter Werteverfall in den Vordergrund. Die in **Baustein 4** vorgestellten Kurzgeschichten thematisieren daher die Möglichkeiten individueller Selbstentfaltung in einer Umwelt, die zunehmend von den Systemimperativen der Ökonomie dominiert wird.

Methodisch setzt das Modell sowohl auf klassisch textanalytische Herangehensweisen als auch auf den Einsatz mittlerweile bekannter handlungs- und produktionsorientierter Verfahren des Literaturunterrichts, die – so das Selbstverständnis – in keinem Gegensatz zueinander stehen müssen, sich im Gegenteil produktiv ergänzen können. Sicher bietet die Behandlung von Kurzprosa im Unterricht die Chance auf eine erste Vermittlung formalanalytischer Kriterien. Dieser wissenschaftspropädeutische Anspruch kann mit dem Einsatz des **Zusatzmaterials 1** (S. 162f.) eingelöst werden. Das Arbeitsblatt („Merkmale der Kurzgeschichte") bietet den Schülerinnen und Schülern die Möglichkeit, formale Merkmale der Kurzgeschichten möglichst eigenständig zu erarbeiten und ihr Wissen im Zuge einer Unterrichtseinheit zu erweitern. Das Zusatzmaterial kann den Schülern vor Beginn einer Einheit ausgehändigt werden. Bei aller Bedeutung formaler Merkmale sollte eine Behandlung von Kurzgeschichten zuerst vom Inhalt ausgehen, von den Motiven und Hintergründen, die für das oft erratische Handeln der Menschen den Hintergrund bilden. Gerade diese motivationalen Fragestellungen können sehr gut über produktive Schreibaufgaben, über Standbilder und weitere kreative Verfahren erarbeitet, vorhandene „Leerstellen" des Textes schülerorientiert gefüllt werden.

Einen besonderen Schwerpunkt dieses Unterrichtsmodells stellt der **Einsatz kooperativer Lern- und Arbeitsformen** dar, die in jüngster Zeit als sogenannte „WELL"-Methoden bekannt geworden sind. Diese haben das „Wechselseitige Lehren und Lernen" zum Ziel. Innerhalb der hier vorgestellten Methoden, wie beispielsweise beim Lerntempoduett oder bei der Strukturierten Kontroverse, geht es schwerpunktmäßig darum, die Schüler aus der Rolle des passiven Rezipienten des Lernstoffes herauszuholen. In Einzelarbeitsphasen wird der Schüler zum Experten eines Teilgebietes gemacht, das dieser anschließend in einer Lehrer-Rolle seinen Mitschülern aufbereitet erläutern muss. Die hohe Wirksamkeit solcher kooperativer Arbeitsformen in der Tradition der „LdL"-Methodik („Lernen durch Lehren", „Schüler unterrichten Schüler") ist dabei von der Unterrichtsforschung und Lernpsychologie vielfach bestätigt worden und sollte angesichts der z.T. defizitären Ergebnisse deutscher Schüler in internationalen Leistungsvergleichsstudien breiter in der deutschen Unterrichtspraxis, die vielfach noch vom klassischen Frontalunterricht dominiert wird, verankert werden. (Vgl. Anne A. Huber: Kooperatives Lernen – kein Problem. Effektive Methoden der Partner- und Gruppenarbeit. Leipzig: Klett 2004)

Angesichts einer zunehmenden Standardisierung der Lerninhalte und institutionalisierter Kontrollverfahren wie beispielsweise Lernstandserhebungen oder zentraler Abschlussprüfungen nach der Jahrgangsstufe 10 finden in dieses Unterrichtsmodell erstmals auch sogenannte **Lesekompetenz-Tests** Eingang. Unabhängig davon, wie man als Lehrkraft selbst zur Sinnhaftigkeit solcher häufig nur Stoff abfragender Überprüfungsverfahren steht, sollten unsere Schülerinnen und Schüler doch mit den hier angewandten Prüfungsaufgaben frühzeitig in Kontakt treten und diese kennenlernen, um nicht durch bloße Unkenntnis der Aufgabentypen schlechtere Ergebnisse zu erzielen.

Im dritten Baustein bieten sich Möglichkeiten für **Referate** an. Gerade in jüngeren Lerngruppen ist das Wissen über den Zweiten Weltkrieg und den Holocaust häufig noch unsystematisch und nur rudimentär vorhanden. Hier könnten Impulsreferate über den Nationalsozialismus und das Regime Hitlers, die Hitler-Jugend (HJ) und den Bund Deutscher Mädchen (BDM), über Widerstand im Dritten Reich („Weiße Rose") oder über das kurze Leben Wolfgang Borcherts eine grundlegende Basis für ein tiefer gehendes Verständnis der ausgewählten Kurzgeschichten bewirken.

Da davon auszugehen ist, dass im Rahmen einer Unterrichtseinheit zur Kurzgeschichte nicht sämtliche Texte besprochen werden können, kann für eine mögliche **Klassenarbeit** auf eine nicht im Unterricht behandelte Kurzgeschichte zurückgegriffen werden. Zahlreiche produktionsorientierte Arbeitsaufträge im Modell bieten sich zudem als vertiefende Aufgabenstellung an.

Die thematischen Bausteine des Unterrichtsmodells

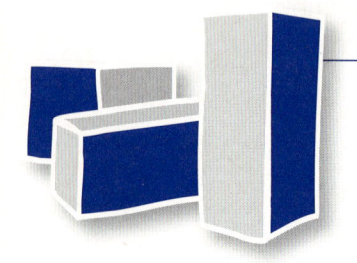

Baustein 1
Beziehungen und Kommunikation

Im Mittelpunkt dieses ersten zentralen Bausteins steht das Individuum und dessen Möglichkeiten, mit seinen Mitmenschen in Beziehung zu treten. Steht die Kurzgeschichte der Nachkriegszeit noch in unmittelbarem Zusammenhang mit den Kriegs- und Nachkriegserfahrungen der Menschen, so setzt spätestens mit den 60er-Jahren eine thematische Umorientierung ein, die stärker die Orientierungslosigkeit des Menschen in der Moderne in den Fokus rückt. Gezeigt werden ganz normale Menschen, die sich im meist drögen Alltag bewähren müssen und oftmals an den nur auf den ersten Blick banalen Schwierigkeiten ihres Lebens scheitern. Grund für die zunehmende Unsicherheit des Menschen ist dabei v. a. seine Unfähigkeit, mit den Mitmenschen und Partnern in eine sinnstiftende und problemlösende Kommunikation einzutreten. Viele der in den Kurzgeschichten vorgestellten Figuren sind – obwohl oftmals von zahlreichen, meist anonymen Menschen umgeben – menschlich vereinsamt. Ihr Handeln ist häufig ein verzweifelter Hilferuf, der aus der Einsamkeit und Desorientierung resultiert.

Der Baustein umfasst zudem einige Kurzgeschichten, die den Abnabelungsprozess von Jugendlichen in der Phase ihrer Adoleszenz beschreiben und für junge Menschen damit zentrale, letztlich zeitlose Fragestellungen zum Thema haben.

1.1 Kurt Marti: Happy End (1960)

In Kurt Martis sprachlich äußerst präziser Kurzgeschichte „Happy End" – bei insgesamt nur 198 Wörtern kann man hier wohl auch von einer Kürzestgeschichte sprechen – geht es um ein namenlos bleibendes Ehepaar, das sich nach dem Besuch eines Kinofilms auf dem Nachhauseweg streitet. Die Lesererwartung, die mit dem Titel geweckt wird, wird schon mit dem vierten Satz irritiert. Statt in eine konventionelle Liebesgeschichte findet sich der Leser unmittelbar in eine Beziehungskrise versetzt, deren Intensität und Wucht durch das oftmals dialogische, vor allem im Mittelteil meist neutrale Erzählverhalten verstärkt wird. Oberflächlich gesehen ärgert sich der Mann darüber, dass seine Frau auf das glückliche Ende des Liebesfilms mit Tränen reagiert. Für ein solches Verhalten meint der Mann sich schämen zu müssen: „… eine Affenschande, wie du geheult hast." (Z. 9 f.) Der einzige Satz der Frau – bei zahlreichen nur gedachten Äußerungen – besteht in einer halbherzigen, beschwichtigenden Rechtfertigung: „… wenn es schön ist, muss ich einfach heulen." (Z. 17 f.) Verlässt man die oberflächliche Ebene des Gesagten – in dieser Kurzgeschichte ist vor allem das Ungesagte,

Unausgesprochene der Schlüssel zur Wahrheit –, dann wird sehr schnell deutlich, dass der Mann nicht nur an der Sentimentalität seiner Frau Anstoß nimmt, weil diese ihn vor dem restlichen Publikum bloßstellt. Vielmehr dürfte es darum gehen, dass die Tränen der Frau wohl auch darin ihren Grund haben, dass sie auf der Kinoleinwand an einer (Schein-)Welt teilhaben darf, die ihr die Defizite ihrer eigenen realen Partnerschaft umso klarer vor Augen führt. Dass auch der Mann das Happy-End des Filmes zumindest unbewusst so versteht, macht seine abschließende Bemerkung deutlich, welche die deutliche Abkehr von der Glück verheißenden, aber unrealistischen Leinwandbotschaft widerspiegelt: „Schön, sagt er, dieser Mist, dieses Liebesgewinsel, das nennst du also schön, dir ist ja wirklich nicht zu helfen." (Z. 18 ff.) Auch dem Mann wird angesichts der Liebe, Zärtlichkeit und Glück verheißenden Filmbotschaft klar, wie anders sich die Qualität seiner eigenen Beziehung darstellt. Dabei kommt es ihm als der dominanten Figur nicht in den Sinn, dass sein eigenes Verhalten zu der jetzigen Situation geführt haben könnte. Allein seine Wortwahl lässt darauf schließen, mit welcher Verachtung und Enttäuschung er mittlerweile von seiner Partnerin denkt („hasse", „blöde Gans", „Fett"). Gleichwohl lassen Wortwahl und Gedanken der Frau ebenso deutlich werden, dass die emotionale Verwahrlosung bei beiden Ehepartnern vorhanden ist.

Insgesamt thematisiert Martis kunstvoll komponierte Kurzgeschichte den desolaten Zustand einer Ehe. Im Verhalten der Ehepartner nach dem Happy-End im Kino spiegelt sich die unausgesprochene Sehnsucht beider Menschen, selbst einmal (wieder) so geküsst und so umarmt zu werden, wie es die Schauspieler im Film verkörpern. Formal ganz typisch für eine Kurzgeschichte endet „Happy End" mit einer vom Leser zu füllenden Leerstelle: Ob es auch im realen Leben zu einem glücklichen Ende – einem liebevollen, einander zugewandten Miteinander beider Partner – kommen wird, bleibt offen.

Die nur auf den ersten Blick leicht verständliche Kurzgeschichte Martis eignet sich im Literaturunterricht frühestens ab der Klasse 9. Das im Folgenden vorgestellte methodische Verfahren richtet sich daher auch an Schülerinnen und Schüler der Oberstufe. Vereinfachende Lernschritte speziell für jüngere Lerngruppen werden explizit benannt.

Zum **Einstieg** wird das **Arbeitsblatt 1** (S. 44) auf Folie an die Wand projiziert. Alternativ kann jedem Schüler das Arbeitsblatt direkt ausgehändigt werden, allerdings fokussiert ein zentraler Einstieg die Aufmerksamkeit der Schülerinnen und Schüler weitaus intensiver. Die Lehrkraft deckt die Fragen des Arbeitsblattes sukzessive auf, nachdem die Lerngruppe sich zuerst spontan zu den Kinoplakaten geäußert hat. Die Filme dürften den meisten Schülern bekannt sein. Die Schüler geben in groben Zügen den Inhalt der berühmten Liebesfilme wieder und klären die Gemeinsamkeiten. Die dritte Frage des Arbeitsblattes sollte an dieser Stelle noch nicht intensiv erörtert werden, sie kann auch im Anschluss an die Bearbeitung der Kurzgeschichte besprochen werden. Der gewählte Einstieg hat die Funktion, die Erwartungshaltung der Schülerinnen und Schüler noch mehr zu verstärken, als es der Titel der Kurzgeschichte ohnehin schon tut. Auf diese Weise wird die Vorstellung von einer typischen, romantischen Liebesbeziehung, welche die Filmplakate, der Titel und der Anfang der Kurzgeschichte suggerieren, im Zuge der Lektüre schnell dekonstruiert. Diese absichtliche Verstärkung soll es ermöglichen, dass sich die Schüler weitaus deutlicher die Frage nach den Gründen für die defizitäre Situation der vorgestellten Partnerschaft stellen. Zugleich kann die Strahlkraft der besprochenen Hollywood-Illusionen kritisch auf ihren Wirklichkeitsgehalt bzw. ihre Funktion für unsere prosaischen Lebensrealitäten überprüft werden.

Im Anschluss sollte nun der Text (**Arbeitsblatt 2**, S. 45) gelesen werden. Den Schülern sollte ausreichend Raum für erste subjektive Deutungen gelassen werden.

- *Was halten die beiden Personen voneinander?*
- *Worin unterscheiden sie sich?*
- *Wie schätzen sie sich gegenseitig ein?*

Baustein 1: Beziehungen und Kommunikation

Es können auch Bezüge zu den Kinoplakaten hergestellt werden. In Form von Hypothesen können die ersten Schülergedanken an der Tafel notiert werden („In der Kurzgeschichte ‚Happy End' geht es um ..."). Üblicherweise formulieren die Schüler hier zuerst auf den Inhalt bezogene Gedanken, aber auch Einfälle zur sprachlichen Form können hier zum Ausdruck gebracht werden. Auf diese kann nach der eigentlichen Bearbeitung der Geschichte Bezug genommen werden. Das folgende Tafelbild kann den Erwartungshorizont der nachfolgenden Arbeitsphasen abstecken:

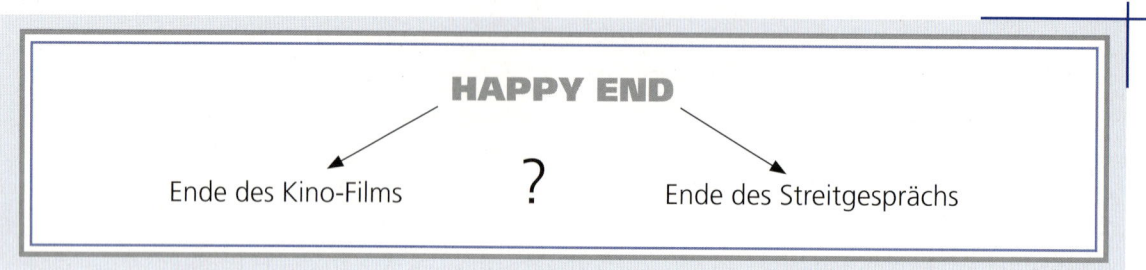

```
              HAPPY END
              ↙    ?    ↘
Ende des Kino-Films      Ende des Streitgesprächs
```

Nach der Lektüre und einem ersten Gedankenaustausch teilen sich die Schülerinnen und Schüler in Kleingruppen auf. Gemeinsam wird nun die notwendige Vorarbeit für das Bauen eines Standbildes geleistet, mit dessen Hilfe im Anschluss die Beziehungskonstellation zwischen beiden Figuren erarbeitet und dargestellt werden soll. (Falls erforderlich, kann auf das handlungsorientierte Standbildbauen auch verzichtet werden. In diesem Fall bearbeiten die Gruppen die Arbeitsaufträge des Arbeitsblattes 3, die Ergebnisse werden im Plenum besprochen.) Dafür genügt es, das **Arbeitsblatt 3** (S. 46) in einfacher Ausfertigung den Gruppen zu geben. Mithilfe der Kurzgeschichte sollen die Schüler auf diese Weise möglichst eigenständig ein zentrales erzähltechnisches Moment dieser Kurzgeschichte erfassen: Wenn der Erzähler nur das erzählt, was von außen betrachtet wahrnehmbar ist, spricht man von der Außensicht. In „Happy End" erfährt man nur sehr wenig aus dieser Erzählperspektive. Hier wird quantitativ mehr aus der Innensicht erzählt, bei der der Erzähler in die Figuren hineinsehen kann und ihre Gedanken und Gefühle kennt. Dabei haben die aus der Innensicht erzählten Aussagen eine größere emotionale Wucht als die aus der Außensicht erlebbaren, was vor allem daran liegt, dass eine nur gedachte Beleidigung weniger oder auch gar keine negativen Folgen hat als eine ausgesprochene. Erzählperspektivisch ist zudem von Bedeutung, dass sich Erzählerbericht, direkte Rede der Figuren und innere Monologe abwechseln. Ein solcher Wechsel der Erzählperspektive legt nahe, dass es sich letztlich um einen auktorialen Erzähler handelt, der jedoch regelmäßig in die personale Erzählperspektive hineinschlüpft und ein auf den ersten Blick neutrales Erzählverhalten an den Tag legt. Dennoch machen die scheinbar versteckten Erzählerkommentare deutlich genug, auf wessen Seite der Erzähler steht: „hilflos", „... mit verzweifelten Schritten", „zum Erbarmen". Der häufige Wechsel der Erzählperspektive ist ein konstitutives Merkmal modernen Erzählens und sollte den Schülerinnen und Schülern, die an dieser Stelle nach Eindeutigkeit verlangen, deutlich gemacht werden. (Sind die Merkmale des Erzählverhaltens und der Erzählperspektive im Unterricht noch nicht eingeführt worden, kann dies vorab mithilfe des **Zusatzmaterials 2** (S. 164) („Formen modernen Erzählens") geschehen. Im Anschluss erfolgt dann über die Standbildarbeit die direkte Anwendung der erzähltechnischen Termini.)

In der sich anschließenden Präsentations- und Auswertungsphase stellen die einzelnen Gruppen nun ihre Standbilder vor. Um eine mögliche ermüdende Redundanz zu verhindern, können zwei Gruppen die Aufgabe 2 des Arbeitsblattes 3 vorstellen, die restlichen Gruppen die dritte Aufgabe präsentieren. Zuerst sollte den Beobachtern die Möglichkeit zur Einschätzung des Standbildes und zu eventuellen Fragen gegeben werden. Erst danach sollte sich die Erbauer-Gruppe selbst äußern dürfen. Bei der Besprechung der Standbilder können folgende Aspekte angesprochen werden:

- *Welche Aspekte der Kurzgeschichte kommen in diesem Standbild zum Ausdruck?*
- *Was sagt das Verhältnis von Gesagtem und Gedachtem über den Zustand der Beziehung beider Partner aus?*
- *In welchem Verhältnis begegnen sich beide Personen mit Blick auf Macht, Abhängigkeit und gegenseitigen Respekt?*
- *Welche Gründe könnte es für den Zustand dieser Beziehung geben?*

Ein mögliches Tafelbild für Schülerinnen und Schüler der Sekundarstufe 1:

Erzählperspektiven

Innensicht

Kann der Erzähler in die Figuren hineinsehen und kennt er auch ihre Gedanken und Gefühle, so erzählt er aus der sogenannten Innensicht.

↓

Beispiel:

„Schweigend geht er und voll Wut, so eine Gans, denkt er, so eine blöde, blöde Gans, und wie sie keucht in ihrem Fett."

Außensicht

Der Erzähler erzählt nur das, was er von außen aus einer Beobachterposition heraus betrachtend wahrnehmen kann. Man spricht von der Außensicht.

↓

Beispiel:

„Eine Schande, sagt er im Gehen, eine Affenschande, wie du geheult hast. Ich hasse diese Heuchelei, ich hasse das."

In der Oberstufe bietet Martis Kurzgeschichte ein hohes Potenzial für eine weitere Beschäftigung mit der Sprache und Form von „Happy End". So kann beispielsweise das **Arbeitsblatt 4** (S. 47) als schriftliche Hausaufgabe aufgegeben werden. In der Folgestunde stellen sich jeweils zwei Partner ihre individuellen Ergebnisse aus der Hausaufgabe vor und klären Differenzen. Ist das Arbeitsblatt 4 auf Folie gezogen, können nun abwechselnd die Partner-Teams in loser Reihenfolge ihre Ergebnisse vorstellen, indem sie mit einem Folienstift ihre Einschätzung notieren. Abweichende Lösungen werden gemeinsam diskutiert. (Lösungen: S. 48) Ein Tafelbild rundet die Sprachstilanalyse ab:

Form und Inhalt in Martis „Happy End"

Form

Wiederholungen in Wortwahl und Syntax: **sprachliche Monotonie** (keine alternative Wortwahl)

Inhalt

Beschränktheit und Unveränderbarkeit innerhalb der Partnerschaft: **Monotonie der Beziehung** (Perspektivlosigkeit/kein alternativer Partner)

Sprache und Form spiegeln den Inhalt der KG/bewusster Einsatz der Sprache als kompositorisches Mittel

Baustein 1: Beziehungen und Kommunikation

Nach dieser weitgehend analytischen Beschäftigung mit der Kommunikationssituation in „Happy End" kann abschließend ein produktionsorientierter Schreibauftrag dazu dienen, die Leerstellen der Kurzgeschichte mit Inhalt zu füllen. Zentral ist dabei die Feststellung, dass Martis Kurzgeschichte ganz im Sinne des Gattungsmerkmals ein offenes Ende hat. Die geschilderte Situation ist als Ausriss aus einer Partnerschaft zu verstehen, ein verdichteter Moment, der anhand einer konkreten und scheinbar alltäglichen Situation Grundsätzliches, hier die krisenhafte Gefährdung der Ehe, mitteilt. Ein solcher kreativer Arbeitsauftrag setzt voraus, dass sich die Schüler im Vorfeld Gedanken über die Ursachen der Beziehungskrise gemacht haben. Letztlich zeigt Martis Kurzgeschichte ja keinen echten Dialog, sondern ein Schlachtfeld gegenseitiger Beschimpfungen. Voraussetzung für anhaltende Versöhnung und eine Überwindung der faktischen Sprachlosigkeit wäre demnach die Herstellung einer Situation, in welcher der eine dem anderen Vertrauen schenken kann und nicht bei der kleinsten Schwäche befürchten muss, vom Partner angegangen zu werden. Das **Arbeitsblatt 5** (S. 49) bietet hier eine Möglichkeit an, wie sich Schüler der Mittelstufe und Oberstufe kreativ mit Lösungsmöglichkeiten beschäftigen können. Das Arbeitsblatt wird anfangs in Kleingruppen, in der Schreibphase jedoch in Einzelarbeit bearbeitet. Einzelne Schülergedichte können abschließend im Plenum vorgestellt, gewürdigt und besprochen werden.

Bei Verzicht auf das Arbeitsblatt können alternativ auch folgende Arbeitsaufträge ein kreatives Füllen der Leerstellen des Textes ermöglichen:

■ *Was müsste sich in dieser Beziehung ändern, damit es tatsächlich noch zu einem realen Happy End, zu einem Ende der Beziehungskrise kommt? Verfassen Sie in Partnerarbeit einen Dialog, der nachvollziehbar zu einer solchen Lösung kommt. Lesen Sie Ihren Dialog vor der Klasse in verteilten Rollen vor und begründen Sie.*

■ *Bilden Sie zu viert eine Kleingruppe. Teilen Sie diese nochmals in zwei 2er-Teams auf. Füllen Sie arbeitsteilig die nachfolgende Tabelle aus, indem Sie die eingeforderten Verhaltensweisen nach Wichtigkeit ordnen. Stellen Sie anschließend einander Ihre Forderungen vor und diskutieren Sie deren Realisationsmöglichkeiten.*

Ich wünsche mir von meinem Mann, dass er ...	Ich wünsche mir von meiner Frau, dass sie ...
• _____	• _____
• _____	• _____

■ *Verfassen Sie eine **Rückwärts-Geschichte**. Überlegen Sie dafür in der Kleingruppe arbeitsteilig, wie sich die Ehefrau bzw. der Ehemann wohl in vergangenen Phasen ihrer Beziehung verhalten haben könnten. Jeder Partner soll nun eine oder mehrere Phasen im Rückwärtsgang durchlaufen. Schildern Sie Schlüsselstellen der Beziehung und reflektieren Sie mögliche Fehler.*

1.2 Peter Bichsel: Der Milchmann (1964)

Peter Bichsels Kurzgeschichte „Der Milchmann" entstammt dem 1964 erschienenen Sammelband „Eigentlich möchte Frau Blum den Milchmann kennenlernen", der nahezu über Nacht Berühmtheit erlangte und bis heute als klassisch gilt. In den stark reduzierten Kurzgeschichten schildert der Autor prosaisch-emotionslos und unter weitgehendem Verzicht auf Metaphorik und Symbolik meist lapidar-alltägliche Situationen, die erst auf den zweiten Blick die „Welthaftigkeit und Tiefe eines Epos" besitzen. (Vgl. Peter Bichsel: Eigentlich möchte Frau Blum den Milchmann kennenlernen. 21 Geschichten. Frankfurt 1996, Umschlagseite) Thematisch verknüpft sind die Geschichten durch den offensichtlichen Zustand menschlicher Einsamkeit und die Unfähigkeit der Menschen, sinnvoll miteinander zu kommunizieren. Alltäglich-unauffällige und durchschnittliche, meist dem Kleinbürgertum entstammende Menschen werden in ihrer Sprachlosigkeit und Handlungsunfähigkeit vorgeführt. Bei aller Kargheit der Sprache verliert der Autor dabei nie die Menschen selbst aus den Augen. Aus dem schablonenartigen und gewohnheitsmäßigen Handeln oder eher Nicht-Handeln spricht immer die tiefe, aber unerfüllte Sehnsucht des Menschen nach einem beziehungssatten und glücklichen Leben, das auch durch die Tristesse der äußeren Verhältnisse unmöglich wird und die menschlichen Verhältnisse – die nicht zufällig meist in der Stadt beschrieben werden – zunehmend anonymisiert.

In der Kurzgeschichte „Der Milchmann" wird diese Anonymität besonders deutlich. Beschrieben wird die rein funktionale Beziehung zwischen Frau Blum und ihrem Milchmann, die ausschließlich über Zettel miteinander kommunizieren. Die nur auf den ersten Blick banale Alltagssituation offenbart bei genauerer Analyse Grundsätzliches: Frau Blum möchte zwar gerne den Milchmann, der ihr jeden Morgen die Milch und „100 Gramm" Butter liefert, kennenlernen, doch dafür müsste sie morgens früh aufstehen. Letztlich gilt ihr anfängliches Interesse am Milchmann doch nur ihr selbst, da sie Angst hat, der Milchmann könne ob ihres verbeulten Topfes in der Nachbarschaft schlecht über sie reden und ihren Ruf beschädigen. Das Reden übereinander hat für sie einen höheren Stellenwert als das Reden miteinander. Bichsel kritisiert hier die Herrschaft des „Man", den im Grunde menschenfeindlichen Anspruch der Gesellschaft zu funktionieren, der zur Entfremdung des Menschen von sich selbst und von seinen Mitmenschen führt. Zu einer echten Bekanntschaft kommt es in „Der Milchmann" an keiner Stelle, es gibt nirgends einen persönlichen Kontakt, kommuniziert wird hier über Gegenstände („Zettel", „verbeulter Topf"). Das grundsätzliche Desinteresse aneinander wird vom Milchmann selbst jedoch geteilt. Eingebunden in funktionale Systemimperative – er muss funktionieren und seine Milch pünktlich an alle ausliefern, sonst bekommt er Probleme mit seinem Arbeitgeber – macht er sich über Frau Blum nur lächerliche Gedanken, die nicht der Rede wert sind: „Vielleicht hat Frau Blum abstehende Ohren." (Z. 43 f.)

Und so bleibt es auch am Ende nur beim unerfüllten Wunsch der Frau Blum, den Milchmann kennenzulernen. Bichsels Intention wird sprachlich allein schon dadurch deutlich, dass er vom neutralen Erzählstil am Ende in die Wir-Form wechselt: „Bei uns kommt er morgens um vier." (Z. 52 f.) Im übertragenen Sinne, so die Botschaft, haben wir alle unseren „Milchmann", einen Menschen, mit dem wir ausschließlich routinemäßig und effizienzorientiert kommunizieren. Bichsel fordert den Leser zum Widerstand gegen die Versachlichung menschlicher Beziehungen auf, aus einem uninteressierten und anonymen Nebeneinander soll ein einander zugewandtes Miteinander werden, eingefahrene Verhaltensweisen sollen überprüft und gegebenenfalls verändert werden.

Das im Folgenden beschriebene methodische Verfahren zielt auf Lerngruppen der 8. bis 10. Jahrgangsstufen. Im Mittelpunkt sollte das „Eigentlich" stehen, also die Frage, warum es zum gewünschten Kennenlernen zwischen Frau Blum und dem Mann nicht kommt.

Zum Einstieg wird den Schülern die Kurzgeschichte vorgelesen. Es folgt eine Spontanphase, in der sich die Lerngruppe zur Geschichte äußern kann, sie kommentieren oder inhaltliche Verständnisfragen stellen kann. Da die Schwierigkeit der Kurzgeschichte darin besteht, dass letztlich nichts Richtiges passiert, empfiehlt es sich, die „Handlung" von einem Schüler nacherzählen zu lassen. Unter Umständen ist den Schülern die Arbeit eines Milchmanns nicht mehr bekannt und muss daher erklärt werden. Anschließend wird das **Arbeitsblatt 6** (S. 50) ausgeteilt und die Kurzgeschichte ein weiteres Mal von einem Schüler/einer Schülerin vorgelesen. Im Folgenden wird versucht, sich der Thematik der Kurzgeschichte anzunähern:

Baustein 1: Beziehungen und Kommunikation

- *Worum geht es in dieser Kurzgeschichte? Was könnte ihr Thema sein?*

Vorläufige Verstehensansätze im Sinne von ersten Hypothesen können von den Schülern formuliert, andiskutiert und an der Tafel fixiert werden. Erfahrungsgemäß tun sich Schüler der achten Klasse an dieser Stelle meist schwer. Es empfiehlt sich daher, nochmals den letzten Satz der Kurzgeschichte vorzulesen und eine Frage formulieren zu lassen:

- *Welche Fragen habt ihr an Frau Blum? Notiert sie in eurem Heft.*
- *Welche Fragen habt ihr an den Milchmann? Notiert sie in eurem Heft.*

Die Fragen könnten neben den Hypothesen an der Tafel notiert werden. Erfahrungsgemäß kommen die Schülerinnen und Schüler meist jedoch sehr schnell auf die zentrale Frage, die die Kurzgeschichte aufwirft: Warum kommt es nicht zum realen Kennenlernen? Was hindert Frau Blum bzw. den Milchmann an einer echten Begegnung? Ist dieser zentrale Fragehorizont aufgeworfen, schließt sich eine schreiborientierte Erarbeitungsphase an. Die Klasse wird in zwei gleich große Hälften aufgeteilt. Das **Arbeitsblatt 7** (S. 51) wird ausgeteilt, der Arbeitsauftrag gemeinsam besprochen, das Verständnis gesichert. Wichtig ist, dass die Schüler nicht einfach losschreiben, sondern sich in einer dem Schreiben vorangehenden Sammelphase zuerst Notizen zu ihrer Figur, deren Gedanken und Motiven machen. Anschließend schreiben die Schüler in Einzelarbeit ihren Brief aus Sicht Frau Blums bzw. des Milchmanns. Das hier geforderte Sich-Hineinversetzen in eine literarische, den Schülern auch von der Lebenswirklichkeit her eher fremde Figur ist eine auch kognitiv anspruchsvolle Schreibaufgabe, die von den Schülern genaues Textverständnis erfordert. Anders als beim rein kreativen Schreiben sollte der Inhalt der Briefe nachvollziehbar aus der Perspektive der jeweiligen Figur sein. Spekulationen, z. B. über Ängste der Protagonisten, sollten auf der Basis des Textes nachvollziehbar sowie begründbar und nicht aus der Luft gegriffen sein.

Da nicht alle Textproduktionen im Plenum vorgetragen werden können, bietet sich in der sich anschließenden Präsentationsphase der Doppelkreis an. Bei dieser speziellen Form der Partnerübung werden die Stühle so umgestellt, dass sich je zwei Partner in einem Innen- und Außenkreis gegenübersitzen. Dabei trägt zuerst Frau Blum (z. B. alle Schüler im Innenkreis) ihren Brief vor, darauf antwortet der Milchmann (alle Schüler im Außenkreis). In einer dritten Phase tauschen sich die beiden Partner über das Gehörte aus, suchen nach Gemeinsamkeiten, klären mögliche Probleme. Auf ein akustisches Signal des Lehrers bewegen sich nun die Schüler im Innen- oder Außenkreis im Uhrzeigersinn um einige Positionen weiter, sodass immer neue Partnerschaften entstehen. Grundsätzlich sollte jeder Schüler wenigstens zwei Mal zum Vortrag kommen.

Nach der Doppelkreis-Übung wird die alte Sitzordnung im Klassenraum wiederhergestellt. Die die Unterrichtsstunde abschließende Reflektions- und Auswertungsphase hat die Funktion der Bewusstmachung, warum was auf welche Weise produziert wurde. Dies geschieht am einfachsten über einen ausgesuchten Vergleich zwischen einem Schülerbeispiel und der originalen Kurzgeschichte. Mithilfe der Ergebnisse aus dem Doppelkreis kann nun auf die Hypothesen der Eingangsphase Bezug genommen werden:

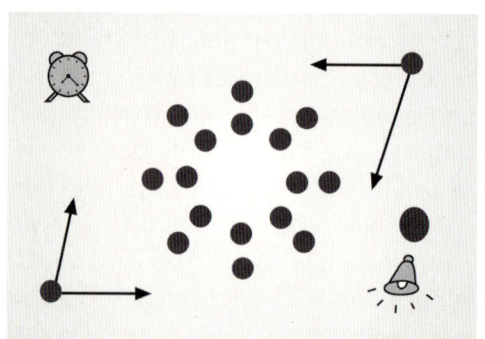

- *Was haben die Briefe des Milchmanns deutlich gemacht?*
- *Wie ist sein Verhalten zu beurteilen?*

- *Welche Ursachen könnte sein Desinteresse an einem Kontakt mit Frau Blum haben?*
- *Was zeigen die Briefe der Frau Blum? Wie ist ihr Verhalten zu bewerten?*
- *Welche Ursachen könnte das Zögern Frau Blums haben? Warum kommt es nicht zu einer echten Begegnung zwischen den beiden Figuren?*
- *Ein Schüler sagt: „Heutzutage gibt es ja gar keine Milchmänner mehr. Deshalb ist die Kurzgeschichte Bichsels auch veraltet und ohne Bezug zu unserem eigenen Leben. Man braucht sie heute nicht mehr zu lesen." Kommentiert diese Äußerung.*
- *Welche Lösung gibt es für das angesprochene Problem?*

Gründe für das Nicht-Kennenlernen von Frau Blum und dem Milchmann

- Phlegma/Schwerfälligkeit der Frau Blum
- Faulheit/Müdigkeit der Frau Blum (will nicht um vier Uhr aufstehen)
- Eile des Milchmanns (muss Milch pünktlich ausliefern)
- Persönliches Desinteresse des Milchmanns

Angst vor echter Kommunikation und Beziehung, echte Begegnung und Kommunikation ist immer ein Risiko

---

Als Hausaufgabe könnten die Schüler im Sinne des letzten Arbeitsauftrags über den Aktualitätsgehalt des „Milchmanns" reflektieren und nach Gründen für die zunehmende Sprachlosigkeit in der modernen Gesellschaft suchen. Dies kann mithilfe des **Arbeitsblattes 8** (S. 52) geschehen oder aber mit einem der nachfolgenden schriftlichen Arbeitsaufträge:

- *Bist du schon einmal in einer ähnlichen Situation wie Frau Blum gewesen? Berichte hiervon und von anderen Situationen (Nachbarschaftlichkeit, Schule, Beruf, soziale Rolle, Familie, Wohnen ...), in denen man sich oftmals nur funktional verhält und echter Kommunikation aus dem Wege geht. Wie ist dies Verhalten zu beurteilen?*
- *Schreibe aus deiner persönlichen Sicht einen Brief an Frau Blum oder an den Milchmann. Gib ihnen einen Ratschlag, wie sie sich gegenüber dem anderen verhalten sollten. Begründe deinen Rat.*

1.3 Peter Bichsel: Die Tochter (1966)

In Bichsels Kurzgeschichte „Die Tochter", im Literaturunterricht der weiterführenden Schulen mittlerweile ein Klassiker, geht es um das Verhältnis der beiden Eltern zu ihrer sich langsam emanzipierenden Tochter, die dem Bild, das sich die Eltern von ihr gemacht haben, immer weniger entspricht. Geschildert wird eine alltägliche Situation: Die Eltern sitzen am Abendbrotstisch und warten auf ihre mittlerweile erwachsene Tochter, die in der Stadt arbeitet. Die Eltern verschieben ihre Abendbrotszeit um eine Stunde nach hinten, damit sie mit ihrer Tochter gemeinsam das Essen einnehmen können. Die Kurzgeschichte ist an äußerer Handlung äußerst knapp und komprimiert gehalten. Was passiert, findet als innere Handlung in der Gedankenwelt der beiden Eltern statt. Die der Kurzgeschichte den Titel gebende Tochter tritt selbst nicht auf, der Leser erfährt die zentralen Informationen über sie durch die z. T. assoziativen Gedanken der Eltern, die die Situation der Entfremdung und Einsamkeit sowie das z. T. veränderte Verhalten ihres nun erwachsenen Kindes reflektieren. Sprachlich besteht der Text aus einer „Mischung aus Dialog und Erzählerbericht", das anfangs neutrale Erzählverhalten (szenisch-dialogisches Sprechen) wird später abgelöst durch einen auktorialen Erzähler, der den Leser an der Innensicht der Eltern teilhaben lässt. (Vgl. Rainer Werner: Unterrichtsideen Kurzgeschichten in den Klassen 7–10. 27 handlungs- und produktionsorientierte Vorschläge. Leipzig 1999, S. 33)

Im Wesentlichen geht es darum, wie die Eltern mit der „Lücke" in ihrem Leben klarkommen, die Monikas Berufstätigkeit in der Stadt mit sich bringt. Der überwiegend monotone, parataktische Satzbau und die häufigen Wiederholungen des Personalpronomens „sie" sowie des Verbs „warteten" unterstreichen die sich einstellende Langeweile und Unausgefülltheit im Leben der Eltern, das von dem Leben Monikas in der Stadt deutlich geschieden ist. Diese Unterschiedlichkeit in den Lebenswelten spiegelt auch die zunehmende Entfremdung zwischen Monika und ihren Eltern, die von den Eltern wahrgenommen wird, mit der sie aber unzufrieden bzw. unglücklich sind: „Sie war immer ein liebes Kind." (Z. 21) Traurig muten die vergeblichen Versuche der Eltern an, durch Fragen an Monika an deren neuer Lebenswirklichkeit teilzuhaben und so Gemeinsamkeit wieder herzustellen. Von Monika, deren neu zur Schau gestellter sozialer Habitus den Eltern fremd bleibt, heißt es: „Sie wusste aber nichts zu sagen." (Z. 40) Ob Monika sich den Annäherungsversuchen ihrer Eltern bewusst verweigert oder aber – was die Formulierung nahelegt – ein weitaus einfacheres Leben führt als die Eltern es sich in ihrer klischeehaften Vorstellung denken, bleibt offen und muss vom Leser beantwortet werden. Einen Ausweg aus der dargelegten gestörten Kommunikation bietet die Kurzgeschichte nicht. Sie endet offen mit den notwendigen Gedanken der Eltern über ein Leben ohne ihre Tochter, die wohl heiraten und in die Stadt ziehen wird.

Bichsels Kurzgeschichte ist wohl eine der am häufigsten behandelten Kurzgeschichten im Literaturunterricht. Dies liegt zum einen daran, dass zentrale Merkmale der Gattung – hier der Typus der Alltagskurzgeschichte – in ihrer Reinform vorkommen und relativ einfach erarbeitet werden können: Der Text ist kurz, fängt abrupt an und endet offen, die Handlung ist äußerst reduziert und zeigt nur einen knappen Ausschnitt aus dem Leben der Protagonisten. Die Sprache wirkt nüchtern-feststellend bis neutral, Wertungen für die Handlungen der Figuren werden meist auf indirektem Wege vorgenommen, die Figuren sind namenlos und somit typisch. Bestimmte Gegenstände („Zigaretten", „Plattenspieler") erhalten symbolhafte Bedeutung. Wichtiger noch als diese Klarheit bei der gattungstypischen Zuordnung ist jedoch die thematische Relevanz: Jugendlichen in der Adoleszenz stellt sich die Frage nach Ablösung vom Elternhaus permanent. Auch die Eltern müssen mit dieser notwendigen Abkoppelung fertig werden. In den Jahrgangsstufen 9–10 und in der Oberstufe sollten daher diese Fragen im Zentrum stehen.

Zum Einstieg wird die Kurzgeschichte von einem Schüler/einer Schülerin vorgelesen. (**Arbeitsblatt 9**, S. 53) Erste Leseeindrücke werden geäußert, gemeinsam sollten die inhaltlichen Schwerpunkte des Textes wiedergegeben werden. In dieser Phase soll v. a. das Textverständnis gesichert werden. Vor dem sich anschließenden produktionsorientierten Bearbeiten der Kurzgeschichte über Standbilder sollte daher eine Sicherung des Textverständnisses stehen, die notwendige Voraussetzung für die Weiterarbeit ist.

- *Was passiert inhaltlich in dieser Kurzgeschichte?*
- *Wann kann man von den geschilderten äußeren Handlungen auf innere schließen?*

Den Schülerinnen und Schülern dürfte sehr schnell auffallen, dass der Text sehr arm an äußerer Handlung ist. Dass hingegen sehr viele Textstellen auf Einstellungen, Gedanken und v. a. innere Handlungen der Figuren verweisen, kann gemeinsam mithilfe der nachfolgenden Tabelle (an der Tafel) erarbeitet werden[1]:

Peter Bichsel: Die Tochter

Äußere Handlung		Innere Handlung
• Die Eltern warten eine Stunde.	→	•
• Monika kauft ... einen Hocker aus marokkanischem Leder, eine Schachtel Zigaretten.	→	•
•	→	•

Nachdem die ersten zwei Aspekte zwecks Verdeutlichung und Transparenz gemeinsam im Plenum besprochen und notiert werden sollten, übertragen die Schüler nun die Tabelle in ihr Heft und suchen in Partnerarbeit nach weiteren Textstellen. Diese werden im Anschluss im Plenum vorgestellt und besprochen. Es ist in dieser Annäherungsphase an den Text noch nicht von Bedeutung, dass sämtliche Komplementärstellen identifiziert werden. Die Schüler sollen vielmehr die prinzipielle Machart verstehen, was eine wesentliche Voraussetzung für die anschließende handlungsorientierte Erarbeitung der Kurzgeschichte ist.

Die Grundkonstellation der Kurzgeschichte kann gut über Standbilder erarbeitet werden. Dafür teilt sich die Klasse in 4er-Gruppen. Das **Arbeitsblatt 10** (S. 54) wird gemeinsam im Plenum besprochen, v. a. bei mit der Methode und deren Vorarbeit ungeübten Gruppen muss im Vorfeld unbedingt das Verständnis gesichert werden. Voraussetzung für sinnvolle Standbilder, die mit Gewinn ausgewertet werden können, ist eine weitere vorherige Auseinandersetzung der Schülerinnen und Schüler mit der Textvorlage. Dafür teilt sich die Gruppe nun nochmals in Zweier-Teams auf, arbeitsteilig werden die beiden unvollständigen Mind-Maps, die das **Arbeitsblatt 10** anbietet[2], erarbeitet, erst dann werden zu viert ein oder mehrere Standbilder gestellt. Der Arbeitsauftrag bezieht sich deshalb auch rückblickend auf die Zeit seit dem Ende der Schulzeit Monikas, weil erfahrungsgemäß spätestens zu diesem Zeitpunkt die Emanzipation von jungen Erwachsenen von ihren Eltern ihren Anfang nimmt. Zudem lässt ein solcher Arbeitsauftrag eine Vielfalt kreativer Standbilder erwarten.

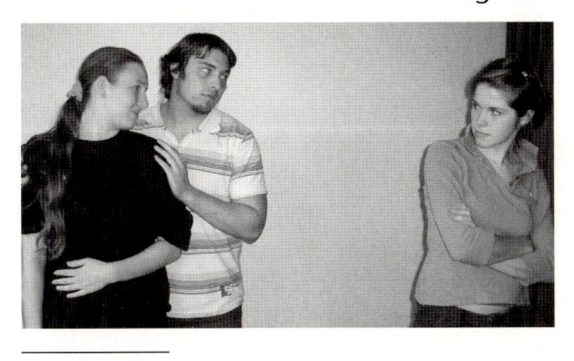

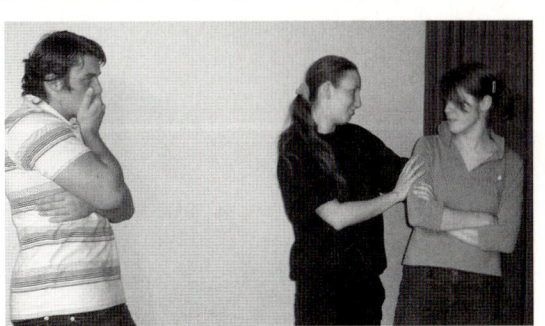

---

[1] Vgl. J. Ossner (Hg.): Produktives Schreiben: Interpretieren durch Textproduktion. Paderborn: Schöningh 2001, S. 10
[2] Ebd., S. 11f.

Alternative zum Standbildbauen:

> a) Schreibt den Text aus Sicht von Monika in der Ich-Form als inneren Monolog: "Wahrscheinlich warten sie schon auf mich. Wie früher immer. Das gemeinsame Essen. Alles wie früher: Vater oben am Tisch, Mutter an der Küchentür. Immer das Gleiche. Aber das hört ja Gott sei Dank bald auf ... "
>
> b) Schreibt den Text völlig um, sodass er in die heutige Zeit passt.

Wählt man diese Alternative, werden nach der Schreibphase einige Texte vorgelesen und besprochen, Impulse und Tafelbild wie im Folgenden beschrieben. Vgl. P. Kohrs (Hg.): D9 Arbeitsbuch Deutsch. Paderborn: Schöningh 2005, S. 14)
In der Präsentations- und Auswertungsphase stellen die Gruppen ihre Standbilder vor. Noch vor der präsentierenden Gruppe selbst erhalten die Zuschauer Gelegenheit zur Kommentierung. Aufgabe der Lehrkraft ist es in dieser Phase, die Ergebnisse der Standbilder zu bündeln, zu Vergleichen zwischen den Standbildern aufzufordern und Impulse mit Blick auf kontroverse Ansichten zu setzen. Folgende Impulse können je nach Standbild hilfreich sein:

> - Warum warten die Eltern eine Stunde am gedeckten Tisch auf ihre Tochter? Wie findet ihr dieses Verhalten?
> - Inwiefern unterscheiden sich die Lebensformen der Eltern von denen Monikas?
> - Warum ist Monika für ihre Eltern ein Vorbild und Aushängeschild? An welchen Stellen klingt Kritik an ihr durch?
> - Wie ist Monikas Verhalten zu erklären? Wie ist es zu beurteilen?
> - Zum Erwachsenwerden gehört die Abgrenzung des Kindes von seinen Eltern dazu. Haltet ihr den Ablösungsprozess in diesem Fall für gelungen? Begründet.
> - Welche besonderen Konflikte gibt es heute noch zwischen Eltern und ihren erwachsen werdenden Kindern?
> - Welche Tipps könnte man den Eltern bzw. Monika geben?

Ein Tafelbild sichert die Ergebnisse:

Die Kurzgeschichte „Die Tochter" zeigt ...

- den **Ablösungsprozess** eines gerade erwachsen gewordenen Mädchens von ihrem Elternhaus („Emanzipation in der Adoleszenz")
- die Schwierigkeiten, die Eltern bei diesem Prozess haben (**„Generationenkonflikt"**)
- die Einsamkeit, Monotonie und **Unausgefülltheit** im Leben der Eltern
- **Kommunikationsprobleme** zwischen den Eltern und Monika
- das **Desinteresse** Monikas an ihren Eltern bzw. deren Lebensform
- _____

Bichsels Text eignet sich aufgrund der geschilderten formalen Gattungsmerkmale und der schülerbezogenen Thematik auch gut für eine Textanalyse[1]. Diese könnte von den Schülern

---
[1] Vgl. J. Diekhans/M. Fuchs (Hg.): P.A.U.L. D 9 Arbeitsbuch. Paderborn: Schöningh 2008, S. 54

im Anschluss an das produktionsorientierte Standbildbauen verfasst werden. Hierfür kann das **Arbeitsblatt 11** (S. 55) ausgeteilt und besprochen werden. Die verfassten Schülertexte könnten in Schreibkonferenzen überarbeitet, ausgewählte Texte vorgelesen und besprochen werden. Eine Kommunikationsanalyse kann über das **Zusatzmaterial 3** (S. 166) eingeübt werden.

1.4 Walter Helmut Fritz: Augenblicke (1964)

In Walter Helmut Fritz' Kurzgeschichte „Augenblicke" geht es thematisch um einen ausgeprägten Generationskonflikt zwischen einer langsam älter werdenden, verwitweten Mutter und ihrer 20-jährigen Tochter, die beide noch unter einem Dach leben. Auf der Handlungsebene dieser Kurzgeschichte passiert nur sehr wenig. Der Leser nimmt Teil an einem nur scheinbar banalen morgendlichen Gespräch im Bad. Unter der Oberfläche aber rumoren v. a. aufseiten der jungen Erwachsenen die Gefühle, von denen der Leser durch den Wechsel verschiedener Darstellungsformen, z. B. innerer Monologe und erlebter Rede aus der Perspektive Elsas, erfährt. Der häufig personale Erzähler blickt in Elsas Gefühlswelt hinein, er gibt ihre Gedanken und Gefühle wieder und nimmt sie an einigen Stellen sogar vorweg. Die Tochter ärgert sich über das ihre Intimsphäre verletzende Verhalten ihrer Mutter, die – aus mütterlicher Neugierde getrieben – gedankenlos das Bad betritt und Elsa beim „Herrichten" beobachtet. Dass Elsa das Eindringen ihrer Mutter in das Badezimmer als distanzlos und bedrängend empfindet – die Tochter will die Tür zuhalten, die Mutter öffnet sie –, scheint diese jedoch nicht einmal zu ahnen: „Die Mutter nahm die Verzweiflung ihrer Tochter nicht mal als Ungeduld wahr." (Z. 36 f.) Die Alltagssituation im Bad endet gespielt freundlich, auch hier ist sich die Mutter der emotionalen Sprengkraft ihres Verhaltens nicht bewusst. Dass ihre Tochter ohne Verabschiedung regelrecht aus dem Haus flüchtet, nimmt sie nicht wahr. Im zweiten Teil der Kurzgeschichte wird geschildert, welche Folgen das morgendliche Schlüsselerlebnis für Elsa hat. Sie ist fest entschlossen, aus der gemeinsamen Wohnung auszuziehen. Daher macht sie sich auf die (vergebliche) Suche nach einer Wohnungsvermittlung. Im anonymen Strom der Menschen in der Stadt lässt sie sich treiben und empfindet diese Situation des Nichtangesprochen-Werdens als entlastend und als wohltuenden Kontrast zur engen Situation zu Hause: „,Aber es ist doch so eng', sagte Elsa [...]." (Z. 25) Elsas Flucht und ihre ausgeprägte Sehnsucht nach Eigenständigkeit sind jedoch kein Ausdruck von jugendlicher Undankbarkeit und Egoismus. Als sie nämlich kurz vor Mitternacht zurückkehrt, denkt sie daran, „dass ihre Mutter alt und oft krank war". (Z. 82 f.) Sie spürt ihre Verantwortung und wird sich der Erfolglosigkeit ihres Fluchtversuchs bewusst. Elsas innerer Konflikt bleibt virulent, da sie über keine Kommunikationsstrategien verfügt, mit deren Hilfe sie auf ihre Mutter zugehen und das Problem überhaupt benennen könnte. Der Konflikt wird – der offene Schluss ist ein zentrales Merkmal der Kurzgeschichte – nicht gelöst, da es an keiner Stelle zu einer emotionalen Annäherung zwischen Elsa und ihrer Mutter kommt. Es bleiben Resignation, Verzweiflung und ausdruckslose Wut: „Sie kauerte sich in ihren Sessel und sie hätte unartikuliert schreien mögen, in die Nacht mit ihrer entsetzlichen Gelassenheit." (Z. 83 ff.)

Als Einstieg wird die Kurzgeschichte (**Arbeitsblatt 12**, S. 56) vorgelesen, die Schüler erhalten die Gelegenheit, Verständnisfragen zu formulieren. Im Anschluss erhalten sie das **Arbeitsblatt 13** (S. 57) und bearbeiten es in Einzelarbeit. Das Arbeitsblatt beinhaltet einen sogenannten Lesekompetenz-Test. (Vgl. Landesinstitut für Schule und Medien Brandenburg. Aufgabenbeispiele zu den schriftlichen Prüfungen Jg. 10, Schuljahr 2006/07.) Diese Methode zur Prüfung des Textverständnisses hat im Zuge der standardisierten Lernstandserhebungen im Rahmen der PISA-Tests seit Anfang 2000 an Bedeutung auch für den literarischen Unterricht gewonnen. Auch wenn diese Art der Bearbeitung von Texten nicht der traditionellen Leseförderung an deutschen Schulen entspricht, da hier die Schüler ihr Wissen und

Baustein 1: Beziehungen und Kommunikation

Textverstehen üblicherweise in ganzen Texten darlegen dürfen und keine Multiple-Choice-Aufgaben beantworten müssen, sollten die Schüler dennoch an den Umgang mit typischen Testaufgaben herangeführt werden und diesen speziellen Aufgabentyp kennenlernen.
Wird die Kurzgeschichte von Fritz von einigen Schülern eher mit Unverständnis aufgenommen, ist vor dem Lesekompetenz-Test, insbesondere in leistungsschwächeren Lerngruppen, ein kurzes gemeinsames Eingehen auf den Text denkbar.

■ *„Elsa reagiert vollkommen übertrieben." – „Ich kann Elsas Verhalten gut verstehen." Welcher dieser beiden Aussagen stimmst du nach dem ersten Lesen der Kurzgeschichte spontan zu?*

An dieser Stelle könnte auch differenziert vorgegangen werden: Schüler, die die Handlung direkt nachvollziehen können, beginnen sofort mit dem **Arbeitsblatt 13** (S. 57), während die Übrigen eine grobe erste Charakterisierung Elsas und ihrer Mutter vornehmen, die den Kern des Arbeitsblattes jedoch nicht vorwegnehmen sollte. Dafür wird die folgende Tabelle an der Tafel notiert und von den Schülern in ihr Heft übertragen:

Mutter	Elsa
•	•
•	•

■ *Charakterisiere Elsa und ihre Mutter, indem du Informationen zu ihrer Lebenssituation zusammenträgst. Notiere stichpunktartig in der Tabelle.*

Die Arbeit kann gut in Partnerarbeit bewerkstelligt und danach kurz besprochen werden. Auf eine zentrale Besprechung im Plenum kann angesichts des nachfolgenden Lesekompetenz-Tests aber auch verzichtet werden, da die Kurzgeschichte im Anschluss an diese Phase gemeinsam gedeutet und das Verhalten der beiden Figuren bewertet werden soll. In diesem Fall genügt ein kurzer Abgleich der zentralen Informationen über Elsa und ihre Mutter innerhalb der Kleingruppe.

Mutter	**Elsa**
• verwitwet, alt, oft krank, einsam	• ist zwanzig Jahre alt, verdient eigenständig Geld, lebt mit ihrer Mutter zusammen
• empfindet Langeweile, ist unausgefüllt im Alltag	• sucht erfolglos nach einer eigenen Wohnung
• liebt ihre Tochter, verwöhnt sie, will mit ihr sprechen, sie erreichen	• fühlt sich von ihrer Mutter bedrängt, ist verzweifelt, hin- und hergerissen

Im Anschluss an die Einzelarbeitsphase gilt es nun, die Ergebnisse des Lesekompetenz-Tests aufzuarbeiten. Dies kann direkt im Plenum erfolgen. Steht jedoch ein ausreichendes Maß an Zeit zur Verfügung, bietet sich eine kurze Partnerarbeitsphase an, in der die Schüler ihre individuellen Ergebnisse einander vorstellen, diese begründen und unterschiedliche Lösungen diskutieren.

Baustein 1: Beziehungen und Kommunikation

Für die Auswertungsphase ist es günstig, wenn das **Arbeitsblatt 13** als Folie vorliegt. Auf diese Weise kann das Textverständnis nun sukzessive erarbeitet werden, indem die Schüler ihre Ergebnisse vorstellen und immer mithilfe einer konkreten Textstelle begründen. Ein mechanisches Durcharbeiten des Tests ohne genauen Bezug zum Ausgangstext ist unbedingt zu vermeiden.

Die Lösungen für Aufgabe 1 lauten:
1.1 = a   1.2 = c   1.3 = b   1.4 = a   1.5 = c

Die Lösung für Aufgabe 2 lautet:

1. Es ist tatsächlich nicht genügend Platz im kleinen Bad für zwei erwachsene Personen (wörtliche Bedeutung)
2. Elsa bezieht den Satz auf ihren Gemütszustand. Sie fühlt sich von ihrer Mutter eingeengt. (übertragene Bedeutung)

Die Lösung für Aufgabe 3 lautet:

A möglich, obwohl die Mutter selbst keinen Konflikt sieht; nur als textumfassender Generationskonflikt
B möglich; Begründung: Konflikt wird aus Elsas Sicht geschildert; nur sie sieht ein Problem
C möglich; Skizze betont fehlende Kommunikation der beiden Figuren untereinander

Die sich nun anschließende Erarbeitungsphase ist für Oberstufenschüler entwickelt und soll das bereits vorhandene Verständnis der Kurzgeschichte vertiefen, indem zwei klassische kommunikationstheoretische Texte bearbeitet werden. Die Methode nimmt mindestens eine weitere Unterrichtsstunde in Anspruch. Man kann einiges an Zeit einsparen, wenn die zu lesenden Texte von den Schülerinnen und Schülern in häuslicher Arbeit bearbeitet werden.

Exkurs

Alternativ kann in der Jahrgangsstufe 10 auch nur Schulz von Thuns' Modell der vierseitigen Kommunikation eingeführt werden. (Siehe **Arbeitsblatt 15**, S. 60 ff.) Dies geschieht in zwei Schritten. Dabei kann eine solche Einführung in Anbindung an das schon im Lesekompetenz-Test verwendete Zitat Elsas „Aber es ist doch so eng!" gelingen, indem in Anlehnung an Watzlawick deutlich wird, dass jede Kommunikation einen Inhalts- und Beziehungsaspekt hat. Anschließend erhalten die Schüler folgenden Schreibauftrag, mit dem sie die theoretisch erworbenen Kenntnisse in einen Text umsetzen müssen:

> *Füge eine dir bekannte, reale Figur in das Geschehen der Kurzgeschichte „Augenblicke" ein. Diese Figur soll mit Elsa und ihrer Mutter in ein Gespräch kommen und versuchen, zwischen den beiden zu vermitteln bzw. vorhandene Probleme erst einmal deutlich zu machen. Du kannst auch eine Fortsetzung mit der von dir eingefügten Figur schreiben.*

Die Geschichten werden abschließend im Plenum in Auswahl vorgetragen und alternative Lösungsansätze werden diskutiert. Um Verständnis für die Situation der Mutter aufseiten der Schüler anzuregen, kann auch der erste Teil (Z. 1–37) aus der Perspektive der Mutter umgeschrieben werden.

Zu Beginn wird der Lerngruppe die Partnerpuzzle-Methode erläutert.

Steckbrief Partnerpuzzle-Methode

1. Wie läuft die Methode ab?

Erste Lernphase (Aneignungsphase)	Zweite Lernphase (Vermittlungsphase)	Dritte Lernphase (Verarbeitungsphase)
Die Expertenpaare A und B erarbeiten ihren Teil des Lernstoffs.	Die Experten A und B geben in den Puzzlepaaren ihr Expertenwissen weiter.	In den Puzzlepaaren wird die Verarbeitung des vermittelten Wissens angeregt und überwacht.
(Unterstützung durch geeignete Lernstrategien, z. B. Erklären mit Schlüsselbegriffskärtchen)	(Unterstützung durch geeignete Lernstrategien, z. B. Erklären mit Schlüsselbegriffskärtchen)	(Unterstützung durch geeignete Lernstrategien, z. B. Fragenstellen, Sortieraufgabe, Struktur-Lege-Technik)

Einführung — Abschluss

Nach: Anne A. Huber (Hg.): Kooperatives Lernen – kein Problem. Ernst Klett Verlag GmbH, Leipzig 2004, S. 38

Hier arbeiten die Lernenden zunächst in Experten- und dann in Puzzlepaaren. Idealerweise bildet man Viererguppen, innerhalb derer sich zuerst die Expertenpaare und dann die Puzzlepaare bilden. Die Methode ist in drei Phasen unterteilbar:

In der ersten Lernphase eignen sich die Schüler in Expertenpaaren die eine Hälfte des Lernstoffes an. Nach Bildung der Viererguppen erhalten dafür die Zweierexpertenteams entweder das **Arbeitsblatt 14** (S. 58f.) <u>oder</u> das **Arbeitsblatt 15** (S. 60ff.). Die Expertenpaare erarbeiten sich nun ihren Lernstoff zuerst in Einzelarbeit, dann zusammen mit ihrem Teampartner. Dafür stellt die Lehrkraft den Schülern kleine Schlüsselbegriffskärtchen zur Verfügung, auf welche diese ihre zentralen Begriffe notieren und die sie anschließend in eine für sie nachvollziehbare, sinnhafte Struktur zum Ausgangstext bringen. Die Experten müssen abschließend die dritte Frage des Arbeitsblattes gemeinsam lösen und ihr bereits erworbenes Wissen kooperativ anwenden.

In der zweiten Lernphase werden nun Puzzlepaare gebildet, die aus jeweils einem Experten für jeden Teil des Lernstoffs (Arbeitsblatt 14 <u>und</u> Arbeitsblatt 15) bestehen. Wechselseitig vermitteln sich nun die neuen Puzzlepartner ihr Expertenwissen, indem sie sich abwechselnd mithilfe der Kärtchen ihren Lernstoff vorstellen und anschließend mögliche Fragen beantworten. Die Unterrichtsforschung konnte zeigen, dass nachhaltiges Lernen vor allem in dieser zweiten Phase stattfindet, in welcher die Schüler eine aktive Lehr-Rolle („Lernen durch Lehren") zugeschrieben bekommen und sich selbst als kompetent und wichtig erleben. (Vgl. Anne A. Huber: Kooperatives Lernen – Kein Problem. Effektive Methoden der Partner- und Gruppenarbeit. Klett: Leipzig 2004, S. 42)

In der letzten und dritten Lernphase soll das neue Wissen gemeinsam verarbeitet werden. Hier sollten jeweils die Experten in den Puzzlepaaren dazu angehalten werden, Verarbeitungsaktivitäten für das vermittelte Wissen anzuregen und diese zu überwachen. Am einfachsten geschieht dies durch Verständnisfragen des Experten. Zudem sollten alle Kärtchen nochmals durchgegangen und daraufhin geprüft werden, ob auch alle Partner sämtliche Kärtchen erklären können. Nicht verstandene Kärtchen werden nun abschließend geklärt.

„Danach besteht die Aufgabe darin, alle Kärtchen in eine sinnvolle Struktur zu bringen und die Zusammenhänge aufzuzeigen." (Ebd., S. 43)

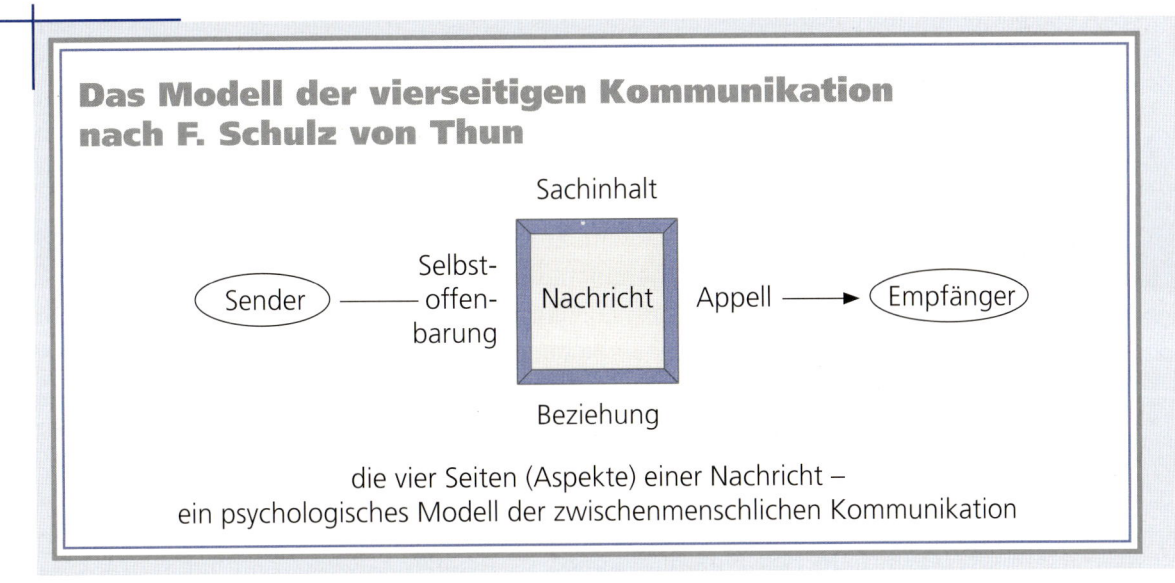

Das Modell der vierseitigen Kommunikation nach F. Schulz von Thun

Sachinhalt

Sender — Selbstoffenbarung — Nachricht — Appell → Empfänger

Beziehung

die vier Seiten (Aspekte) einer Nachricht – ein psychologisches Modell der zwischenmenschlichen Kommunikation

Der Transfer zur Kurzgeschichte kann nun im Unterrichtsgespräch erfolgen oder aber zuerst in der Vierergruppe angebahnt werden. Hierfür schreibt die Lehrkraft folgende Fragen an die Tafel, die entweder im Plenum oder aber von den einzelnen Gruppen gemeinsam mündlich bearbeitet werden:

- *„Aber es ist doch so eng, sagte Elsa." Wie kann man das Modell der vierseitigen Nachricht auf Elsas Aussage anwenden?*
- *Sucht in der Kurzgeschichte nach Aussagen Elsas bzw. ihrer Mutter, die man unter mehr als nur einem der vier Aspekte einer Nachricht deuten kann.*
- *Worauf beruhen die Kommunikationsprobleme zwischen Elsa und ihrer Mutter?*
- *Auch wenn Elsa in einigen Situationen nicht direkt spricht, so kommuniziert sie doch, weil man nicht nicht kommunizieren kann. Sucht Beispiele.*
- *Warum ist in der Beziehung zwischen Elsa und ihrer Mutter der Inhaltsaspekt nahezu bedeutungslos? Welche Konsequenzen müsste man aus dieser Erkenntnis ziehen, um den Konflikt zu lösen?*
- *Ist ein Aussprechen schmerzhafter Wahrheiten unbedingt erforderlich?*

Vierseitige Kommunikation in der Kurzgeschichte „Augenblicke"

„Für zwei Personen reicht der Platz in diesem Bad nicht."

ELSA → „Ich fühle mich unwohl und eingeengt." — **„Aber es ist doch so eng!"** — „Warte noch kurz!" oder: „Lass mir mehr Luft zum Atmen." → MUTTER

„Unsere Beziehung ist der reinste Stress."

1.5 Reiner Kunze: Fünfzehn (1976)

Kunzes Text „Fünfzehn" entstammt dem Erzählband „Die wunderbaren Jahre", den der damalige DDR-Autor 1976 veröffentlichte und der ihn quasi über Nacht zu einer Berühmtheit werden ließ. Kunze übt darin in kurzen Prosaskizzen auf suggestiv-unterschwellige Art Kritik am autoritären Erziehungssystem der DDR. Nahezu zwangsläufig wurde der Autor in der Folge Opfer staatlicher Repressalien, was erst mit der Übersiedlung Kunzes in die Bundesrepublik am 13. April 1977 ein Ende fand. Der Text „Fünfzehn" ist gattungstypologisch nicht eindeutig einzuordnen, die unmittelbare Eröffnung durch die Erzählerfigur ohne Einleitung lässt jedoch eine Nähe zur Kurzgeschichte deutlich werden.

Aufnahme in dieses Unterrichtsmodell findet „Fünfzehn" jedoch vor allem deshalb, weil die bisher behandelten Kurzgeschichten mit ähnlicher Thematik einen möglicherweise frustrierend-pessimistischen Eindruck auf jugendliche Leser in der Schule machen könnten. Insofern stellt der mitunter geradezu lebensbejahend-humane Unterton der Kurzgeschichte einen wichtigen Kontrast zu Bichsels „Die Tochter" oder Fritz' „Augenblicke" dar.

Inhaltlich geht es um die Beziehung eines Vaters zu seiner pubertierenden 15-jährigen Tochter. Die Geschichte wird äußerst subjektiv und übertrieben aus Sicht des an der Unordnung und absoluten Freiheitsliebe seines Kindes beinahe verzweifelnden Vaters erzählt. Dabei geht es im ersten Abschnitt vor allem um den extravaganten Kleidungsstil des Kindes, der für Aufsehen sorgt: „Am liebsten hätte sie einen Schal, an dem mindestens drei Großmütter zweieinhalb Jahre gestrickt haben – eine Art Niagara-Fall aus Wolle." (Z. 11 ff.) Der ausgeprägte Individualismus und Drang zur Expansion zeigt sich auch an der Art und Weise, wie die Tochter ihre Freizeit gestaltet: „Wenn sie Musik hört, vibrieren noch im übernächsten Zimmer die Türfüllungen."(Z. 26 f.) Doch bei aller Kritik und bei allem Unverständnis des Vaters gegenüber seiner unangepassten Tochter bleiben dessen Schilderungen immer humor- und liebevoll. Aus ironischer Übertreibung wird an keiner Stelle Sarkasmus, die authentische Suche des jungen Mädchens nach einer originären Lebenseinstellung wird vom Vater letztlich toleriert, da er weiß, dass mit bloßer Ermahnung keine Fortschritte zu erzielen sein werden: „Sie ist fünfzehn Jahre alt und gibt nichts auf die Meinung uralter Leute […]." (Z. 21 f.) Man kann diese offensichtliche Nachsicht des Vaters mit seiner gegen dessen Vorstellungen von Ordnungsliebe und konventionellen Geschmack aufbegehrenden Tochter auch mit einer uneingestandenen Sehnsucht des Vaters nach dem verlorenen Paradies des Mädchens deuten. So kritisiert der Vater zwar auf ironische Weise mithilfe von Metaphern und Vergleichen die Verweigerungshaltung seiner Tochter (Z. 15 ff.). Gleichzeitig jedoch lobt er ihr „Streben nach unbedingter geistiger Unabhängigkeit", um welches er sie beneidet. (Vgl. Karin McPherson: Reiner Kunze: Fünfzehn, S. 2) Anders als bei ihm fallen bei dem Teenager Wunsch und Wirklichkeit noch nicht auseinander: „Ich glaube, von einem solchen Schal würde sie behaupten, daß er genau ihrem Lebensgefühl entspricht." (Z. 15 ff.) Gleiches gilt für das viel zu laute Musikhören, das ebenso positiv gedeutet werden kann: „Ich weiß, diese Lautstärke bedeutet für sie Lustgewinn, Teilbefriedigung ihres Bedürfnisses nach Protest." (Z. 27 ff.) Damit wird neben der ersten Perspektive – einem typischen innerfamiliären Generationenkonflikt –, eine zweite deutlich. Angesichts der Situation in der DDR ist die Geschichte nämlich auch im politischen Sinne lesbar als Kommentar des Erzählers zur permanenten Bevormundung des Bürgers durch den Staat und zu den daraus resultierenden Anpassungszwängen. Was den Bürgern, hier dem Vater, im öffentlichen Raum aufgrund des Unterdrückungssystems in der DDR nicht gelingt – die Realisation von Freiheit, Unabhängigkeit, unangepasstem Verhalten, autonomem Denken –, erprobt die Tochter erfolgreich im kleinen Raum der Familie, in ihrem eigenen Zimmer. Kein Wunder, dass die Ermahnungen des Vaters halbherzig bleiben, bewundert er doch letztendlich ihre kreative Unberechenbarkeit und den Mut zum Widerspruch, zur Opposition, ihren Individualismus und ihre Revolution im Kleinen. Damit geht es in der Kurzgeschichte nicht nur allgemein um „Probleme der

Baustein 1: Beziehungen und Kommunikation

Eltern mit der heranwachsenden modernen Jugend", sondern zugleich um eine „politische Situation, in der Erwachsensein gleichgesetzt ist mit Anpassung, Einschränkung, Vernunft, Verzicht auf Träume". (Vgl. Karin McPherson: Reiner Kunze: Fünfzehn, a. a. O., S. 3)

Bei der Behandlung im Unterricht sollte am Ende der Mittelstufe (9.–10. Klasse) auf der ersten, privat-familiären Ebene angesetzt werden. Diese ist den Schülerinnen und Schülern aufgrund persönlicher Betroffenheit näher als die politische Komponente, auf die aber insbesondere in der Oberstufe nicht verzichtet werden sollte.

Als Einstieg noch vor der ersten Lektüre der Kurzgeschichte werden die Erfahrungen der Lerngruppe mit ihren eigenen Eltern über ein Brainstorming abgefragt. Dafür wird nur das Wort „Eltern" an die Tafel geschrieben und eingekreist. Die Schülerinnen und Schüler äußern nun so spontan wie möglich ihre Assoziationen zu dem Begriff. Jede Aussage und Idee wird unkommentiert an der Tafel notiert, Mehrfachäußerungen sind möglich. Rückfragen, Kritik oder Kommentare zu den Äußerungen sind in dieser Phase nicht erwünscht.

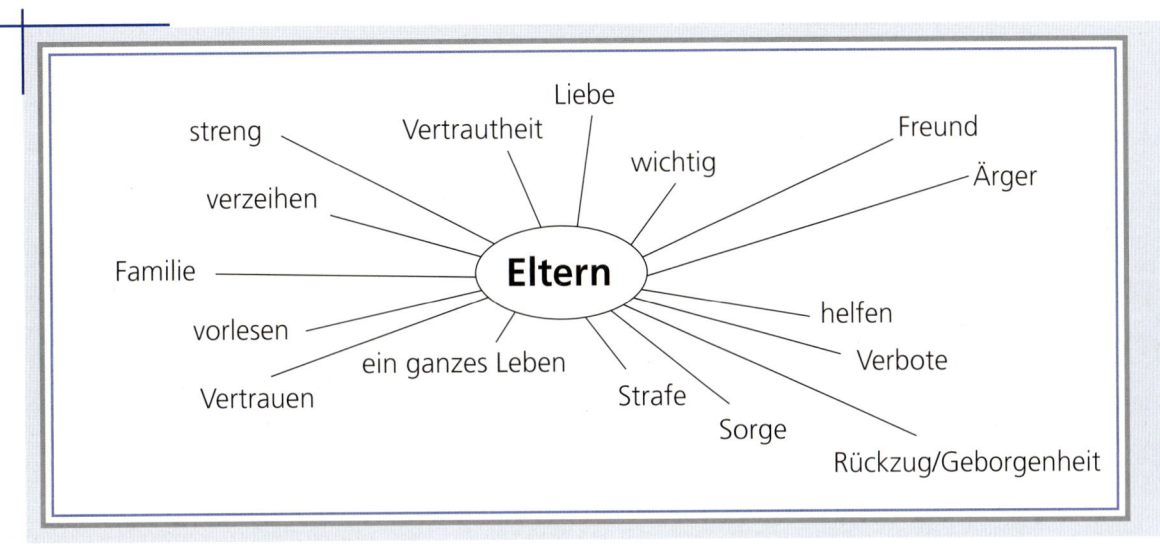

```
        streng      Liebe         Freund
              Vertrautheit
        verzeihen       wichtig    Ärger
  Familie ——————  Eltern  ——————
        vorlesen                helfen
              ein ganzes Leben  Verbote
        Vertrauen    Strafe
                     Sorge
                          Rückzug/Geborgenheit
```

Nun schließt sich eine Strukturierungsphase an. Dabei werden die bisher nicht kommentierten Aussagen durch die Lerngruppe inhaltlich geordnet bzw. systematisiert. Ähnliche Begriffe können durch die gleiche bunte Farbe unterstrichen werden. Dabei sollte deutlich werden, wie wichtig Eltern im Leben eines Menschen sind. Als durchgängige Konstante sorgen sie anfangs durch ihre unbedingte Liebe und Zuwendung für das notwendige Urvertrauen aufseiten des Kindes, sie begleiten dieses in der schwierigen Phase der Kindheit und Adoleszenz als Vorbild und Reibungsfläche. Neben der elterlichen Liebe steht also immer auch die erziehende Funktion, die von Heranwachsenden oftmals als unterdrückend empfunden werden kann. Die Ergebnisse sollten festgehalten werden, damit man später im Vergleich mit der Kurzgeschichte auf sie zurückkommen kann.

Im Anschluss wird die Kurzgeschichte (**Arbeitsblatt 16**, S. 63) gemeinsam im Plenum gelesen. Die Schüler äußern in der Spontanphase erste Eindrücke oder auch Fragen.

- *Was haltet ihr von dieser Geschichte?*
- *Worum geht es? Wer kann den Inhalt der Kurzgeschichte kurz zusammenfassen?*
- *Wie verhält sich die Tochter?*
- *Wie verhält sich der Vater?*

Nach einer Sicherstellung des Inhalts bzw. der Handlung kann an dieser Gelenkstelle ein näheres textanalytisches Eingehen auf die Kurzgeschichte über folgenden deduktiven (Tafel)-Impuls initiiert werden:

Baustein 1: Beziehungen und Kommunikation

Position 1
Der Vater ist vom undisziplinierten Verhalten seiner Tochter extrem genervt. Er steht kurz vor der Explosion.

Position 2
Der Vater hat im Grunde ein liebevolles Verhältnis zu seiner Tochter. Ihrer Unordnung steht er mit Nachsicht und Geduld gegenüber.

↓

Wer hat Recht?

■ *Welcher dieser Positionen stimmst du eher zu? Besprich dich kurz mit deinem Sitznachbarn. Versuche, deine Entscheidung mithilfe eines Zitats zu belegen.*

Im Anschluss wird im Plenum *ein* beispielhaftes Schülerzitat besprochen. Auf diese Weise sind die Schüler orientiert genug für die sich anschließende, eigenständig zu erarbeitende Charakterisierung des Vaters, für welche die nachfolgende Tabelle ins Heft übertragen werden sollte.

■ *Charakterisiere den Vater in der Kurzgeschichte „Fünfzehn". Schreibe dafür in Partnerarbeit/Gruppenarbeit die deiner Meinung nach auf den Vater zutreffenden Adjektive stichpunktartig auf. Notiere für jedes Adjektiv einen Beleg aus der Kurzgeschichte. Gib dabei die betreffende Zeile an.*

Den Vater mit Adjektiven charakterisieren	Passendes Adjektiv
Gemütslage	•
Selbstbewusstsein	•
Geistige Fähigkeiten	•
Geistige Orientierung	•
Emotionale Aspekte	•
Soziale Aspekte	•
…	• …

Unterstützend erhalten die Schüler das **Arbeitsblatt 17** (S. 64). Das Arbeitsblatt stellt den Schülern eine Vielzahl an charakterisierenden Adjektiven zur Verfügung und dient insofern als eine Art Stichwortgeber bei der Einschätzung des väterlichen Verhaltens. Mit der Bearbeitung dieser Aufgabe ist der Weg für eine genauere Textanalyse angebahnt.
In der Auswertung gelingt es einigen Schülern erfahrungsgemäß sehr schnell, den ironisch-liebevollen Unterton des Vaters zu erspüren. Anhand einer von den Schülern ausgewählten Äußerung kann nun gemeinsam im Plenum das Stilmittel der Ironie erarbeitet werden. Eine umfassende sprachliche Analyse schließt sich an.

■ *Woran kann man erkennen, dass der Vater diese Äußerung ironisch meint? Was ist überhaupt Ironie?*

Für die sich anschließende erste Erarbeitungsphase werden die Schüler in Kleingruppen aufgeteilt. Nun wird das **Arbeitsblatt 18** (S. 65) sukzessive erarbeitet. Diese Phase kann je nach Leistungsstärke der Gruppen bis zu 20 Minuten in Anspruch nehmen. Als Hilfestellung kann den Schülerinnen und Schülern dabei das **Zusatzmaterial 4** (S. 167) ausgehändigt werden.

Für die Auswertung können einzelne – zur Not ausgeloste – Vertreter der Gruppen jeweils ein sprachliches Stilmittel vorstellen. Hierfür bietet es sich an, die Vorlage auf Folie zu ziehen und über einen OHP an die Wand zu projizieren. Meinungsverschiedenheiten werden an dieser Stelle diskutiert, die richtige Lösung mit Folienstift notiert und von den Schülern übernommen. Der Schwerpunkt im Auswertungsgespräch sollte dabei auf der Funktion und Wirkung der sprachlichen Mittel liegen. Inhaltlich sollte deutlich werden, dass das vom Autor gewählte sprachliche Mittel der Übertreibung „gut zum antiautoritären Gestus der Tochter" passt, die „Untertreibung hingegen gut zum verständnisvollen, freilich nicht immer von seiner Haltung überzeugten Vater". (Vgl. Rainer Werner: Unterrichtsideen. Kurzgeschichten in den Klassen 7–10. Stuttgart: Klett 1999, S. 80)

Beschreibung der Tochter	Beispiel: hält nichts von Menschen über dreißig („uralte […] Leute") (Z. 22)	**Erzählweise:** ironische Übertreibung
Selbstaussagen des Vaters	Beispiel: ist nachsichtig, obwohl es schwerfällt („Drang in mir, sie zu bitten, das Radio leiser zu stellen") (Z. 32 f.)	**Erzählweise:** ironische Untertreibung

Kombination aus Über- und Untertreibung bewirkt komischen Effekt

Am Ende kann auf die Assoziationen aus dem Brainstorming zurückgekommen werden. Sie können bei der Beurteilung der Figuren hilfreich sein. Erfahrungsgemäß halten viele Schüler das Verhalten der Tochter für unverschämt. Dabei sollte deutlich werden, dass ihr Verhalten Teil eines entwicklungspsychologisch normalen und für die Identitätsentwicklung eines heranwachsenden Jugendlichen notwendigen Abgrenzungsprozesses ist und dass die offensichtlichen Konflikte zwischen Tochter und Vater in diesem Fall auf bemerkenswert friedliche Art und Weise bearbeitet werden, was v. a. auf die nachsichtige Art des Vaters zurückzuführen ist, die den Leser zum Schmunzeln bringt.

- *Welche eurer Assoziationen aus dem Brainstorming findet ihr in der Kurzgeschichte wieder?*
- *Wie bewertet ihr das Verhalten der Tochter? Ist ihr Verhalten unverschämt oder könnt ihr ihre Protesthaltung nachvollziehen?*
- *Inwiefern kann man bei den beiden letzten Sätzen der Kurzgeschichte von einer Pointe sprechen? Wer geht als Sieger aus diesem liebevollen „Duell" hervor?*
- *Wie beurteilt ihr das Verhalten des Vaters? Sollte er strenger sein?*
- *Woran liegt es, dass es im Alter zwischen 14 und 18 häufiger zu Konflikten zwischen Jugendlichen und ihren Eltern kommt? Berichtet von eigenen Erfahrungen und Lösungsmöglichkeiten.*
- *Vergleicht die Kurzgeschichten „Die Tochter" mit „Fünfzehn". Was haben beide Geschichten thematisch gemeinsam? Konzentriert euch beim Vergleich auf die jeweilige Einstellung der Eltern zu ihrem Kind und deren Folgen für die weitere Beziehung.*

Baustein 1: Beziehungen und Kommunikation

■ *Für die Oberstufe: Nachdem Reiner Kunze diese Geschichte veröffentlicht hatte, wurde er von den Sicherheitsbehörden in der DDR unter Druck gesetzt und er erhielt Publikationsverbot. Wie ist diese Reaktion des diktatorischen Regimes zu erklären?*

Ein produktionsorientierter Schreibauftrag ermöglicht die konkrete Anwendung erlernter sprachlicher Mittel und verdeutlicht abschließend, dass auch die Tochter den tolerant-verständnisvollen Erziehungsstil ihres Vaters zu schätzen weiß:

■ *Beschreibe aus Sicht der Tochter den Vater. Gehe dabei auf sein „uraltes Aussehen", seine Kleidung und die Vorlieben und Verhaltensweisen des über dreißig Jahre alten Vaters ein. Versuche, den Vater ähnlich tolerant und verstehend darzustellen, wie dies der Vater in der Beschreibung seiner Tochter tut. (Vgl. Peter Kohrs (Hg.): D9 Arbeitsbuch Deutsch, a.a.O., S. 17)*

1.6 Helga M. Novak: Schlittenfahren (1968)

In Helga M. Novaks neutral erzählter Kurzgeschichte „Schlittenfahren" geht es um die von Sprachlosigkeit geprägte Beziehung zwischen einem Vater und seinen beiden Kindern, die im Garten mit einem Schlitten spielen. Der Vater geht wohl einer nicht näher bestimmten Tätigkeit im Haus nach. Weil die Kinder in regelmäßigen Abständen altersgemäßen Lärm erzeugen – so streiten sie sich um die Frage, wer als Nächster den Hang herunterrodeln darf –, öffnet der Vater mehrmals die Haustür und brüllt die immer gleiche Drohung hinaus: „Wer brüllt, kommt rein." (z. B. Z. 14f.) Dieses Handlungsschema findet sich in sehr ähnlichen Varianten mehrmals in der Geschichte, die Monotonie des Handlungsschemas, die sich auch auf sprachlicher Ebene zeigt, droht den Leser regelrecht in den Schlaf zu wiegen. Weil die Kinder ihren inkonsequenten Vater und dessen „autoritär-pädagogische Leerformeln" wohl kennen und daher nicht fürchten müssen, nehmen sie sich die Drohung nicht zu Herzen. (Vgl. Rainer Könecke: Interpretationshilfen. Deutsche Kurzgeschichten 1945–1968, a. a. O., S. 186) An einer echten Konfrontation scheint der Vater nicht interessiert zu sein, ihm geht es wohl eher darum, in Ruhe seinen Belangen im Haus nachgehen zu können. Auf den Gedanken, die Streitigkeiten zwischen seinen beiden Kindern wirklich zu schlichten oder gar mit ihnen selbst Schlitten zu fahren, kommt er nicht. Hierfür müsste er seine bequeme Position im Haus aufgeben und sich auf eine echte Kommunikation einlassen, die langfristig für seine Interessen auf jeden Fall vorteilhafter wäre als das demonstrierte Nichtstun, das nur für kurze Zeit zu einer Beruhigung der Situation führt.

Die fehlende Kommunikation ist dann auch der Grund für die Katastrophe am Ende: Das größere Kind ruft den Vater aufgeregt herbei, der kleine Junge sei in einen Bach gefallen. Doch nicht einmal in dieser Situation existenzieller Gefahr hört der Vater zu. Er nimmt nur die akustische Störung wahr, nicht die mögliche Gefahr für das Leben seines kleinen Sohnes. So endet die Kurzgeschichte schockierend: „Eine Männerstimme ruft, wie oft soll ich das noch sagen, wer brüllt, kommt rein." (Z. 52f.)

Novaks Kurzgeschichte eignet sich aufgrund der Thematik, mehr noch aufgrund der sprachlichen Komposition, v. a. für Schüler der Sekundarstufe II. Nach dem ersten gemeinsamen Lesen zum Einstieg (**Arbeitsblatt 19**, S. 67) erhalten die Schüler Gelegenheit, ihre Leseeindrücke wiederzugeben bzw. Leseschwierigkeiten zu formulieren. Es dürfte wenig Probleme bereiten, die äußerst handlungsarme Kurzgeschichte inhaltlich wiederzugeben.

Nach dieser ersten Spontanphase geht es nun um die Anbahnung der Analysearbeit. Dies kann mit folgendem Impuls geleistet werden:

- *Was fällt euch an diesem Text auf?*
- *Wie wirkt dieser Text auf euch?*

Schülerinnen und Schülern der Oberstufe fällt es meist nicht schwer, die parataktische Satzstruktur der Kurzgeschichte zu identifizieren. Der Text besteht größtenteils aus direkt aufeinanderfolgenden Einzelbeobachtungen, die „durch Punkte zwischen den sehr kurzen Hauptsätzen auseinandergerissen erscheinen", sodass der Stil als eher zähflüssig zu bezeichnen ist. (Vgl. Könecke: Interpretationshilfen, a.a.O., S. 180)

Mit der Identifizierung der Satzstruktur der Parataxe, die im Unterrichtsgespräch vorgenommen werden kann, ist die Frage nach der Wirkung jedoch noch lange nicht geklärt. Diese kann über das **Arbeitsblatt 20** (S. 68) in Einzel- (oder Partnerarbeit) erarbeitet werden. Das Arbeitsblatt sieht eine produktionsorientierte Schreibaufgabe vor, bei der die Schülerinnen und Schüler den auffallend neutralen, parataktischen Erzählstil der Kurzgeschichte eigenständig verändern sollen. Angesichts der Kürze der Geschichte erscheint ein Umschreiben des gesamten Textes möglich. Anders als auf dem Arbeitsblatt vorgesehen kann der Umfang des Arbeitsauftrages natürlich auch reduziert werden. Grundsätzlich genügt es, wenn einige der Sätze umformuliert werden, damit das Prinzip erkannt wird. Die Schülerinnen und Schüler erhalten als Vorlage einige gefällige, an die Kurzgeschichte Novaks angelegte hypotaktisch formulierte Sätze zum Erzählanfang und schreiben die Geschichte nun in diesem Stil weiter.

Anschließend können nun einige Schülertexte im Plenum vorgelesen werden.

- *Was haben die von Ihnen formulierten Texte gemeinsam? Wie wirken diese Texte auf Sie?*

An dieser Stelle kann schon anklingen, dass ein syntaktisch und sprachlich abwechslungsreicher Stil dem Erzählten selbst, dem Thema, nicht gerecht wird. Auch die sich anschließende Frage kann nur mit Blick auf die Aussage der Kurzgeschichte diskutiert werden:

- *Vergleichen Sie den Originalstil Novaks mit dem Ihrigen. Was haben die Unterschiede bewirkt?*

Es wird deutlich, dass der neutrale und parataktische Stil Novaks kalt und unpersönlich wirkt und daher viel eher zur Aussage der Kurzgeschichte passt. Die Frage nach der Wirkung ist daher auch an die Frage nach der Intention des Textes geknüpft. Insofern ist es unbedingt erforderlich, die Schüler zu einer intensiven Reflexion über das Thema der Kurzgeschichte anzuregen. Steht ausreichend Zeit zur Verfügung, kann diese Fragestellung vor der Besprechung im Plenum nochmals an Kleingruppen zurückgegeben werden. Im Auswertungsgespräch werden wichtige Erkenntnisse erarbeitet und sukzessive als Tafelbild fixiert.[1]

---

[1] Vgl. Könecke: Interpretationshilfen, a.a.O., S. 179–187

Baustein 1: Beziehungen und Kommunikation

Helga Novak: Schlittenfahren

Formal-sprachliche Merkmale der Kurzgeschichte „Schlittenfahren"

- Erzählverhalten: neutral (keine Anteilnahme, wirkt unpersönlich und mechanisch)
- Satzstruktur: Parataxe (verhindert gefällig-flüssigen Stil, wirkt kalt und unpersönlich)
- Wortstellung: Subjekt-Prädikat-Objekt/Adverbiale (Parallelismen und Anaphern: „Das größere Kind gibt ... Das kleinere Kind setzt sich ..." erzeugen Einförmigkeit und Monotonie)
- Wortwahl: nüchtern-rational, steril („das kleinere Kind", „das größere Kind"; meteorolog. Zustandsbeschreibungen: „Der Himmel ist blau"); abstrakt-neutrale Begriffe wie „Kind" und „Mann" statt emotionalerer Ausdrücke wie „Vater" oder „Bruder" erzeugen Distanz

Thema/Aussage/Intention der Kurzgeschichte „Schlittenfahren"

- Bedeutung des Titels: a) Drohung des Vaters, mit seinen Kindern „Schlitten zu fahren", sie also für ihr Fehlverhalten zu bestrafen; b) wortwörtliche Bedeutung; c) Schlittenfahren geht bergab: hier demnach als Ausdruck des tragischen Scheiterns
- Sprachlosigkeit des Vaters: seine autoritären Drohformeln sind folgenlos, er spricht nicht mit seinen Kindern; kein echtes Sich-Einlassen auf die Probleme der Kinder; zeigt das Desinteresse des Vaters an der Lebenswirklichkeit seiner Kinder; zugleich wird seine pädagogische Inkompetenz und Einfallslosigkeit deutlich

↓

Zusammenhang von Form und Inhalt

Am Ende können die Möglichkeiten des neutralen Erzählverhaltens, das Novak konsequent durchhält, erörtert werden. Dadurch dass die Figuren nur als „der Mann", das „kleinere" oder „größere Kind" gekennzeichnet werden, erhalten sie „keine eigene Plastizität", sie wirken fremd auf den Leser. Bewusst wird dieser auf Distanz zu den Figuren gehalten. Köneke sieht darin die Absicht der Autorin, den Leser zu einem nüchternen, gefühllosen Urteil zu befähigen und sieht sich an die Programmatik des epischen Theaters erinnert, welche die in der DDR sozialisierte Novak hier im Bereich epischer Literatur nachvollziehe. (Vgl. Könecke: Interpretationshilfen, a. a. O., S. 183) Ob es Novak tatsächlich um eine „Kritik gesellschaftlicher Verhältnisse mit den Mitteln einer ungewohnten, neuartigen Ästhetik" (ebd.) geht, sei jedoch dahingestellt. Ob die Motive oder Ursachen für das kritikwürdige Handeln oder Nicht-Handeln des Vaters individuell oder gesellschaftlich bedingt sind, darüber kann schließlich nur spekuliert werden, der Text selbst bleibt zu dieser Frage stumm.

Die Kurzgeschichte endet gattungstypisch offen. Es bleibt unklar, ob der in den Bach gefallene Andreas darin ertrunken ist oder aber sich bloß nasse Füße geholt hat. Es bleibt zudem offen, wo sich die Mutter der beiden Kinder, die Ehefrau des Mannes, zum Zeitpunkt der Handlung befindet. Diese Leerstelle kann man sich didaktisch nutzbar machen, indem die Schüler die Geschichte im Sinne des **Arbeitsblattes 21** (S. 69) weitererzählen. Der Nutzen liegt dabei in der Anbahnung einer Urteilsbildung aufseiten der Schülerinnen und Schüler, die das indifferente, nachlässige und egozentrische Verhalten des Vaters durchaus kritisieren sollten. In der Logik der Geschichte kann dies aus Sicht der Mutter geschehen, die – so die Fiktion des Arbeitsblattes 21 – das Geschehen vom Nachbarhaus aus beobachtet und ihren Mann am Ende des Tages zur Rede stellt. Arbeitsauftrag 2 kann auch in Partnerarbeit bearbeitet und anschließend vorgespielt werden.

- *Wie beurteilen Sie das Verhalten des Vaters in dieser Kurzgeschichte?*
- *Welche Kritik übt die Mutter, üben Sie selbst an dem Verhalten des Vaters?*
- *Was sagt die Art und Weise, wie der Vater mit seinen Kindern spricht, über ihn als Person aus? Inwiefern kann man hier von einer Selbstoffenbarung im Sinne Schulz von Thuns sprechen?*
- *Wie sieht sich der Vater vielleicht selbst? Wie steht er in der Tür? Stellen Sie seine Körpersprache in einem Ad-hoc-Standbild nach.*
- *Auf welche Art und Weise sollte sich der Vater verhalten, damit die Kommunikation gelingen kann? Stellt eine alternative, positive Körperhaltung des Vaters in einem Ad-hoc-Standbild nach.*

1.7 Gabriele Wohmann: Schönes goldenes Haar (1968)

Die ohne längere Einleitung beginnende Kurzgeschichte „Schönes goldenes Haar" wurde von Gabriele Wohmann, der wohl profiliertesten Autorin deutscher Kurzprosa, im Jahr 1968 veröffentlicht. In ihr geht es um ein nur auf den ersten Blick scheinbar belangloses Gespräch zwischen einem Ehepaar, dessen Tochter sich zur gleichen Zeit mit ihrem attraktiven Freund in einem Zimmer ein Stockwerk über ihnen amüsiert, so jedenfalls die ängstliche Vermutung der Mutter, deren Gedanken und Sorgen um mögliche Verfehlungen ihrer geliebten Tochter kreisen. Ihren Ehemann hingegen scheinen die Ausführungen seiner Frau und deren Sorgen kaum zu interessieren. Er versteckt sich für einen Großteil des Gesprächs, das für weite Teile eher ein sprachlicher und gedanklicher Monolog der Mutter ist, hinter seiner Zeitung. Erst am Ende sieht er sich genötigt, das bequeme „Abendversteck" (Z. 54f.) aufzugeben. Auf einen echten Dialog mit seiner Frau lässt er sich jedoch keinesfalls ein: „‚Na was denn, was denn, Herrgott noch mal, du stellst dich an', sagte er." (Z. 44f.)

Wie bei so vielen Erzählungen Wohmanns, welche die Unfähigkeit des Menschen zu Kommunikation und Verständigung zum Thema haben, geht es auch hier um zwei verbitterte und desillusionierte Menschen, deren vorausgesetzte anfängliche Liebe sich im profanen bürgerlichen Alltag verflüchtigt zu haben scheint. Wohmanns Figuren sind oftmals unfähig zur echten, erfolgreichen Verständigung, weil sie – häufig im Alltag aufgerieben – den Respekt voreinander verloren haben. Die Demütigung der Frau durch ihren Mann manifestiert sich schon allein dadurch, dass sie weite Teile des Gesprächs mit sich allein ist. Ihre Fragen, ihre Anmerkungen fordern zwar zu einer unmittelbaren Antwort heraus, der Mann sieht sich jedoch erst spät nahezu genötigt, auf diese, den Dialog einfordernde Anmaßung seiner Frau, die ihm sein Bier und gebratene Zwiebeln zum Fleisch zu bringen hat, zu antworten: „Ihr Ton war jetzt werbendes Gejammer." (Z. 37f.) Der Gefahr, sich auf ein echtes, dialogisches Gespräch mit seiner Frau einzulassen, begegnet der Mann dann auch konsequent damit, dass er das Radio einschaltet und sich zurück in seinen Zeitungssessel begibt. Metaphorisch macht der Erzähler deutlich, dass der Mann von den kritisch-verzweifelten Reflexionen seiner Frau über Ehe und Elternschaft nicht die geringste Ahnung hat: „Er rülpste Zufriedenheit aus dem prallen Stück Bauch überm Gürtel." (Z. 56f.)

Unfähig, mit ihren Gefühlen umzugehen und Probleme anzusprechen, flüchten Wohmanns Protagonisten in eine zweite, gedankliche Welt – von der Erzählerin hier aus personaler Sicht wiedergegeben –, in der sie ihr einmal geliebtes Gegenüber nur noch beschimpfen können. So sind die Finger ihres Ehemanns für die Frau nur noch „fleischige Krallenpaare", vor seinem „feisten viereckigen Gesicht" empfindet sie nahezu Ekel. Insbesondere durch häufige Personifikationen („Die Wand der Zeitung knisterte" oder „Der Schirm bedruckter Seiten tuschel-

Baustein 1: Beziehungen und Kommunikation

te") und eine äußerst pejorative Wortwahl wird auch sprachlich deutlich, welchen Grad an gegenseitiger Entfremdung diese Beziehung mittlerweile erreicht hat. Mehr als „fette Krallen" sieht die Ehefrau von ihrem Mann nicht mehr, „keine Augen, kein Mund." Es ist allein der Stolz auf die Tochter Laurela, der dieser Existenzform noch so etwas wie Sinn und Stolz verleiht. Dabei wird deren goldenes Haar symbolisch überhöht und steht in merkwürdigem Kontrast zu der banal-hässlichen Alltagswelt des Ehepaares. Dieser Kontrast fällt am offenen Schluss sogar der Mutter selbst auf. Sie empfindet Mitleid mit sich selbst sowie „stolze Verwunderung" darüber, dass sie ausgerechnet mit einem solchen Ehemann, für den sie nur noch Verachtung übrig hat, eine dermaßen attraktive Tochter bekommen konnte.

Die bekannte Kurzgeschichte sollte aufgrund ihrer Thematik vor allem in der Sekundarstufe II behandelt werden, ein Einsatz am Ende der Mittelstufe ist ebenso möglich. Da die Kurzgeschichte die Abwesenheit von (mündlicher) Kommunikation zum Thema hat, soll in dem in der Folge beschriebenen Vorgehen der Schwerpunkt vor allem auf der nonverbalen Kommunikation liegen. Neben der von der Erzählerin virtuos gezeichneten Innensicht der Figuren ist es nämlich vor allem das nonverbale Verhalten der Figuren, das Aufschluss über deren aufgewühltes (Ehefrau) oder indifferentes (Ehemann) Seelenleben gibt.

Die Schüler erhalten zum Einstieg noch vor der Lektüre der Kurzgeschichte das **Arbeitsblatt 22** (S. 70). Der Rätselcharakter der Zuordnungsaufgabe motiviert sie zur notwendigen Einarbeitung in den Bereich der nonverbalen Kommunikation, in Aufgabe 5 können sie die Wirkung ihrer eigenen Körpersprache spielerisch testen. Die Ergebnisse dieser ersten, zur Kurzgeschichte hinführenden Phase können an der Tafel fixiert werden:

Zwei Möglichkeiten der Kommunikation

verbal ←————————————→ **nonverbal**

(bewusster Einsatz der Sprache)   (oft unbewusst-ungewollte Sprache des Körpers: Gestik und Mimik)

Irritation: wenn verbale und nonverbale Signale nicht übereinstimmen
(Beispiel: Mit verschränkten Armen und abwehrender Mimik sagen: „Ich find's richtig schön, wenn wir uns treffen.")

Nun wird gemeinsam die Kurzgeschichte „Schönes goldenes Haar" gelesen. (**Arbeitsblatt 23**, S. 71) Alternativ zum üblichen Vorgehen an dieser Stelle, das eine Sicherung des Textverständnisses anstreben sollte, können die Schüler nun über einen anderen, deduktiven Aufgabentypus zum Nachdenken über das Thema der Kurzgeschichte gebracht werden. Dafür notiert die Lehrkraft zwei unterschiedliche Thesen an der Tafel.

Gabriele Wohmann: Schönes goldenes Haar

These 1

In der Kurzgeschichte „Schönes goldenes Haar" von Gabriele Wohmann geht es um das moralische <u>Fehlverhalten einer Tochter</u>, die sich nahezu vor den Augen der Eltern mit ihrem Liebhaber vergnügt. Darüber geraten die Eltern in Streit.

These 2

In der Kurzgeschichte „Schönes goldenes Haar" geht es um zwei Menschen, die sich einmal geliebt haben und die nun aber so sehr <u>voneinander entfremdet</u> sind, dass sie nicht einmal mehr vernünftig miteinander reden können.

Baustein 1: Beziehungen und Kommunikation

Im ersten Unterrichtsgespräch dürfen sich die Schülerinnen und Schüler frei äußern. Es sollte allerdings darauf geachtet werden, dass bei der Einstufung der Thesen als richtig oder falsch immer Bezug zu einer konkreten Textstelle genommen wird. Grundsätzlich ist das Thema der Kurzgeschichte die Abwesenheit von Kommunikation. Dieser Aspekt wird von These 1 nicht erfasst. Dass die zweite These dem Handlungsgeschehen näherkommt, kann durch den folgenden Arbeitsauftrag näher untersucht werden:

■ *Wer kann einen Zusammenhang zwischen unserem Einstieg und der Kurzgeschichte herstellen?*

Es dürfte den Schülern recht schnell gelingen, nonverbale Handlungen und nonverbale Kommunikation in der Kurzgeschichte zu identifizieren. Die sich anschließende Textarbeit kann, nachdem das erste Beispiel gemeinsam im Plenum erarbeitet wurde, gut in Partner- oder (Klein)Gruppenarbeit vonstatten gehen.

■ *Von welchen nonverbalen Handlungen ist in der Kurzgeschichte die Rede? Lesen Sie nochmals den Text und notieren Sie stichpunktartig sämtliche nonverbalen Handlungen des Mannes und der Frau.*

Die Lösung kann sukzessive an der Tafel gesammelt und notiert werden.

Nonverbale Handlungen: Mann

- die Wand der Zeitung knistert
- Finger krampfen sich ins Papier
- der Schirm bedruckter Seiten tuschelt
- Hinknüllen der Zeitung
- die Zeitung wird wieder vor das Gesicht gehalten: „Abendversteck"
- „Über-die-Zeitung-Spähen"
- Aufstehen, Andrehen des Radios
- Zurückschnicken der Seite der Zeitung in ihre gekniffte Form
- seine Krallenpfoten tappen zum Bierglas und packen es

Nonverbale Handlungen: Frau

- Spreizen des Zeigefingers von der Faust, Deuten auf die Zimmerdecke
- unruhiges Ziehen des braunen Wollsockens über das Stopfei
- Anstarren der kurzen festen Finger
- Reiben der Fingerkuppe über die Wollrunzeln
- vorwurfsvolles Anstarren der fleischigen Krallenpaare
- bekommt vor Erregung Punkte im Gesicht
- Bündeln der Wolle unterm Stopfei in der heißen Faust
- steifes Lächeln, Schwitzen
- hilflos-redseliges Gesicht
- Stopfei gegen den Magen gepresst
- Lächeln bei Gedanken an Tochter
- mit offenem Mund dasitzen, Anstarren der Zeitung
- bohrt die Spitze der Stopfnadel in den braunen Wollfilz
- betrachtet geätzte Haut ihres Zeigefingers
- reckt sich vor Mitleid und stolzer Verwunderung

Baustein 1: Beziehungen und Kommunikation

■ *Von welchen Leitmotiven wird das Verhalten des Mannes bzw. der Frau begleitet?*

Unter einem Leitmotiv versteht man in der Literaturwissenschaft eine einprägsame, im selben oder annähernd gleichen Wortlaut wiederkehrende „Aussage, die einer bestimmten Gestalt, Situation, Gefühlslage oder Stimmung, auch einem Gegenstand, einer Idee oder einem Sachverhalt zugeordnet" ist und die „durch ihr mehrfaches Auftreten gliedernd und akzentuierend wirkt, Zusammenhänge vorausdeutend oder auch rückverweisend hervorhebt sowie zur literarischen Symbolbildung eines Werkes beiträgt." (Vgl. Schweikle (Hg.): Metzler Literatur Lexikon. 2. Aufl., Stuttgart: Metzler 1990, S. 264)

Wenn die Schüler Sinn und Zweck eines Leitmotivs kennen, dürften die beiden Leitmotive der Kurzgeschichte schnell entdeckt werden: Aufseiten des Mannes ist es die Zeitung, welche die Beziehung u.v.a. die Haltung des Mannes gegenüber seiner Ehefrau symbolisiert. Die „Wand der Zeitung" (Z. 15) dient dem Mann dazu, zu seiner von ihm entfremdeten und unverstandenen Ehefrau („‚Na was denn, was denn, [...]'") (Z. 44) die für ihn notwendige Distanz aufzubauen. Dass er als Person hinter dieser Mauer gerne vollends verschwinden würde, machen die zahlreichen Personifikationen deutlich („Der Schirm bedruckter Seiten tuschelte") (Z. 36). Das Stopfei wiederum steht als Leitmotiv für die emotionale Veränderung der Frau, die diese im Laufe des „Gesprächs" durchläuft. Zu Beginn dient das Stopfei noch seinem eigentlichen Verwendungszweck, lediglich das Adjektiv „unruhig" (Z. 14) deutet den Gemütszustand der Frau an. In der Mitte der Geschichte hält sie die Wolle unterm Stopfei schon in der „heißen Faust" (Z. 49), die dafür stehen kann, dass sie mittlerweile viel Wut und Ärger über das indifferente Verhalten ihres Mannes aufgestaut hat. Gleiches gilt für das nachfolgende Pressen des Stopfeis gegen ihren Magen, was die innere Anspannung der Ehefrau verdeutlichen soll. Am Ende dient die Stopfnadel als Stellvertreterin eines Messers der symbolischen Attacke auf ihren Mann: „Sie bohrte die Spitze der Stopfnadel in den braunen Wollfilz." (Z. 86f.)

Mit der Wiederaufnahme des Einstiegs können die Schülerinnen und Schüler nun in Form von Standbildern die Beziehungsstruktur erarbeiten. Idealerweise wird den Kleingruppen dafür je ein Stopfei bzw. ein Zeitungsbogen zur Verfügung gestellt:

■ *Erarbeiten Sie in Kleingruppen einige Standbilder, welche die Beziehungsstruktur des Ehepaares wiedergeben. Benutzen Sie dabei nach Möglichkeit eine Zeitung und ein Stopfei. Sie müssen die Szenen der Kurzgeschichte nicht eins zu eins abbilden, sondern können sinnvolle Veränderungen im Rahmen Ihrer Interpretation vornehmen.*

■ *Erarbeiten Sie am Schluss dieser Phase ein idealtypisches Standbild, das wiedergibt, wie man als Ehepaar im wörtlichen Sinne „zueinander stehen" sollte, um sinnvoll und ergiebig miteinander kommunizieren zu können. Stellen Sie Ihre Ergebnisse im Plenum vor, indem Sie sich auf ausgewählte Textstellen der Kurzgeschichte beziehen.*

In der sich anschließenden Präsentationsphase sollte darauf geachtet werden, dass die vorgestellten Standbilder immer mit Bezug zum Text erläutert werden. Ein Tafelbild schließt diese Phase ab.

Störfaktoren erfolgreicher Kommunikation in „Schönes goldenes Haar"

- fehlende Hörbereitschaft und Aneinandervorbeireden
- negative Sozialbeziehung (Ekel, Ablehnung, Hass ...)
- fehlende Bereitschaft zu verbaler Verständigung (z. B. aus Angst vor dem Partner, Beziehungsstörung)
- emotionale Manipulation („Ich versteh's nicht, [...], deine eigene Tochter, wirklich, ich versteh's nicht.")

Als mögliche Hausaufgabe bietet sich die Verschriftlichung einer Kommunikationsanalyse an. Hierfür erhalten die Schüler das **Zusatzmaterial 3** (S. 166). Dabei ist bei der Besprechung darauf zu achten, dass den Schülern der Unterschied zwischen reiner Beschreibung und dem eigentlichen Interpretationsvorgang, der mit dem Erklären der Handlungen einhergeht, deutlich wird.

Alternativ kann auch der schriftliche Vergleich zwischen zwei Kurzgeschichten geübt werden. Ist den Schülerinnen und Schülern Bichsels „Die Tochter" (S. 53) bekannt, kann diese mit Wohmanns „Schönes goldenes Haar" verglichen werden.

> *Vergleichen Sie die Kurzgeschichten „Die Tochter" von Peter Bichsel und „Schönes goldenes Haar" von Gabriele Wohmann. Berücksichtigen Sie dabei u. a. die nachfolgend aufgeführten möglichen Vergleichskriterien. Nutzen Sie diese, um vor dem Schreiben eine Vergleichstabelle zu erarbeiten.*

Vergleichskriterien	„Die Tochter"	„Schönes goldenes Haar"
Thema Wichtige Figuren Motive der Figuren Handlungsverlauf Probleme Ausgang der Handlung …		

Notizen

_____
_____
_____
_____
_____
_____

Kinofilmplakate

„Tatsächlich Liebe"

„Mitten ins Herz"

„e-mail für Dich"

1. Welchen dieser Filme kennen Sie? Erzählen Sie davon.

2. Was haben alle drei Filme inhaltlich gemeinsam?

_____
_____
_____

3. Alle drei Filme zogen Millionen von Menschen weltweit in die Kinos. Wie erklären Sie sich den großen kommerziellen Erfolg dieser Art von Filmen? Welche Sehnsucht des Zuschauers wird dadurch ausgedrückt?

_____
_____
_____
_____
_____
_____

Kurt Marti: Happy End (1960)

Sie umarmen sich, und alles ist wieder gut. Das Wort ENDE flimmert über ihrem Kuss. Das Kino ist aus. Zornig schiebt er sich zum Ausgang, sein Weib bleibt im Gedränge hilflos stecken, weit hinter ihm. Er tritt auf die Straße und bleibt nicht stehen, er geht, ohne zu warten, er geht voll Zorn, und die Nacht ist dunkel. Atemlos, mit kleinen, verzweifelten Schritten holt sie ihn ein, holt ihn schließlich ein und keucht zum Erbarmen. Eine Schande, sagt er im Gehen, eine Affenschande, wie du geheult hast. Sie keucht. Mich nimmt nur wunder warum, sagt er. Sie keucht. Ich hasse diese Heulerei, sagt er, ich hasse das. Sie keucht noch immer. Schweigend geht er und voll Wut, so eine Gans, denkt er, so eine blöde, blöde Gans, und wie sie keucht in ihrem Fett. Ich kann doch nichts dafür, sagt sie endlich, ich kann doch wirklich nichts dafür, es war so schön, und wenn es schön ist, muss ich einfach heulen. Schön, sagt er, dieser Mist, dieses Liebesgewinsel, das nennst du also schön, dir ist ja wirklich nicht zu helfen. Sie schweigt und geht und keucht und denkt, was für ein Klotz von Mann, was für ein Klotz.

Aus: Kurt Marti, Neapel sehen. Erzählungen. Ausgewählte Erzählungen aus Dorfgeschichten, Bürgerliche Geschichten, Nachtgeschichten. Mit einem Vorwort von Elsbeth Pulver. © 1996 Nagel & Kimche im Carl Hanser Verlag, München

1. Lesen Sie die Kurzgeschichte „Happy End" von Kurt Marti. Geben Sie kurz eine mündliche Inhaltsangabe und tauschen Sie sich darüber mit Ihrem Nachbarn aus. Klären Sie Unklarheiten.

2. Welche Bedeutung könnte der Titel „Happy End" haben? Vergleichen Sie mit Ihren Arbeitsergebnissen zu den Filmplakaten.

3. Formulieren Sie eine erste Interpretationshypothese: „In der Kurzgeschichte ‚Happy End' von Kurt Marti geht es um …" Notieren Sie Ihre Hypothese im Heft und stellen Sie diese im Plenum zur Diskussion.

Ein Standbild zu einer Kurzgeschichte entwerfen
(Kurt Marti: Happy End)

1. Notieren Sie a) in den Sprechblasen alle von beiden Figuren der Kurzgeschichte „Happy End" getätigten Aussagen und b) in den Denkblasen alle von den Figuren nur gedachten, nicht ausgesprochenen Äußerungen.

   - Welche Schlussfolgerungen lassen sich aus der vom Autor gewählten Erzählperspektive ziehen?
   - In welchem Verhältnis stehen beide Figuren in Bezug auf Macht, Abhängigkeit und gegenseitigem Respekt?

2. Stellen Sie in Ihrer Gruppe ein Standbild, bei dem allein durch Mimik und Gestik das Verhältnis beider Figuren zueinander deutlich wird. Frieren Sie das Standbild ein. Aus dem „Off" (Hintergrund) spricht jeweils ein Sprecher (alternativ: zwei Sprecher) die Sätze (laute Stimme) und Gedanken (flüsternd).

   - Welche Wirkung erzielt ihr Arrangement?
   - Wozu dient dem Erzähler sein Kunstgriff, sowohl die Innensicht als auch die Außensicht gestalten zu können? Welche Schwierigkeiten ergeben sich für den Leser?

Sprachanalyse

In der Kurzgeschichte „Happy End" stellt der Erzähler eine Stimmung der Hoffnungslosigkeit, Gefühls- und Beziehungskälte und Enttäuschung dar. Untersuchen Sie die Sprache des Erzählers, indem Sie den folgenden Zitaten (linke Spalte der Tabelle) entsprechende sprachliche Mittel zuordnen. Erarbeiten Sie in der rechten Spalte die konkrete Funktion des jeweiligen sprachlichen Mittels.

Rhetorische Figur/Sprachlich-syntaktische Gestaltungsmittel	Beispiel	Funktion/Wirkung/Aussage
	gehen, keuchen, heulen, hassen, denken, schweigen	
	„Ich hasse [...] ich hasse [...]", „Sie keucht"	
	„Eine Schande, [...] eine Affenschande", „so eine Gans, so eine blöde, blöde Gans"; „ich kann doch nichts dafür, [...] ich kann doch wirklich nichts dafür"	
	„Schweigsam geht er", „Zornig schiebt er sich", „Schön, sagt er"	
	Der Mann läuft der Frau weg: „Er tritt auf die Straße, [...] er geht [...] er geht." Die Frau läuft „atemlos" hinterher: „holt [...] ihn ein, holt ihn schließlich ein und keucht"	
	„Sie schweigt und geht und keucht und denkt [...]"	
	Innere Monologe: „Schweigend geht er [...]" „Sie schweigt und geht [...]"	

Sprachanalyse (Lösungen)

Rhetorische Figur/Sprachlich-syntaktische Gestaltungsmittel	Beispiel	Funktion/Wirkung
Wortwiederholungen	gehen, keuchen, heulen, hassen, denken, schweigen	Monotonie im Wortgebrauch charakterisiert die Figuren u. betont geringes Veränderungspotenzial der Beziehung beider Personen; Schlichtheit der Wortwahl betont Unmöglichkeit, die Probleme differenziert zu verbalisieren und eine Verständigung im Sinne einer Lösung zu erzielen
Anapher	„Ich hasse [...] ich hasse [...]", „Sie keucht"	unterstreicht Gefühlslage des Mannes, betont Kurzatmigkeit bzw. Atemlosigkeit der Frau, die unter permanentem Druck steht
Klimax (Steigerung)	„Eine Schande, [...] eine Affenschande", „so eine Gans, so eine blöde, blöde Gans"; „ich kann doch nichts dafür, [...] ich kann doch wirklich nichts dafür"	macht v. a. die kaum kontrollierbare Wut des Mannes über seine Frau bzw. den Zustand ihrer Beziehung deutlich
Kopfstellung der Adjektive	„Schweigsam geht er [...]", „Zornig schiebt er sich", „Schön, sagt er"	Distanzierungsentschluss des Mannes wird durch diesen sprachlichen Duktus spürbar; betont die Entschlusskraft des tonangebenden Mannes
Satzbau: syntaktische Abbildung der Figurenbewegungen	Der Mann läuft der Frau weg: „Er tritt auf die Straße, [...] er geht [...] er geht." Die Frau läuft „atemlos" hinterher: „holt [...] ihn ein, holt ihn schließlich ein und keucht"	verdeutlicht die Hierarchie in der Beziehung bzw. asymmetrische Kommunikationssituation; ein notwendig gleichberechtigter Dialog erscheint so unmöglich
Polysyndeton („Vielfachverbindung")	„Sie schweigt und geht und keucht und denkt [...]"	verdeutlicht die verlangsamende Bewegung der Frau, die abschließend über die „Qualitäten" ihres Mannes kritisch reflektiert
Wechsel der personalen Erzählperspektive zwischen ihm und ihr	Innere Monologe: „Schweigend geht er [...]". „Sie schweigt und geht [...]"	Einblick in psychische Vorgänge beider Figuren verstärkt Nähe des Lesers zum Geschehen sowie Gegensatz zur Handlung des Liebesfilms; verdeutlicht Zusammenhang äußerer Banalität u. innerer Tragödie

Eine Kurzgeschichte produktiv verändern – Gedicht

Die Krise der Moderne ist Folge der für den Menschen schmerzhaften Erkenntnis, dass die Welt in ein unendliches Nebeneinander von Einzelphänomenen zerfallen ist. Modernes Erzählen ist sich bewusst, dass es keine allumfassende, harmonisierende Ordnung mehr stiften kann. Geschichten mit Anfang und Ende sind unmöglich geworden, stattdessen zerfällt das Erzählen in Einzelteile, Episoden, Szenen. Rätsel, Fragen und Undeutlichkeiten werden anders als im vormodernen Erzählen nicht beantwortet und aufgelöst. Sie verbleiben oftmals undurchdringlich und rätselhaft. Damit kommt dem Leser, der sich im traditionellen Erzählen entspannt zurücklehnen konnte, weil ihn der auktoriale Erzähler kontrolliert der Lösung zuführen würde, eine neue Rolle zu: Die Offenheit der Werke fordert ihn auf, unbeantwortete Fragen selbst aktiv konstruierend mit Sinn zu versehen. Der fragmentarische Charakter moderner Literatur – insbesondere von Kurzgeschichten – bietet literaturdidaktisch große Chancen, diese sog. Leerstellen aktiv-produktiv zu füllen.

Ende
Ende des Films
Ende einer Beziehung

Liebesfilm
Umarmung
Kuss
Alles ist wieder gut
5 Wie schön, wie wunderschön für sie

Und er? –
tritt auf die Straße
wartet nicht auf sie
geht voll Zorn
10 „eine Schande, wie du geheult hast
ich hasse das"
Mist
Liebesgewinsel
blöde Gans

15 Sie schweigt
sie keucht
sie denkt
So ein Klotz

ENDE
20 Die Nacht ist dunkel

(Alexandra M.)

1. Erläutern Sie, wie die Schülerin bei der Umformung im Einzelnen vorgegangen ist.

2. Beurteilen Sie in Kleingruppen, ob der Inhalt des Gedichts dem der Kurzgeschichte gerecht geworden ist. Wo setzt die Schülerin eigenständige Schwerpunkte, welche Aspekte halten Sie für gut oder weniger gelungen herausgearbeitet? Welche Aspekte sind durch die Umformung noch deutlicher geworden als in der ursprünglichen Textfassung?

3. Verfassen Sie selbst ein ähnliches Gedicht zu der Kurzgeschichte. Dabei könnten Sie auch über weitere zukünftige Ereignisse in dieser Beziehung schreiben, aus einem Gespräch am folgenden Morgen ein Gedicht formen oder ein positives Gegengedicht zu Martis „Happy End" verfassen. Stellen Sie einander Ihre Gedichtfassungen in der Kleingruppe vor und erläutern Sie diese.

Peter Bichsel: Der Milchmann (1964)

Der Milchmann schrieb auf einen Zettel: „Heute keine Butter mehr, leider." Frau Blum las den Zettel und rechnete zusammen, schüttelte den Kopf und rechnete noch einmal, dann schrieb sie: „Zwei Liter, 100 Gramm Butter, Sie hatten gestern keine Butter und berechneten sie mir gleichwohl."

Am andern Tag schrieb der Milchmann: „Entschuldigung." Der Milchmann kommt morgens um vier, Frau Blum kennt ihn nicht, man sollte ihn kennen, denkt sie oft, man sollte einmal um vier aufstehen, um ihn kennenzulernen.

Frau Blum fürchtet, der Milchmann könnte ihr böse sein, der Milchmann könnte schlecht denken von ihr, ihr Topf ist verbeult.

Der Milchmann kennt den verbeulten Topf, es ist der von Frau Blum, sie nimmt meistens 2 Liter und 100 Gramm Butter. Der Milchmann kennt Frau Blum. Würde man ihn nach ihr fragen, würde er sagen: „Frau Blum nimmt 2 Liter und 100 Gramm, sie hat einen verbeulten Topf und eine gut lesbare Schrift." Der Milchmann macht sich keine Gedanken, Frau Blum macht keine Schulden. Und wenn es vorkommt – es kann ja vorkommen –, dass 10 Rappen zu wenig daliegen, dann schreibt er auf einen Zettel: „10 Rappen zu wenig." Am andern Tag hat er die 10 Rappen anstandslos und auf dem Zettel steht: „Entschuldigung." ‚Nicht der Rede wert' oder ‚keine Ursache', denkt dann der Milchmann und würde er es auf den Zettel schreiben, dann wäre das schon ein Briefwechsel. Er schreibt es nicht.

Den Milchmann interessiert es nicht, in welchem Stock Frau Blum wohnt, der Topf steht unten an der Treppe. Er macht sich keine Gedanken, wenn er nicht dort steht. In der ersten Mannschaft spielte einmal ein Blum, den kannte der Milchmann, und der hatte abstehende Ohren. Vielleicht hat Frau Blum abstehende Ohren.

Milchmänner haben unappetitlich saubere Hände, rosig, plump und verwaschen. Frau Blum denkt daran, wenn sie seine Zettel sieht. Hoffentlich hat er die 10 Rappen gefunden. Frau Blum möchte nicht, dass der Milchmann schlecht von ihr denkt, auch möchte sie nicht, dass er mit der Nachbarin ins Gespräch käme. Aber niemand kennt den Milchmann, in unserem Quartier niemand. Bei uns kommt er morgens um vier. Der Milchmann ist einer von denen, die ihre Pflicht tun. Wer morgens um vier die Milch bringt, tut seine Pflicht, täglich, sonntags und werktags. Wahrscheinlich sind Milchmänner nicht gut bezahlt und wahrscheinlich fehlt ihnen oft Geld bei der Abrechnung. Die Milchmänner haben keine Schuld daran, dass die Milch teurer wird.

Und eigentlich möchte Frau Blum den Milchmann gern kennenlernen.

Der Milchmann kennt Frau Blum, sie nimmt 2 Liter und 100 Gramm und hat einen verbeulten Topf.

Aus: Peter Bichsel: Eigentlich möchte Frau Blum den Milchmann kennenlernen.
21 Geschichten © Suhrkamp Verlag, Frankfurt am Main 1993

Aus Sicht einer literarischen Figur einen Brief schreiben

> Abs. Frau Blum / Der Milchmann
>
> Liebe Frau Blum / Lieber Milchmann
>
>
>
> Mit freundlichen Grüßen

1. Stelle dir vor, du seiest Frau Blum bzw. der Milchmann und würdest dem anderen einen Brief schreiben. In diesem sollst du dem anderen mitteilen, was du von ihm hältst und ob es zu einer Begegnung kommen sollte oder auch nicht. Die Personen sollten dabei so ehrlich wie möglich über ihre Haltung Auskunft geben, sie können auch Ängste mitteilen oder Fehler eingestehen. Du musst dich also in die Figur hineinversetzen, die Gedanken deiner Figur sollten aus der Kurzgeschichte heraus begründbar sein. Fertige vor dem Schreiben einen stichpunktartigen Schreibplan an. In ihm notierst du alle Aspekte, die in dem Brief deiner Meinung nach angesprochen werden sollten. Erst jetzt verfasst du den Brief an den Milchmann oder an Frau Blum.

2. Hast du aus Sicht des Milchmanns geschrieben, trägst du nun deinen Brief einem Mitschüler vor, der aus der Perspektive von Frau Blum geschrieben hat. Anschließend hörst du dir den Brief an „dich" an. Welche Gemeinsamkeiten bzw. Unterschiede fallen dir auf?

Peter Schneider: Auf der Straße (1969)

Wenn ich auf die Straße hinaustrete,
sehe ich keinen Verkehr zwischen den Leuten,
keine Gruppen, die sich über die Zeitung unterhalten,
es liegt kein Gespräch in der Luft.
5 Ich sehe Leute, die so aussehen, als lebten sie
unter der Erde und als wären sie das letzte Mal
bei irgendeinem dritten oder vierten
Kindergeburtstag froh gewesen. Sie bewegen sich,
als wären sie von einem System elektrischer Drähte
10 umgeben, das ihnen Schläge austeilt, falls sie
einmal einen Arm ausstrecken oder mit dem Fuß
hin und her schlenkern.
Sie gehen aneinander vorbei und beobachten sich,
als wäre jeder der Feind des anderen.
15 Das ganze Leben hier macht den Eindruck,
als würde irgendwo ein großer Krieg geführt
und alle würden auf ein Zeichen warten,
dass die Gefahr vorüber ist und man sich
wieder bewegen kann.

Aus: Großstadtlyrik. Hg. von Waltraut Wende, Stuttgart 1999, S. 241

Georg Grosz: Untitled (1920)

1. Wie nimmt der lyrische Sprecher des Gedichts die Menschen, ihr Verhalten und ihre Beziehungen zueinander wahr? Erläutert dabei einzelne sprachliche Bilder (z. B. „System elektrischer Drähte", „großer Krieg", „als lebten sie unter der Erde").

2. Welche Gründe könnte es für das Verhalten der Menschen geben?

3. Vergleicht das Bild von Georg Grosz „Untitled" (1920) mit der Aussage des Gedichts. Berücksichtigt dabei v. a. die Atmosphäre des Bildes, die Darstellung der Menschen und der Stadt.

4. Vergleicht Schneiders Gedicht und/oder Grosz' Gemälde mit der Aussage der Kurzgeschichte „Der Milchmann". Sucht nach Gemeinsamkeiten und notiert diese.

Peter Bichsel: Die Tochter (1964)

Abends warteten sie auf Monika. Sie arbeitete in der Stadt, die Bahnverbindungen sind schlecht. Sie, er und seine Frau, saßen am Tisch und warteten auf Monika. Seit sie in der Stadt arbeitete, aßen sie erst um halb acht. Früher hatten sie eine Stunde eher gegessen. Jetzt warteten sie täglich eine Stunde am gedeckten Tisch, an ihren Plätzen, der Vater oben, die Mutter auf dem Stuhl nahe der Küchentür, sie warteten vor dem leeren Platz Monikas. Einige Zeit später dann auch vor dem dampfenden Kaffee, vor der Butter, dem Brot, der Marmelade.

Sie war größer gewachsen als sie, sie war auch blonder und hatte die Haut, die feine Haut der Tante Maria.

„Sie war immer ein liebes Kind", sagte die Mutter, während sie warteten.

In ihrem Zimmer hatte sie einen Plattenspieler, und sie brachte oft Platten mit aus der Stadt, und sie wusste, wer darauf sang. Sie hatte auch einen Spiegel und verschiedene Fläschchen und Döschen, einen Hocker aus marokkanischem Leder, eine Schachtel Zigaretten.

Der Vater holte sich seine Lohntüte auch bei einem Bürofräulein. Er sah dann die vielen Stempel auf einem Gestell, bestaunte das sanfte Geräusch der Rechenmaschine, die blondierten Haare des Fräuleins, sie sagte freundlich „Bitte schön", wenn er sich bedankte.

Über Mittag blieb Monika in der Stadt, sie aß eine Kleinigkeit, wie sie sagte, in einem Tearoom. Sie war dann ein Fräulein, das in Tearooms lächelnd Zigaretten raucht.

Oft fragten sie sie, was sie alles getan habe in der Stadt, im Büro. Sie wusste aber nichts zu sagen.

Dann versuchten sie wenigstens, sich genau vorzustellen, wie sie beiläufig in der Bahn ihr rotes Etui mit dem Abonnement aufschlägt und vorweist, wie sie den Bahnsteig entlanggeht, wie sie sich auf dem Weg ins Büro angeregt mit Freundinnen unterhält, wie sie den Gruß eines Herrn lächelnd erwidert.

Und dann stellten sie sich mehrmals vor in dieser Stunde, wie sie heimkommt, die Tasche und ein Modejournal unter dem Arm, ihr Parfum; stellten sich vor, wie sie sich an ihren Platz setzt, wie sie dann zusammen essen würden.

Bald wird sie sich in der Stadt ein Zimmer nehmen, das wussten sie, und dass sie dann wieder um halb sieben essen würden, dass der Vater nach der Arbeit wieder seine Zeitung lesen würde, dass es dann kein Zimmer mit Plattenspieler gäbe, keine Stunde des Wartens mehr. Auf dem Schrank stand eine Vase aus blauem schwedischem Glas, eine Vase aus der Stadt, ein Geschenkvorschlag aus dem Modejournal.

„Sie ist wie deine Schwester", sagte die Frau, „sie hat das alles von deiner Schwester. Erinnerst du dich, wie schön deine Schwester singen konnte?"

„Andere Mädchen rauchen auch", sagte die Mutter.

„Ja", sagte er, „das habe ich auch gesagt."

„Ihre Freundin hat kürzlich geheiratet", sagte die Mutter.

Sie wird auch heiraten, dachte er, sie wird in der Stadt wohnen.

Kürzlich hatte er Monika gebeten: „Sag mal etwas auf Französisch." – „Ja", hatte die Mutter wiederholt, „sag mal etwas auf Französisch." Sie wusste aber nichts zu sagen.

Stenografieren kann sie auch, dachte er jetzt. „Für uns wäre das zu schwer", sagten sie oft zueinander.

Dann stellte die Mutter den Kaffee auf den Tisch. „Ich habe den Zug gehört", sagte sie.

Aus: Peter Bichsel: Eigentlich möchte Frau Blum den Milchmann kennenlernen.
21 Geschichten © Suhrkamp Verlag, Frankfurt am Main 1993

Personenkonstellationen über Standbilder erarbeiten

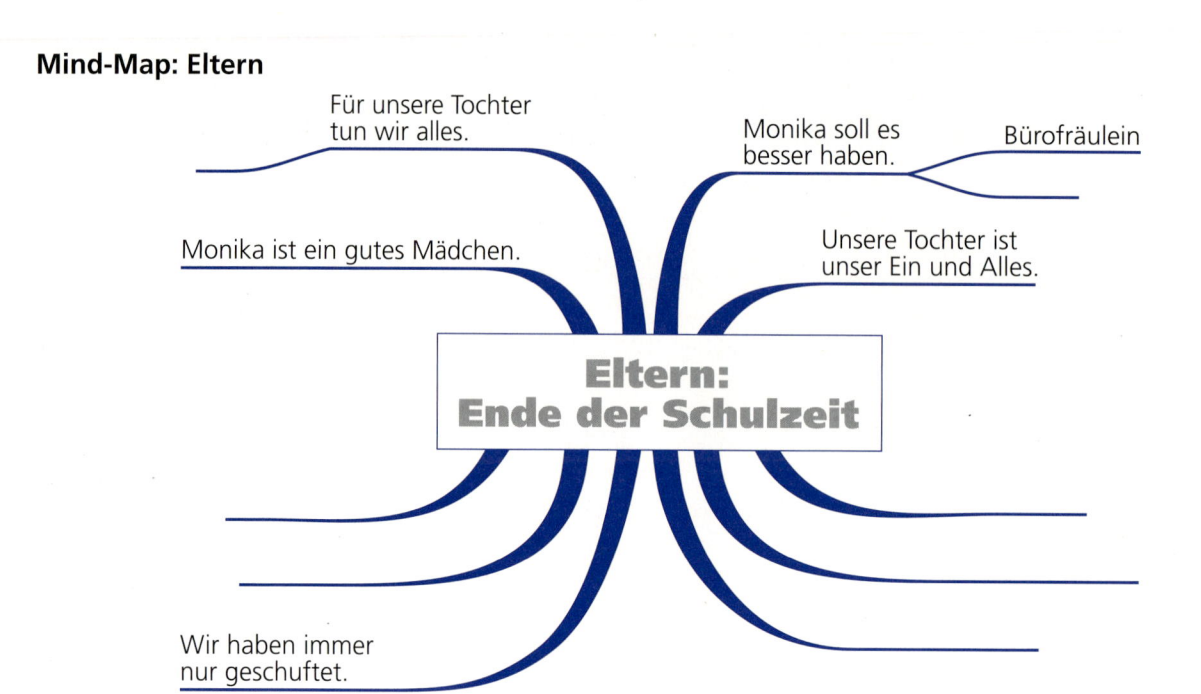

Mind-Map: Eltern

- Für unsere Tochter tun wir alles.
- Monika soll es besser haben.
- Bürofräulein
- Monika ist ein gutes Mädchen.
- Unsere Tochter ist unser Ein und Alles.

Eltern: Ende der Schulzeit

- Wir haben immer nur geschuftet.

Mind-Map: Monika

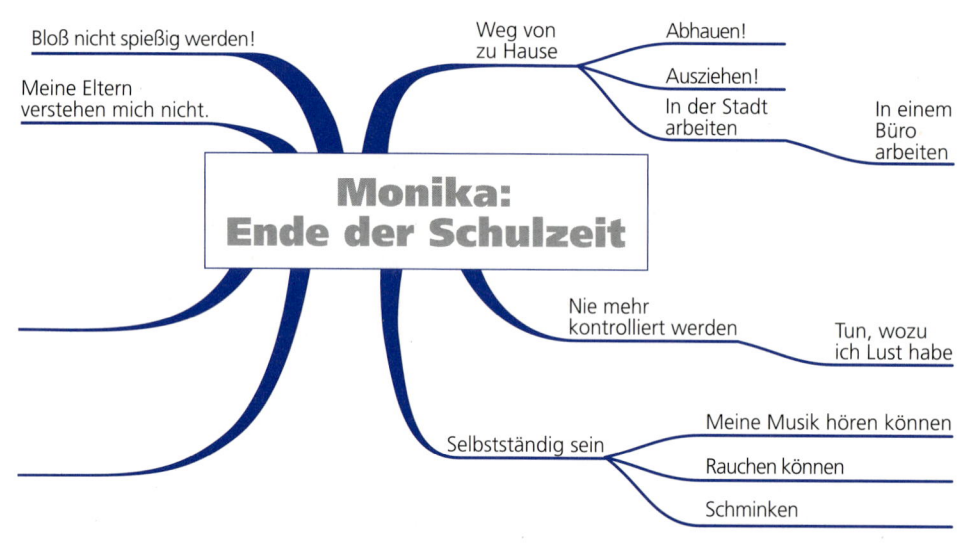

- Bloß nicht spießig werden!
- Meine Eltern verstehen mich nicht.
- Weg von zu Hause
  - Abhauen!
  - Ausziehen!
  - In der Stadt arbeiten — In einem Büro arbeiten

Monika: Ende der Schulzeit

- Nie mehr kontrolliert werden — Tun, wozu ich Lust habe
- Selbstständig sein
  - Meine Musik hören können
  - Rauchen können
  - Schminken

1. Setzt euch in 4er-Gruppen zusammen. Teilt euch innerhalb dieser Gruppe nochmals in 2er-Teams auf und erarbeitet die Gedanken, Ängste und Einstellungen der Eltern bzw. Monikas in Peter Bichsels Kurzgeschichte „Die Tochter". Stellt dafür die Mind-Maps fertig.

2. Stellt anschließend einander die Ergebnisse vor. Erarbeitet nun wieder als 4er-Gruppe die Beziehung zwischen Monika und ihren Eltern seit Ende ihrer Schulzeit. Dafür sollt ihr ein oder mehrere Standbilder bauen, die sich auf Momente und Ereignisse aus der Vergangenheit (z. B. Monika stellt den Eltern ihren ersten Freund vor), aber auch aus der Gegenwart (z. B. Monika kommt nach Hause) und Zukunft (z. B. Monika teilt Eltern Auszugstermin mit) beziehen. Präsentiert eure Standbilder.

Textanalyse: Kurze Prosatexte untersuchen[1]

Lies den zu untersuchenden Text nach dem ersten Lesen mindestens noch ein- oder zweimal gründlich, um dein eigenes Textverständnis zu vertiefen. Mithilfe der folgenden allgemeinen Texterschließungsfragen kannst du nun am Text arbeiten. Unterstreiche zu den einzelnen Fragen Textstellen, mache dir Stichwörter am Rand, markiere unverständliche Sätze mit einem Fragezeichen und halte deine Ergebnisse auf einem Stichwortzettel oder im Heft fest. Zu den folgenden Aspekten und Leitfragen kannst du arbeiten:

- **Thema:** Um welches Thema, Problem oder welchen Konflikt geht es? Was löst die Handlung aus? Oft gibt der Titel dem Leser hier wichtige Hinweise.
- **Aufbau der Handlung:** In welche Abschnitte lässt sich der Text gliedern? Welches sind die entscheidenden Handlungen oder Ereignisse? Welche Wende- oder Höhepunkte besitzt die Handlung? Haben Anfang und Ende eine besondere Wirkung bzw. Bedeutung?
- **Figuren:** Welche Figuren kommen vor? Lassen sich Haupt- und Nebenfiguren unterscheiden? Welche Eigenschaften haben sie? Wie verhalten sie sich? Warum verhalten sie sich so (Beweggründe, Motive, Ziele)? Verändern sie sich im Verlauf der Handlung (Entwicklung)?
- **Ort und Zeit:** Was ist der Ort des Geschehens? Wie ist die Atmosphäre? Besitzen die Handlungsorte eine symbolische Bedeutung? Wann ereignet sich das Erzählte? Über welchen Zeitraum erstreckt sich das Erzählte?
- **Sprache:** Lassen sich Auffälligkeiten in der Wortwahl feststellen, z. B. beim Einsatz von Verben und Adjektiven? Welche Wirkung ist damit verbunden? Verwendet der Autor bildhafte Sprache (Metaphern, Personifikationen, Vergleiche)? Welche Bedeutung haben diese Sprachbilder? Enthält der Text Schlüsselwörter, -sätze oder Wiederholungen, die zur Deutung hilfreich sind? Wird durch den Satzbau eine besondere Wirkung erzielt (z. B. verkürzte Sätze als Spannungssteigerung)?
- **Symbole:** Kommen in dem Text auffällige Motive oder Gegenstände vor, die symbolisch verstanden werden müssen und die zur Deutung der Erzählung wichtig sind? Was bedeuten sie?
- **Erzähltechnik:** Handelt es sich um eine Ich- oder Er-Erzählung? Ist der Erzähler-Standort die Außen- oder Binnenperspektive? Ist das Erzählverhalten auktorial oder personal? Welche Wirkung ist mit der Erzählperspektive verbunden? Gibt es Nebenhandlungen oder wird einsträngig (= linear) erzählt?
- **Zeitgestaltung:** Arbeitet der Autor mit Rückblenden, Vorausdeutungen oder Zeitsprüngen? Welche Geschehnisse werden gedehnt oder gerafft erzählt?
- **Textart:** Welche Gattungsmerkmale weist der Text auf (z. B. Merkmale einer Kurzgeschichte)?

Mit dieser Übersicht sollte nicht so gearbeitet werden, dass jeder zu untersuchende Prosatext Punkt für Punkt und Frage für Frage schematisch vollständig abgearbeitet wird. Die Übersicht sollte vielmehr so genutzt werden, dass man auf einzelne Gesichtspunkte zur Untersuchung des jeweiligen Textes aufmerksam wird. Üblicherweise trifft man also beim Verfassen einer Textanalyse eine Auswahl und setzt so Schwerpunkte.

Walter Helmut Fritz: Augenblicke (1964)

Kaum stand sie vor dem Spiegel im Badezimmer, um sich herzurichten, als ihre Mutter aus dem Zimmer nebenan zu ihr hereinkam, unter dem Vorwand, sie wolle sich nur die Hände waschen.

Also doch! Wie immer, wie *fast* immer.

Elsas Mund krampfte sich zusammen. Ihre Finger spannten sich. Ihre Augen wurden schmal. Ruhig bleiben!

Sie hatte darauf gewartet, dass ihre Mutter auch dieses Mal hereinkommen würde, voller Behutsamkeit, mit jener scheinbaren Zurückhaltung, die durch ihre Aufdringlichkeit die Nerven freilegt. Sie hatte – behext, entsetzt, gepeinigt – darauf gewartet, weil sie sich davor fürchtete.

„Komm, ich mach' dir Platz", sagte sie zu ihrer Mutter und lächelte ihr zu.

„Nein, bleib nur hier, ich bin gleich so weit", antwortete die Mutter und lächelte.

„Aber es ist doch so eng", sagte Elsa und ging rasch hinaus, über den Flur, in ihr Zimmer. Sie behielt einige Augenblicke länger als nötig die Klinke in der Hand, wie um die Tür mit Gewalt zuzuhalten. Sie ging auf und ab, von der Tür zum Fenster, vom Fenster zur Tür. Vorsichtig öffnete ihre Mutter.

„Ich bin schon fertig", sagte sie. Elsa tat, als ob ihr inzwischen etwas anderes eingefallen wäre, und machte sich an ihrem Tisch zu schaffen.

„Du kannst weitermachen", sagte die Mutter.

„Ja, gleich."

Die Mutter nahm die Verzweiflung ihrer Tochter nicht einmal als Ungeduld wahr.

Wenig später allerdings verließ Elsa das Haus, ohne ihrer Mutter Adieu zu sagen.

Mit der Tram fuhr sie in die Stadt, in die Gegend der Post. Dort sollte es eine Wohnungsvermittlung geben, hatte sie einmal gehört. Sie hätte zu Hause im Telefonbuch eine Adresse nachsehen können. Sie hatte nicht daran gedacht, als sie die Treppen hinuntergeeilt war.

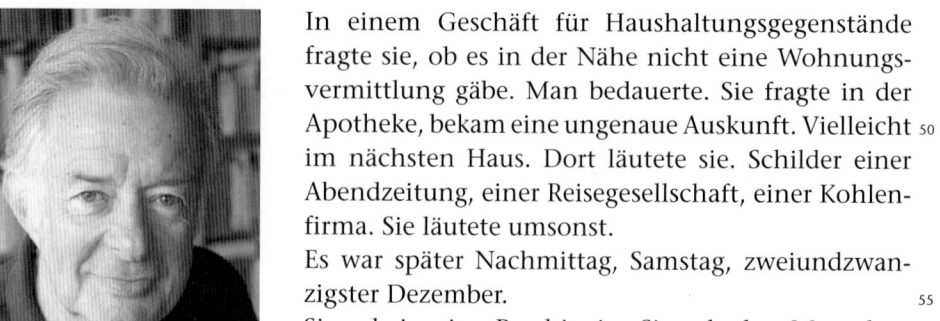

In einem Geschäft für Haushaltungsgegenstände fragte sie, ob es in der Nähe nicht eine Wohnungsvermittlung gäbe. Man bedauerte. Sie fragte in der Apotheke, bekam eine ungenaue Auskunft. Vielleicht im nächsten Haus. Dort läutete sie. Schilder einer Abendzeitung, einer Reisegesellschaft, einer Kohlenfirma. Sie läutete umsonst.

Es war später Nachmittag, Samstag, zweiundzwanzigster Dezember.

Sie sah in eine Bar hinein. Sie sah den Menschen nach, die vorbeigingen. Sie trieb mit. Sie betrachtete Kinoreklamen.

Sie ging Stunden umher. Sie würde erst spät zurückkehren. Ihre Mutter würde zu Bett gegangen sein. Sie würde ihr nicht mehr gute Nacht zu sagen brauchen.

Sie würde sich, gleich nach Weihnachten, eine Wohnung nehmen. Sie war zwanzig Jahre alt und verdiente. Kein einziges Mal würde sie sich mehr beherrschen können, wenn ihre Mutter zu ihr ins Bad kommen würde, wenn sie sich schminkte. Kein einziges Mal.

Ihre Mutter lebte seit dem Tod ihres Mannes allein. Oft empfand sie Langeweile. Sie wollte mit ihrer Tochter sprechen. Weil sich die Gelegenheit selten ergab (Elsa schützte Arbeit vor), suchte sie sie auf dem Flur zu erreichen oder wenn sie im Bad zu tun hatte. Sie liebte Elsa. Sie verwöhnte sie. Aber sie, Elsa, würde kein einziges Mal mehr ruhig bleiben können, wenn sie wieder zu ihr ins Bad käme.

Elsa floh.

Über der Straße künstliche, blau, rot, gelb erleuchtete Sterne. Sie spürte Zuneigung zu den vielen Leuten, zwischen denen sie ging.

Als sie kurz vor Mitternacht zurückkehrte, war es still in der Wohnung. Sie ging in ihr Zimmer und es blieb still. Sie dachte daran, dass ihre Mutter alt und oft krank war. Sie kauerte sich in ihren Sessel und sie hätte unartikuliert schreien mögen, in die Nacht mit ihrer entsetzlichen Gelassenheit.

Aus: Walter Helmut Fritz: Umwege. Prosa, Stuttgart: Deutsche Verlagsanstalt 1964, S. 47–48

Lesekompetenz-Test zu W. H. Fritz: Augenblicke

1. Kreuze die richtige Antwort an.

    1.1 Wann geht Elsa los, um eine Wohnungsvermittlung zu suchen?
    - a ☐ kurz vor Weihnachten
    - b ☐ kurz nach Weihnachten
    - c ☐ Weihnachten

    1.2 Wovor fürchtet sich Elsa, wenn sie im Bad ist?
    - a ☐ davor, dass ihre Mutter wie immer anklopfen wird
    - b ☐ davor, dass ihre Mutter wie immer ihre Schminksachen benutzt
    - c ☐ davor, dass ihre Mutter ihr wie immer ins Bad folgt

    1.3 Warum bekommt Elsa an diesem Tag keine Wohnung?
    - a ☐ weil sie in die Bar geht
    - b ☐ weil sie keine Adresse der Wohnungsvermittlung hat
    - c ☐ weil die Wohnungsvermittlung samstags geschlossen hat

    1.4 Wovor flieht Elsa?
    - a ☐ vor der aufdringlichen Fürsorglichkeit ihrer Mutter
    - b ☐ vor der Langeweile in der Wohnung
    - c ☐ vor der Einsamkeit in der Wohnung

    1.5 Von welchem Gefühl wird Elsas Beziehung zu ihrer Mutter bestimmt?
    - a ☐ Sie ist wütend.
    - b ☐ Sie ist ungeduldig.
    - c ☐ Sie ist verzweifelt.

2. Im Text heißt es: „‚Aber es ist doch so eng', sagte Elsa und ging rasch hinaus, über den Flur, in ihr Zimmer." (Z. 25 f.) Inwiefern kann man diesen Satz auf unterschiedliche Weise verstehen?

    Erste Deutungsmöglichkeit:

    _____

    _____

    Zweite Deutungsmöglichkeit:

    _____

    _____

3. Welche der folgenden Skizzen veranschaulicht deiner Meinung nach das Verhältnis von Elsa und ihrer Mutter am zutreffendsten? Begründe schriftlich in deinem Heft. (2 Sätze)

a	Elsa → ← Mutter
b	Elsa → Mutter
c	Elsa ( ) Mutter

Paul Watzlawick: Menschliche Kommunikation (1969)

Die Unmöglichkeit, nicht zu kommunizieren
Verhalten hat vor allem eine Eigenschaft, die so grundlegend ist, dass sie oft übersehen wird: Verhalten hat kein Gegenteil, oder um dieselbe Tatsache noch simpler auszudrücken: Man kann sich nicht *nicht* verhalten. Wenn man akzeptiert, dass alles Verhalten in einer zwischenmenschlichen Situation Mitteilungscharakter hat, d. h. Kommunikation ist, so folgt daraus, dass man, wie immer man es auch versuchen mag, nicht *nicht* kommunizieren kann. Handeln oder Nichthandeln, Worte oder Schweigen haben alle Mitteilungscharakter. [...] Der Mann im überfüllten Wartesaal, der vor sich auf den Boden starrt oder mit geschlossenen Augen dasitzt, teilt den anderen mit, dass er weder sprechen noch angesprochen werden will, und gewöhnlich reagieren seine Nachbarn richtig darauf, indem sie ihn in Ruhe lassen. [...]

Die Inhalts- und Beziehungsaspekte der Kommunikation
Wenn man untersucht, *was* jede Mitteilung enthält, so erweist sich ihr Inhalt vor allem als Information. Dabei ist es gleichgültig, ob diese Information wahr oder falsch, gültig oder ungültig oder unentscheidbar ist. Gleichzeitig aber enthält jede Mitteilung einen weiteren Aspekt, der viel weniger augenfällig, doch ebenso wichtig ist – nämlich einen Hinweis darauf, wie ihr Sender sie vom Empfänger verstanden haben möchte. Sie definiert also, wie der Sender die Beziehung zwischen sich und dem Empfänger sieht, und ist in diesem Sinn seine persönliche Stellungnahme zum anderen. Wir finden somit in jeder Kommunikation einen *Inhalts- und einen Beziehungsaspekt*. [...] Wenn Frau *A* auf Frau *B*'s Halskette deutet und fragt: „Sind das echte Perlen?", so ist der Inhalt ihrer Frage ein Ersuchen um Information über ein Objekt. Gleichzeitig aber definiert sie damit auch – und kann es nicht *nicht* tun – ihre Beziehung zu Frau *B*. Die Art, wie sie fragt [...], wird entweder wohlwollende Freundlichkeit, Neid, Bewunderung oder irgendeine andere Einstellung zu Frau *B* ausdrücken. *B* kann ihrerseits nun diese Beziehungsdefinition akzeptieren, ablehnen oder eine andere Definition geben, aber sie kann unter keinen Umständen – nicht einmal durch Schweigen – nicht auf *A*'s Kommunikation antworten. Für unsere Überlegungen wichtig ist die Tatsache, dass dieser Aspekt der Interaktion zwischen den beiden nichts mit der Echtheit von Perlen zu tun hat (oder überhaupt mit Perlen), sondern mit den gegenseitigen Definitionen ihrer Beziehung, mögen sie sich auch weiter über Perlen unterhalten.
[...] Um Missverständnisse hinsichtlich des eben Gesagten zu vermeiden, muss klargestellt werden, dass Beziehungen verhältnismäßig selten bewusst und ausdrücklich definiert werden. Im Allgemeinen ist es so, dass die Definition der Beziehung umso mehr in den Hintergrund rückt, je spontaner und „gesünder" die Beziehung ist, während „kranke" (d. h. konfliktreiche) Beziehungen u. a. durch wechselseitiges Ringen um ihre Definition gekennzeichnet sind, wobei der Inhaltsaspekt fast völlig an Bedeutung verliert. [...]

Symmetrische und komplementäre Interaktion
Zwischenmenschliche Kommunikationsabläufe sind entweder symmetrisch oder komplementär, je nachdem, ob die Beziehung zwischen den Partnern auf Gleichheit oder Unterschiedlichkeit beruht.
Im ersten Fall ist das Verhalten der beiden Partner sozusagen spiegelbildlich und ihre Interaktion daher *symmetrisch*. Dabei ist es gleichgültig, worin dieses Verhalten im Einzelfall besteht, da die Partner sowohl in Stärke wie Schwäche, Härte wie Güte und jedem anderen Verhalten ebenbürtig sein können. Im zweiten Fall dagegen ergänzt das Verhalten des einen Partners das des anderen, wodurch sich eine grundsätzlich andere Art von verhaltensmäßiger Gestalt ergibt, die *komplementär* ist. Symmetrische Beziehungen zeichnen sich also durch Streben nach Gleichheit

„Sind das echte Perlen?"

und Verminderung von Unterschieden zwischen den Partnern aus, während komplementäre Interaktionen auf sich gegenseitig ergänzenden Unterschiedlichkeiten basieren.

In der komplementären Beziehung gibt es zwei verschiedene Positionen. Ein Partner nimmt die sogenannte superiore, primäre Stellung ein, der andere die entsprechende inferiore, sekundäre. Diese Begriffe dürfen jedoch nicht mit „stark" und „schwach", „gut" und „schlecht" oder ähnlichen Gegensatzpaaren verquickt werden. Komplementäre Beziehungen beruhen auf gesellschaftlichen oder kulturellen Kontexten (wie z. B. im Fall von Mutter und Kind, Arzt und Patient, Lehrer und Schüler), oder sie können die idiosynkratische[1] Beziehungsform einer ganz bestimmten Dyas[2] sein.

Aus: Paul Watzlawick, Janet H. Beavin, Don D. Jackson: Menschliche Kommunikation, Verlag Hans Huber Hogrefe AG, Bern 1996, S. 50ff.

---

[1] idiosynkratisch: persönlich empfunden
[2] Dyas: Zweierbeziehung

1. Lesen Sie den Text. Unterstreichen Sie beim Wiederholen sparsam zentrale Textstellen.

2. Notieren Sie nun die markierten Schlüsselwörter auf kleinen Kärtchen. Bringen Sie diese für sich in eine sinnvolle Reihenfolge, indem Sie eine Struktur (eine Art „Tafelbild") legen. Erläutern Sie Ihrem Teammitglied den Lernstoff anhand der Kärtchen und klären Sie anschließend offene Fragen.

3. Erläutern Sie abschließend das Axiom „Man kann nicht nicht kommunizieren" mithilfe weiterer, alltagsnaher Beispiele aus Ihrer Lebenswelt.

Friedemann Schulz von Thun: Zwischenmenschliche Kommunikation – die vier Seiten einer Nachricht (1981)[1]

Der Psychologe Friedemann Schulz von Thun (geb. 1944) stützt sich einerseits auf Karl Bühlers Organum-Modell, andererseits auf Überlegungen des amerikanischen Psychologen Paul Watzlawick (geb. 1921), der dargelegt hatte, dass jede Kommunikation einen Inhalts- und einen Beziehungsaspekt hat.

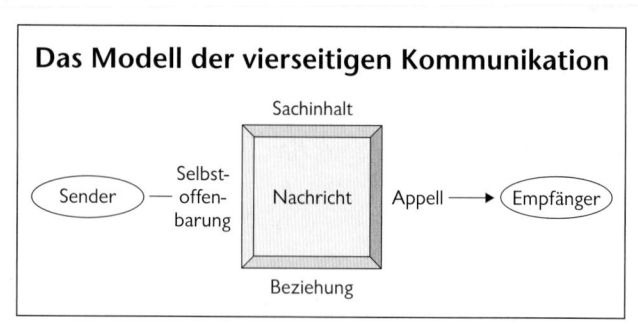

Das Modell der vierseitigen Kommunikation

Sender — Selbstoffenbarung — Nachricht — Appell → Empfänger
Sachinhalt (oben), Beziehung (unten)

Die vier Seiten (Aspekte) einer Nachricht – ein psychologisches Modell der zwischenmenschlichen Kommunikation

Ein Beispiel aus dem Alltag: Der Mann (= **Sender**) übermittelt kurz vor einer Ampel seiner am Steuer sitzenden Frau (= **Empfänger**) eine Nachricht.

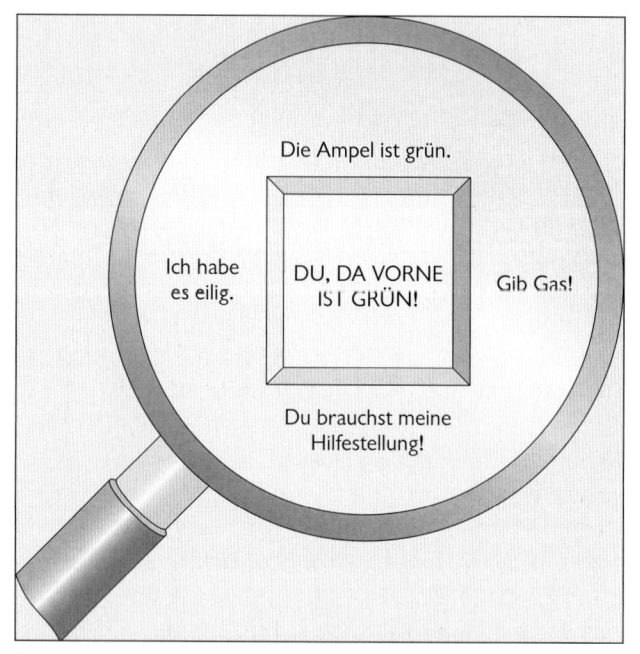

(Sprechblase Mann: „Du, da vorne ist grün!" – Sprechblase Frau: „Fährst du oder fahre ich?")

Unter der Lupe: **DU, DA VORNE IST GRÜN!**
- Die Ampel ist grün.
- Ich habe es eilig.
- Gib Gas!
- Du brauchst meine Hilfestellung!

Das Botschaftsgeflecht einer Nachricht, wie es unter der kommunikationspsychologischen Lupe sichtbar wird

---

[1] Nach: Friedemann Schulz von Thun, „Miteinander reden 1. Störungen und Klärungen. Allgemeine Psychologie der Kommunikation" Copyright © 1981 by Rowohlt Taschenbuch Verlag GmbH, Reinbek bei Hamburg

Friedemann Schulz von Thun: Zwischenmenschliche Kommunikation – die vier Seiten einer Nachricht (1981)

Im Folgenden beschreibt der Kommunikationswissenschaftler seinen Erklärungsansatz genauer. Der Textauszug ist dem Buch entnommen: Miteinander reden. Störungen und Klärungen. Allgemeine Psychologie der Kommunikation (Rowohlt TB Verlag, Reinbek 1981). Der Verfasser ist Hochschullehrer im Fachbereich Psychologie der Universität Hamburg. Sein Buch soll jedermann die Möglichkeit bieten, typische Störungen in der Kommunikation zu analysieren; es will Hinweise geben zur Sachklärung und Beziehungsklärung und somit auch die Möglichkeit, mit seinem Kommunikationspartner besser klarzukommen.

Der Grundvorgang der zwischenmenschlichen Kommunikation ist schnell beschrieben. Da ist ein *Sender,* der etwas mitteilen möchte. Er verschlüsselt sein Anliegen in erkennbare Zeichen – wir nennen das, was er von sich gibt, seine *Nachricht.* Dem *Empfänger* obliegt es, dieses wahrnehmbare Gebilde zu entschlüsseln. In der Regel stimmen gesendete und empfangene Nachricht leidlich überein, sodass eine Verständigung stattgefunden hat. Häufig machen Sender und Empfänger von der Möglichkeit Gebrauch, die Güte der Verständigung zu überprüfen: Dadurch, dass der Empfänger zurückmeldet, wie er die Nachricht entschlüsselt hat, wie sie bei ihm angekommen ist und was sie bei ihm angerichtet hat, kann der Sender halbwegs überprüfen, ob seine Sende-Absicht mit dem Empfangsresultat übereinstimmt. Eine solche *Rückmeldung* heißt auch *Feedback.*

Schauen wir uns die „Nachricht" genauer an. Für mich selbst war es eine faszinierende „Entdeckung", die ich in ihrer Tragweite erst nach und nach erkannt habe, *dass ein und dieselbe Nachricht stets viele Botschaften gleichzeitig enthält.* [...] Dass jede Nachricht ein ganzes Paket mit vielen Botschaften ist, macht den Vorgang der zwischenmenschlichen Kommunikation so kompliziert und störanfällig, aber auch so aufregend und spannend.

Um die Vielfalt der Botschaften, die in einer Nachricht stecken, ordnen zu können, möchte ich vier seelisch bedeutsame Seiten an ihr unterscheiden.

1. Sachinhalt (oder: Worüber ich informiere)

Zunächst enthält die Nachricht eine Sachinformation. Im Beispiel erfahren wir etwas über den Zustand der Ampel – sie steht auf Grün. Immer wenn es „um die Sache" geht, steht diese Seite der Nachricht im Vordergrund – oder sollte es zumindest.

2. Selbstoffenbarung (oder: Was ich von mir selbst kundgebe)

In jeder Nachricht stecken nicht nur Informationen über die mitgeteilten Sachinhalte, sondern auch Informationen über die Person des Senders. Dem Beispiel können wir entnehmen, dass der Sender offenbar deutschsprachig und vermutlich farbtüchtig ist, überhaupt, dass er wach und innerlich dabei ist. Ferner: dass er es vielleicht eilig hat usw. Allgemein gesagt: In jeder Nachricht steckt ein Stück Selbstoffenbarung des Senders. Ich wähle den Begriff der *Selbstoffenbarung,* um damit sowohl die gewollte Selbstdarstellung als auch die unfreiwillige *Selbstenthüllung* einzuschließen. Diese Seite der Nachricht ist psychologisch hochbrisant, wie wir sehen werden.

3. Beziehung (oder: Was ich von dir halte und wie wir zueinander stehen)

Aus der Nachricht geht ferner hervor, wie der Sender zum Empfänger steht, was er von ihm hält. Oft zeigt sich dies in der gewählten Formulierung, im Tonfall und anderen nicht sprachlichen Begleitsignalen. Für diese Seite der Nachricht hat der Empfänger ein besonders empfindliches Ohr; denn hier fühlt er sich als Person in bestimmter Weise behandelt (oder misshandelt). In unserem Beispiel gibt der Mann durch seinen Hinweis zu erkennen, dass er seiner Frau nicht recht zutraut, ohne seine Hilfe den Wagen optimal zu fahren.

Möglicherweise wehrt sich die Frau gegen diese „Bevormundung" und antwortet barsch: „Fährst du oder fahre ich?", wohlgemerkt: Ihre Ablehnung richtet sich in diesem Fall nicht gegen den Sachinhalt (dem wird sie zustimmen!). Sondern ihre Ablehnung richtet sich gegen die empfangene Beziehungsbotschaft.

Allgemein gesprochen: Eine Nachricht senden heißt auch immer, zu dem Angesprochenen eine bestimmte Art von Beziehung auszudrücken. Streng genommen ist dies natürlich ein spezieller Teil der Selbstoffenbarung. [...]

Während also die Selbstoffenbarungsseite (vom Sender aus betrachtet) *Ich-Botschaften* enthält, enthält die Beziehungsseite einerseits *Du-Botschaften* und andererseits *Wir-Botschaften.*

4. Appell (oder: Wozu ich dich veranlassen möchte)

Kaum etwas wird „nur so" gesagt – fast alle Nachrichten haben die Funktion, auf den Empfänger *Einfluss zu nehmen.* In unserem Beispiel lautet der Appell vielleicht: „Gib ein bisschen Gas, dann schaffen wir es noch bei Grün!" Die Nachricht dient also (auch) dazu, den Empfänger zu veranlassen, bestimmte Dinge zu tun oder zu unterlassen, zu denken oder zu fühlen. Dieser Versuch, Einfluss zu nehmen, kann mehr oder minder offen oder versteckt sein – im letzteren Falle sprechen wir von Manipulation. Der manipulierende Sender scheut sich nicht, auch die anderen drei Seiten der Nachricht in den Dienst der Appellwirkung zu stellen. [...] Wenn Sach-, Selbstoffenbarungs- und Beziehungsseite auf die Wirkungsverbesserung der Appellseite ausgerichtet werden, werden sie *funktionalisiert*, d. h. spiegeln nicht wider, was ist, sondern werden zum Mittel der Zielerreichung. [...]

Der Appellaspekt ist vom Beziehungsaspekt zu unterscheiden, denn mit dem gleichen Appell können sich ganz unterschiedliche Beziehungsbotschaften verbinden. In unserem Beispiel mag die Frau den Appell an sich vernünftig finden, aber empfindlich auf die Bevormundung reagieren. Oder umgekehrt könnte sie den Appell für unvernünftig halten („ich sollte nicht mehr als 60 fahren"), aber es ganz in Ordnung finden, dass der Mann ihr in dieser Weise Vorschläge zur Fahrweise macht.

Aus: Friedemann Schulz von Thun, „Miteinander reden 1. Störungen und Klärungen. Allgemeine Psychologie der Kommunikation" Copyright © 1981 by Rowohlt Taschenbuch Verlag GmbH, Reinbek bei Hamburg

1. Lesen Sie den Text (Arbeitsblatt 15a und b). Unterstreichen Sie beim Wiederholen sparsam zentrale Textstellen.

2. Notieren Sie nun die markierten Schlüsselwörter auf kleinen Kärtchen. Bringen Sie diese für sich in eine sinnvolle Reihenfolge, indem Sie eine Struktur (eine Art „Tafelbild") legen. Erläutern Sie Ihrem Teammitglied den Lernstoff anhand der Kärtchen und klären Sie anschließend offene Fragen.

3. Wenden Sie mit Ihrem Teammitglied folgende Kommunikationssituation auf die Theorie Schulz von Thuns an. Beispiel Mittagessen. Er: „Was ist das Grüne in der Soße?" Sie: „Wenn es dir nicht schmeckt, kannst du ja woanders essen gehen!"

Reiner Kunze: Fünfzehn (1976)

Sie trägt einen Rock, den kann man nicht beschreiben, denn schon ein einziges Wort wäre zu lang. Ihr Schal dagegen ähnelt einer Doppelschleppe: Lässig um den Hals geworfen, fällt er in ganzer Breite über Schienbein und Wade. (Am liebsten hätte sie einen Schal, an dem mindestens drei Großmütter zweieinhalb Jahre gestrickt haben – eine Art Niagara-Fall aus Wolle. Ich glaube, von einem solchen Schal würde sie behaupten, daß er genau ihrem Lebensgefühl entspricht. Doch wer hat vor zweieinhalb Jahren wissen können, daß solche Schals heute Mode sein würden.) Zum Schal trägt sie Tennisschuhe, auf denen jeder ihrer Freunde und jede ihrer Freundinnen unterschrieben haben. Sie ist fünfzehn Jahre alt und gibt nichts auf die Meinung uralter Leute – das sind alle Leute über dreißig.

Könnte einer von ihnen sie verstehen, selbst wenn er sich bemühen würde? Ich bin über dreißig.

Wenn sie Musik hört, vibrieren noch im übernächsten Zimmer die Türfüllungen. Ich weiß, diese Lautstärke bedeutet für sie Lustgewinn. Teilbefriedigung ihres Bedürfnisses nach Protest. Überschallverdrängung unangenehmer logischer Schlüsse. Trance. Dennoch ertappe ich mich immer wieder bei einer Kurzschlußreaktion: Ich spüre plötzlich den Drang in mir, sie zu bitten, das Radio leiser zu stellen. Wie also könnte ich sie verstehen – bei diesem Nervensystem?

Noch hinderlicher ist die Neigung, allzu hochragende Gedanken erden zu wollen.

Auf den Möbeln ihres Zimmers flockt der Staub. Unter ihrem Bett wallt er.

Dazwischen liegen Haarklemmen, ein Taschenspiegel, Knautschlackederreste, Schnellhefter, Apfelstiele, ein Plastikbeutel mit der Aufschrift „Der Duft der großen weiten Welt", angelesene und übereinandergestülpte Bücher (Hesse, Karl May, Hölderlin), Jeans mit in sich gekehrten Hosenbeinen, halb- und dreiviertel gewendete Pullover, Strumpfhosen, Nylon und benutzte Taschentücher. (Die Ausläufer dieser Hügellandschaft erstrecken sich bis ins Bad und in die Küche.) Ich weiß: Sie will sich nicht den Nichtigkeiten des Lebens ausliefern. Sie fürchtet die Einengung des Blicks, des Geistes. Sie fürchtet die Abstumpfung der Seele durch Wiederholung! Außerdem wägt sie die Tätigkeiten gegeneinander ab nach dem Maß an Unlustgefühlen, das mit ihnen verbunden sein könnte, und betrachtet es als Ausdruck persönlicher Freiheit, die unlustintensiveren zu ignorieren. Doch nicht nur, daß ich ab und zu heimlich ihr Zimmer wische, um ihre Mutter vor Herzkrämpfen zu bewahren, – ich muß mich auch der Versuchung erwehren, diese Nichtigkeiten ins Blickfeld zu rücken und auf die Ausbildung innerer Zwänge hinzuwirken. Einmal bin ich dieser Versuchung erlegen. Sie ekelt sich schrecklich vor Spinnen. Also sagte ich: „Unter deinem Bett waren zwei Spinnennester."

Ihre mit lila Augentusche nachgedunkelten Lider verschwanden hinter den hervortretenden Augäpfeln, und sie begann, „Iix! Ääx! Uh!" zu rufen, so daß ihre Englischlehrerin, wäre sie zugegen gewesen, von so viel Kehlkopfknacklauten – englisch „glottal stops" – ohnmächtig geworden wäre. „Und warum bauen die ihre Nester gerade bei mir unterm Bett?"

„Dort werden sie nicht oft gestört." Direktor wollte ich nicht werden, und sie ist intelligent. Am Abend hatte sie ihr inneres Gleichgewicht wiedergewonnen. Im Bett liegend, machte sie einen fast überlegenen Eindruck. Ihre Hausschuhe standen auf dem Klavier. „Die stelle ich so jetzt immer dorthin", sagte sie. „Damit keine Spinnen hineinkriechen können."

Aus: Reiner Kunze: Die wunderbaren Jahre, S. Fischer Verlag, Frankfurt/M. 1978

Aus lizenzrechtlichen Gründen wird der Text nicht in reformierter Schreibung wiedergegeben.

Mit Adjektiven charakterisieren

Gemütslage

- leidenschaftlich/lebhaft/temperamentvoll
- ausgeglichen/beherrscht/besonnen
- heiter/vergnügt/fröhlich
- phlegmatisch/leidenschaftslos/langweilig
- cholerisch/launenhaft/aufbrausend/jähzornig
- melancholisch/schwermütig/trübsinnig/missmutig

Selbstbewusstsein

- selbstständig/autonom
- selbstsicher
- nervenstark
- mutig/tapfer
- unterwürfig/willfährig
- unbekümmert
- unselbstständig/abhängig
- unsicher
- schreckhaft
- feige/hasenherzig
- rebellisch
- grüblerisch

Moralische Ausrichtung

- charakterfest/charakterstark
- moralisch integer/gewissenhaft/skrupulös
- tugendhaft
- edelmütig
- ehrlich/aufrichtig
- pflichtbewusst
- verantwortungsbewusst
- dankbar
- treu
- sorgfältig
- charakterlos
- verdorben/skrupellos/gewissenlos/prinzipienlos
- verlottert
- schurkisch
- verlogen/unehrlich
- pflichtvergessen
- unverantwortlich
- undankbar
- untreu
- schluderig

Geistige Fähigkeiten

- ehrgeizig
- kenntnisreich
- intellektuell
- fantasievoll
- klug
- gebildet/kultiviert
- ideenreich
- reif
- geistreich
- naiv
- vernünftig
- einsichtig
- scharfsinnig
- charismatisch/kreativ
- erfahren
- umsichtig
- präzise
- aufmerksam
- humorvoll
- resigniert
- unwissend
- geistig schlicht
- ideenlos
- beschränkt/dumm
- ungebildet/unkultiviert
- ideenarm
- unreif/unerfahren
- geistlos
- überlegt
- töricht/irrational
- uneinsichtig/dickköpfig
- oberflächlich
- unauffällig
- unerfahren
- unbedacht
- phrasenhaft
- blind
- humorlos

Geistige Orientierung

- idealistisch
- lebensfremd/weltabgewandt
- realistisch
- lebensnah

- praktisch interessiert
- kultiviert
- aufgeschlossen
- progressiv
- theoretisch interessiert
- derb/unkultiviert
- engstirnig
- konservativ/reaktionär

Emotionale Aspekte

- sensibel/empfindsam
- empfindlich
- dünnhäutig/erregbar
- kühl/cool
- munter/aufgeräumt
- strahlend
- fröhlich/heiter

- liebevoll/zärtlich
- hartgesotten/unsensibel
- dickfellig/robust
- abgebrüht/abgeklärt/unaufgeregt
- hitzig/leidenschaftlich
- müde/apathisch
- finster/schwermütig
- niedergeschlagen/depressiv/verzagt/verdrossen/verbittert/mürrisch/griesgrämig/grimmig/grüblerisch
- grob/gefühlskalt

Soziale Aspekte

- erfolgreich
- anhänglich
- sympathisch
- gesellig
- gesprächig
- gutmütig/wohlwollend
- empfindsam/gefühlvoll/sentimental
- zuverlässig
- überlegen/souverän
- kriecherisch/servil
- ausgleichend/integrierend/integrativ
- offen/offenherzig
- tolerant
- aufgeschlossen/verständnisvoll
- angeberisch/selbstherrlich/hochnäsig/arrogant/anmaßend
- neidisch/missgünstig
- gönnerhaft/freigebig
- uneigennützig
- hilfsbereit/gefällig
- gütig/edelmütig/hochherzig/nachsichtig/barmherzig
- streng
- gnadenlos
- nachgiebig
- friedlich
- versöhnlich/harmoniebedürftig
- freundlich/liebenswürdig/nett
- steif/zeremoniell
- eigenständig/unangepasst
- gescheitert
- bindungslos
- unsympathisch/abstoßend
- einzelgängerisch/vereinsamt/zurückgezogen
- zurückhaltend
- gehässig/boshaft/giftig
- unsentimental/empfindungslos
- unzuverlässig
- unterlegen
- herrisch/despotisch
- entzweiend/zersetzend/spalterisch
- hinterhältig/intrigant/verschlossen
- intolerant
- engstirnig/kleinlich/borniert
- bescheiden

- großzügig
- knauserig
- berechnend
- ungefällig/stoffelig
- nachtragend

- großzügig
- mitleidig
- streng/hartnäckig
- aggressiv/feindselig
- streitsüchtig

- unfreundlich/garstig

- unkompliziert
- angepasst

Aus: Gerd Brenner, Kurzprosa: Kreatives Schreiben und Textverstehen. Reihe: Kursthemen Deutsch, hg. von Dietrich Erlach und Bernd Schurf © Cornelsen Verlag, Berlin 2000, Seite 30–32, BN 618005

■ *Charakterisiere mithilfe der Adjektive die Figur des Vaters in der Kurzgeschichte „Fünfzehn" von Reiner Kunze.*

Sprachliche Mittel untersuchen

■ Welche sprachlichen Mittel verdeutlichen in der Kurzgeschichte „Fünfzehn" die Einstellung des Vaters zu seiner Tochter? Ordne den ausgewählten Zitaten sprachliche Mittel zu und erarbeite die konkrete Funktion bzw. Wirkung.

Rhetorische Figur/Sprachlich-syntaktische Gestaltungsmittel	Beispiel	Funktion/Wirkung/Aussage
	• „Ihr Schal dagegen ähnelt einer Doppelschleppe [...]" • „eine Art Niagarafall aus Wolle"	
	• „[...] Schal, an dem mindestens drei Großmütter zweieinhalb Jahre gestrickt haben [...]" • „Wenn sie Musik hört, vibrieren noch im übernächsten Zimmer die Türfüllungen."	
	• „Die Ausläufer dieser Hügellandschaft erstrecken sich bis ins Bad und die Küche."	
	• „Ihre mit lila Augentusche nachgedunkelten Lider verschwanden hinter den hervortretenden Augäpfeln, und sie begann, ‚Iix! Ääx! Uh!' zu rufen, sodass [...]"	
	• „Ich spüre plötzlich den Drang in mir, sie zu bitten, das Radio leiser zu stellen." • „[...] ich muss mich auch der Versuchung erwehren, diese Nichtigkeiten ins Blickfeld zu rücken [...]"	
	• „Dennoch ertappe ich mich immer wieder bei einer Kurzschlussreaktion [...]"	
	• „Kehlkopfknacklaute [...]"	

Sprachliche Mittel untersuchen (Lösungen)

Rhetorische Figur/Sprachlich-syntaktische Gestaltungsmittel	Beispiel	Funktion/Wirkung/Aussage
Vergleich	• „Ihr Schal dagegen ähnelt einer Doppelschleppe […]" • „eine Art Niagarafall aus Wolle"	• betont die Schwere und Auffälligkeit des Schals, der mehr als nur wärmen soll • macht einen intensiven Eindruck, ist „laut"
Hyperbel (Übertreibung)	• „[…] Schal, an dem mindestens drei Großmütter zweieinhalb Jahre gestrickt haben […]" • „Wenn sie Musik hört, vibrieren noch im übernächsten Zimmer die Türfüllungen."	• soll Maß- und Grenzenlosigkeit des Teenagers hervorheben • akzentuiert ihre Kompromisslosigkeit und kreative Unberechenbarkeit
Euphemismus (Beschönigung)	• „Die Ausläufer dieser Hügellandschaft erstrecken sich bis ins Bad und die Küche."	• gibt einen Eindruck vom humorvoll-nachsichtigen Umgang des Vaters mit seiner pubertierenden und freiheitsliebenden Tochter
Onomatopoesie (Lautmalerei)	• „Ihre mit lila Augentusche nachgedunkelten Lider verschwanden hinter den hervortretenden Augäpfeln, und sie begann ‚Iix! Ääx! Uh!' zu rufen, sodass […]"	• zeigt Erregbarkeit und jugendlich-übertriebene Aufregung sowie ihr unangepasst-unkonventionelles Verhalten
Ironie (ironische Untertreibung)	• „Ich spüre plötzlich den Drang in mir, sie zu bitten, das Radio leiser zu stellen." • „[…] ich muss mich auch der Versuchung erwehren, diese Nichtigkeiten ins Blickfeld zu rücken […]"	• offenbart das Bemühen des Erzählers, seine leichte „Verärgerung" unter Kontrolle zu halten
(technische) Metapher	• „Dennoch ertappe ich mich immer wieder bei einer Kurzschlussreaktion […]"	• offenbart den Humor als wesentliche Charaktereigenschaft des liebevoll-nachsichtigen Vaters
Alliteration	• „Kehlkopfknacklaute […]"	• wirkt belustigend, nimmt die Schärfe aus dem Konflikt

Helga M. Novak: Schlittenfahren (1968)

Das Eigenheim steht in einem Garten. Der Garten ist groß. Durch den Garten fließt ein Bach. Im Garten stehen zwei Kinder. Das eine der Kinder kann noch nicht sprechen. Das andere Kind ist größer. Sie sitzen auf einem Schlitten. Das kleinere Kind weint. Das größere sagt, gib den Schlitten her. Das kleinere weint. Es schreit.

Aus dem Haus tritt ein Mann. Er sagt, wer brüllt, kommt rein. Er geht in das Haus zurück. Die Tür fällt hinter ihm zu.

Das kleinere Kind schreit.

Der Mann erscheint wieder in der Haustür. Er sagt, komm rein. Na wird's bald. Du kommst rein. Nix. Wer brüllt, kommt rein.

Komm rein.

Der Mann geht hinein. Die Tür klappt.

Das kleinere Kind hält die Schnur des Schlittens fest. Es schluchzt.

Der Mann öffnet die Haustür. Er sagt, du darfst Schlitten fahren, aber nicht brüllen. Wer brüllt, kommt rein. Ja. Ja. Jaaa. Schluss jetzt.

Das größere Kind sagt, Andreas will immer allein fahren.

Der Mann sagt, wer brüllt, kommt rein. Ob er nun Andreas heißt oder sonstwie.

Er macht die Tür zu.

Das größere Kind nimmt dem kleineren den Schlitten weg. Das kleinere Kind schluchzt, quietscht, jault, quengelt.

Der Mann tritt aus dem Haus. Das größere Kind gibt dem kleineren den Schlitten zurück. Das kleinere Kind setzt sich auf den Schlitten. Es rodelt.

Der Mann sieht in den Himmel. Der Himmel ist blau. Die Sonne ist groß und rot. Es ist kalt.

Der Mann pfeift laut. Er geht wieder ins Haus zurück. Er macht die Tür hinter sich zu.

Das größere Kind ruft, Vati, Vati, Vati, Andreas gibt den Schlitten nicht mehr her.

Die Haustür geht auf. Der Mann steckt den Kopf heraus. Er sagt, wer brüllt, kommt rein. Die Tür geht zu.

Das größere Kind ruft, Vati, Vativativati, Vaaatiii, jetzt ist Andreas in den Bach gefallen.

Die Haustür öffnet sich einen Spalt breit. Eine Männerstimme ruft, wie oft soll ich das noch sagen, wer brüllt, kommt rein.

Aus: Helga M. Novak, „Aufenthalt in einem irren Haus". Gesammelte Prosa
© Schöffling & Co. Verlagsbuchhandlung GmbH, Frankfurt am Main 1995

Den Erzählstil einer Kurzgeschichte verändern

AB 20

1. *Die Kurzgeschichte „Schlittenfahren" von Helga M. Novak ist durch insgesamt 19 Absätze und einen auffälligen Hauptsatzstil geprägt. Viele kleine Einzelbeobachtungen werden parataktisch aneinandergereiht. Im Folgenden sollen Sie die in „Schlittenfahren" erzählte Handlung in einem anderen Stil wiedergeben. Gehen Sie dabei analog zum nachfolgend aufgeführten Beispiel vor:*

- *Fassen Sie einzelne kurze Sätze zu einem Satz zusammen. Entwerfen Sie dabei eine hypotaktische Satzstruktur. Formulieren Sie syntaktisch möglichst abwechslungsreich.*
- *Verwenden Sie beschreibende und charakterisierende Adjektive.*
- *Machen Sie Aussagen über das Gefühlsleben aller beteiligten Figuren.*
- *Geben Sie den Figuren Eigennamen.*
- *Setzen Sie maximal drei Absätze.*
- *Lassen Sie Wertungen über das Verhalten der Figuren in Ihre Textfassung einfließen.*

Beispiel für einen alternativen Erzählanfang

> Das große Eigenheim steht in einem idyllischen und großen Garten, durch welchen ein kleiner Bach fließt. Paul und Jakob, vermutlich Geschwister, stehen im Garten, wobei Paul, anders als Jakob, noch nicht sprechen kann. …

2. *Lesen Sie einander anschließend einige Schülerfassungen vor. Wie wirken diese Texte auf Sie? Was haben sie gemeinsam?*

3. *Vergleichen Sie den Originalstil Novaks mit dem Ihrigen. Was haben die Unterschiede bewirkt?*

4. *Bestimmen Sie gemeinsam das Thema der Kurzgeschichte „Schlittenfahren": Worum geht es hier, was soll gezeigt werden? Reflektieren Sie dann den Zusammenhang von Form und Inhalt und urteilen Sie abschließend, ob dem Thema eher ein parataktischer oder hypotaktischer Erzählstil angemessen ist.*

BS 1

Kreativer Umgang mit Gemälden –
Edward Hopper: Cape Cod Morning (1950)

Stellen Sie sich vor, bei der Frau auf dem berühmten Bild Edward Hoppers handelte es sich um die Mutter der beiden Kinder aus der Kurzgeschichte „Schlittenfahren". Ihre beste Freundin, die im Nachbarhaus wohnt, hat die Mutter zu einem dreistündigen Kaffeeklatsch eingeladen. Natürlich kann die stolze Mutter der Versuchung nicht widerstehen und schaut ab und an in den eigenen Garten, wo ihre beiden Söhne mit dem Schlitten spielen.

1. Welche Gedanken gehen der Frau im Laufe des Nachmittags durch den Kopf? Notieren Sie diese Gedanken in Form eines inneren Monologs und drücken Sie darin ihre Gefühle, Wünsche, Erwartungen und Ängste aus.

2. Als Andreas am Ende in den Bach fällt, sprintet die Mutter in den Garten und rettet ihren Sohn in letzter Sekunde. Anschließend rennt sie in das Haus und stellt ihren Mann zur Rede. Schreiben Sie diesen Dialog, z. B. in Partnerarbeit, auf. Reflektieren Sie vorab mögliche Verteidigungsstrategien des Vaters und entsprechende Argumentationsstrategien der Mutter, die ja die gesamte Geschichte vom harmlosen Anfang bis zum katastrophalen Ende beobachten konnte.

3. Lesen Sie sich Ihre Texte gegenseitig vor und diskutieren Sie:
   - Wer hat Schuld an dem Geschehen?
   - Wie ist das Verhalten des Mannes zu erklären? (Sind eher individuelle oder gesellschaftliche Zustände ursächlich für sein Verhalten?)

Nonverbale Kommunikation: Der Körper meldet sich zu Wort

Im Folgenden finden Sie eine Reihe von Fotos. Die abgebildeten Schüler wurden interviewt und erhielten die Aufgabe, die ihnen gestellten Fragen allein mithilfe ihres Körpers, also nonverbal zu beantworten.

1. Was könnten die Schüler auf den Fotos gefragt worden sein? Nennen Sie mögliche Fragen, auf welche die Fotos antworten.

2. Ordnen Sie die folgenden sechs Fragen den Fotos zu. Vergleichen Sie mit Ihrem Nachbarn.
    A Haben Sie jemals im Laufe Ihrer Schulzeit geschummelt, z. B. während einer Klausur?
    B Sie finden auf einer öffentlichen Toilette 10 000 Euro. Bringen Sie das Geld sofort zum Fundbüro?
    C Ihr strenger Lehrer hält mal wieder einen halbstündigen, äußerst langweiligen Vortrag. Leider fixiert er Sie in regelmäßigen Abständen, sodass Sie nicht einschlafen können. Wie erwidern Sie seinen Blick?
    D Was wollen Sie eigentlich nach dem Abitur machen?
    E Was halten Sie davon, wenn Sie mit Ihrem Kurs einmal im Monat ein abendliches Kurstreffen veranstalten würden?
    F Es besteht die Gefahr, dass Sie die Zulassung für das Abitur nicht bekommen. Wie reagieren Sie?

3. Welche Antworten geben die Schüler auf die gestellten Fragen? Notieren Sie die Antworten, die Sie aus den Bildern ablesen, zunächst in Ihrem Heft und vergleichen Sie anschließend mit Ihrem Sitznachbarn. Begründen Sie nun Ihre Vermutung.

4. Welche körpersprachlichen Signale auf den Fotos helfen, um die Botschaft zu verstehen? Nennen Sie weitere Körpersignale, die etwas über die Einstellung des Gesprächspartners offenbaren.

5. Führen Sie ein „stummes Interview". Ein Schüler stellt seinem Nachbarn Fragen, die dieser nur mithilfe seines Körpers beantworten darf. Der Interviewer formuliert dann in eigenen Worten, welche Antwort er meint verstanden zu haben.

Gabriele Wohmann: Schönes goldenes Haar (1968)

„Ich versteh dich nicht", sagte sie, „sowas von Gleichgültigkeit versteh ich einfach nicht. Als wär's nicht deine Tochter, dein Fleisch und Blut da oben." Sie spreizte den Zeigefinger von der Faust und deutete auf die Zimmerdecke. Aufregung fleckte ihr großes freundliches Gesicht. Sie ließ die rechte Hand wieder fallen, schob den braunen Wollsocken unruhig übers Stopfei. Gegenüber knisterte die Wand der Zeitung. Sie starrte seine kurzen festen Finger an, die sich am Rand ins Papier krampften: fette Krallen, mehr war nicht von ihm da, keine Augen, kein Mund. Sie rieb die Fingerkuppe über die Wollrunzeln.

„Denk doch mal nach", sagte sie. „Was sie da oben vielleicht jetzt treiben. Man könnt meinen, du hättest deine eigene Jugend vergessen."

Seine Jugend? Der fremde freche junge Mann; es schien ihr, als hätten seine komischen dreisten Wünsche sie nie berührt. Sie starrte die fleischigen Krallenpaare an und fühlte sich merkwürdig losgelöst. Es machte ihr Mühe, sich Laurela vorzustellen, da oben, über ihnen, mit diesem netten, wirklich netten und sogar hübschen und auch höflichen jungen Mann, diesem Herrn Fetter – ach, war es überhaupt ein Vergnügen für Frauen? Sie seufzte, ihr Blick bedachte die Krallen mit Vorwurf. Richtige Opferlämmer sind Frauen.

„Ich versteh's nicht", sagte sie, „deine eigene Tochter, wirklich, ich versteh's nicht."

Der Schirm bedruckter Seiten tuschelte.

„Nein, ich versteh's nicht." Ihr Ton war jetzt werbendes Gejammer. Wenn man nur darüber reden könnte. Sich an irgendwas erinnern. Sie kam sich so leer und verlassen vor. Auf den geräumigen Flächen ihres Gesichtes spürte sie die gepünktelte Erregung heiß. Er knüllte die Zeitung hin, sein feistes viereckiges Gesicht erschien.

„Na was denn, was denn, Herrgott noch mal, du stellst dich an", sagte er.

Sie roch den warmen Atem seines Biers und der gebratenen Zwiebeln, mit denen sie ihm sein Stück Fleisch geschmückt hatte. Sie nahm den Socken, bündelte die Wolle unterm Stopfei in der heißen Faust. Nein: das hatte mit den paar ausgeblichenen Bildern von damals überhaupt nichts mehr zu tun.

„Na, weißt du", sagte sie, „als wärst du nie jung gewesen." Sie lächelte steif, schwitzend zu ihm hin.

Er hob wieder die Zeitung vors Gesicht: Abendversteck. Jung? Sein Hirn schweifte gemächlich zurück. Jung? Und wie. Alles zu seiner Zeit. Er rülpste Zufriedenheit aus dem prallen Stück Bauch überm Gürtel. Kein Grund zur Klage. Richtige Hühner, die Frauen, ewiges Gegacker. Er spähte über die Zeitung in ihr hilfloses redseliges Gesicht: mit wem könnte sie quasseln und rumpoussieren, wenn Laurela erst mal weg wäre? Er stand rasch auf, drehte das Radio an. Die Musik schreckte das Wohnzimmer aus seinem bräunlichen Dösen.

Sie sah ihm zu, wie er zum Sessel zurückging, die Zeitung aufnahm, sich setzte. Sie lehnte sich ins Polster, preßte das Stopfei gegen den Magen. Das war ihr Abend, gewiß, er und sie hier unten, sie mußten warten, das war von jetzt an alles. Und oben Laurela. O Laurelas Haar. Sie lächelte. Kein Wunder, daß sie ihr nachliefen. Sie wollte nachher noch anfangen mit dem blauen Kleid, ganz eng unterm Busen, das hob ihn so richtig in die Höhe. Das Blau paßte gut zum Haar. So hübsches Haar. Wenn es goldene Seide gäbe, sähe sie aus wie Laurelas Haar. Sie räusperte sich, hörte das pappende Geräusch ihrer Lippen, saß mit offenem Mund, starrte die Zeitung an, die fetten kräftigen Krallen rechts und links.

„Sie hat hübsches Haar", sagte sie. „Wie Seide, wie Gold."

Er schnickte die Seiten in ihre gekniffte Form zurück.

„Na klar", sagte er.

Sie sah die Krallenpfoten zum Bierglas tappen und es packen. Sie hörte ihn schmatzen, schlucken. So schönes goldenes Haar. Sie bohrte die Spitze der Stopfnadel in den braunen Wollfilz. Seine und ihre Tochter. Sie betrachtete die geätzte Haut ihres Zeigefingers. Seine und ihre Tochter. Sie reckte sich in einem warmen Anschwellen von Mitleid und stolzer Verwunderung.

Aus: G. Wohmann: Ländliches Fest. Erzählungen. Neuwied: Luchterhand 1968

Aus lizenzrechtlichen Gründen folgt dieser Text nicht der reformierten Rechtschreibung.

Baustein 2
Menschen in außergewöhnlichen Situationen

Die ausgewählten Kurzgeschichten dieses Bausteins erzählen in meist nüchterner und schlichter Sprache – typisch für die desillusionierende, den Alltag oftmals spiegelnde Kurzgeschichte – nicht von klassischen, herausragenden Helden, sondern von einfachen Menschen, die durch sie erschütternde Ereignisse in Grenzsituationen ihres Lebens geraten, sich in ihnen bewähren oder aber scheitern. Gezeigt wird ein schicksalhafter Lebensausschnitt, der das Leben der Handlungsträger entscheidend verändert. In Malechas berühmter Kurzgeschichte „Die Probe" ist es der Kriminelle Redluff, dem es in der entscheidenden Situation seines Lebens nicht gelingt, seine wahre Identität geheim zu halten. Wie vom Schicksal getroffen gibt er vor Tausenden von Menschen und im Angesicht der Polizei seinen Namen preis. Die trügerische Ruhe vor der plötzlich hereinbrechenden Probe hat ihn in falscher Sicherheit gewiegt, die Herausforderung der Krise bewältigt er nicht. Die Kurzgeschichte wirft somit die Frage nach den Handlungs- und Bewährungsmöglichkeiten des Menschen in einer immer unkonturierter werdenden Lebensrealität auf.

Für Wolfdietrich Schnurre ist die Darstellung dieses „Stück[s] herausgerissene[n] Leben[s]" das zentralste Merkmal der Kurzgeschichte. Dargestellt werde der einzelne Mensch in einer Situation der Entfremdung. Uneins mit sich selbst und seiner Umwelt irrt er oft desorientiert herum, meist getrieben von außerhalb seiner selbst liegenden Handlungszwängen. Urplötzlich tut sich eine Grenzsituation auf, die das auf sich selbst gestellte Individuum zu meistern hat. Häufiger als das Bestehen der Aufgabe ist den modernen literarischen Figuren dabei das Scheitern zu eigen, das meist aus ihrer lähmenden Unfähigkeit zu handeln resultiert.

Die ausgewählten Kurzgeschichten dieses Bausteins – Malechas „Die Probe", Brittings „Brudermord im Altwasser" sowie Weisenborns „Zwei Männer" – richten sich an Schülerinnen und Schüler der Mittelstufe, sie können als exemplarische klassische Kurzgeschichten insbesondere gut in den Jahrgangsstufen 7 bis 9 eingesetzt werden.

Das Kapitel 2.4 bietet eine Kurzgeschichtenwerkstatt an. Diese sollte jedoch erst am Ende einer möglichen Unterrichtseinheit zur Anwendung kommen, damit am Beispiel erarbeitete Gattungsmerkmale produktiv und kriterienorientiert verarbeitet werden können.

2.1 Herbert Malecha: Die Probe (1954)

Herbert Malechas längst berühmte Kurzgeschichte „Die Probe" erzählt die unvermittelt beginnende Geschichte des wegen einer nicht näher erläuterten Straftat gesuchten Kriminellen Jens Redluff, der es nach Monaten des Versteckspielens erstmals wieder wagt, unter Leute zu gehen. Aus zumeist personaler Sicht erfährt der Leser die Gedanken und Ängste der Hauptfigur auf seinem Weg durch die belebte Großstadt. Anfangs übernervös und äußerst ängstlich und in ständiger Sorge vor der Entlarvung, gewinnt Redluff nach einem Schlüsselerlebnis neues Selbstbewusstsein: In einer Kneipe gerät er in eine polizeiliche Passkontrolle, die er – ausgestattet mit gefälschten Papieren – bravourös besteht. Mit dieser bestandenen Probe geht eine förmlich spürbare Erleichterung Redluffs einher. Schlagartig wandelt sich auch die Sprache des personalen Erzählers: Wird die Musik in der Kneipe vor der Probe noch als bedrohlich hämmernd beschrieben, so setzt der Musikautomat danach „triumphierend" (Z. 136) wieder ein. Vom Protagonisten fällt eine immense Anspannung ab. Erleichtert konstatiert er seine vermeintliche Wiederkehr ins echte Leben, das Versteckspiel scheint ein Ende zu haben: „Er hätte jubeln können." (Z. 135) In Feierlaune verlässt er die Kneipe („Ihm war wie nach Sekt.") (Z. 156) und kehrt euphorisiert auf die anfangs noch als bedrohlich wahrgenommene Straße zurück. Im Strom der Menschenmenge stellt Redluff glücklich fest: „Er gehörte wieder dazu, [...]." (Z. 157) Nun unterläuft ihm der entscheidende Fehler. Statt wie anfangs vorsichtig zu sein, beschließt er den Besuch einer öffentlichen Ausstellung. Zufälligerweise wird er als hunderttausendster Besucher der Ausstellung am Eingang aufgehalten. Im Lichte der Aufmerksamkeit und überrascht von der Situation antwortet Redluff auf die Frage nach seiner Person mit seinem tatsächlichen Namen und gibt seine Identität preis. Dieser zweiten Probe ist Redluff nicht gewachsen. Kaum erklingt der Name des gesuchten Verbrechers über das Mikrofon, setzen sich einige Polizisten in Bewegung und kommen auf ihn zu. So endet die Kurzgeschichte nur scheinbar offen. Malecha weigert sich zwar, die Situation zu Ende zu erzählen, dennoch ist das Ende der Geschichte in diesem Fall, anders als bei vielen klassischen Kurzgeschichten, nicht offen. Redluff hat sich unvermittelt selbst entlarvt, sein Unbewusstes hat ihm einen Streich gespielt, nun wird er verhaftet und eingesperrt werden. Die nach der Probe in der Kneipe neu gewonnene Orientierungssicherheit hatte ein fatales Nachlassen an Aufmerksamkeit und Konzentration zur Folge. So scheitert die Hauptfigur letztlich doch noch an dem Versuch, seine Identität zu wechseln.

Aufgrund des spannenden und schülernahen Plots ist es möglich, die Kurzgeschichte zum Einstieg vorzulesen. Im Anschluss geht es um die Sicherung der Handlung. In der Jahrgangsstufe 7 und 8 kann dies über eine Wiederholung der Inhaltsangabe geschehen. Die Lehrkraft notiert die für eine Inhaltsangabe zentralen W-Fragen an der Tafel. In Partnerarbeit haben die Schülerinnen und Schüler nun die Aufgabe, sich gegenseitig den Inhalt der Kurzgeschichte zu erzählen.

■ *Versucht eine mündliche Inhaltsangabe der Kurzgeschichte. Berücksichtigt dabei die W-Fragen als Kriterien der Inhaltsangabe.*

Inhaltsangabe: Die W-Fragen

- **Wer** ist beteiligt?
- **Wo** spielt die Handlung?
- **Was** passiert? (Vorgänge)
- **Warum** passiert es? (Zusammenhänge, Hintergründe, Verhalten)
- **Wie** passiert es?
- **Wann** passiert es?

Im Anschluss an die Partnerarbeitsphase wird gemeinsam sukzessive der Handlungsablauf der Kurzgeschichte entwickelt und es werden Verständnisfragen im Plenum geklärt.

Nach der Inhaltssicherung geht es im zweiten Schritt um die interpretatorische Erarbeitung der Kurzgeschichte. Die Schülerinnen und Schüler erhalten dafür das **Arbeitsblatt 24** (S. 83 f.) und lesen die Kurzgeschichte nun für sich in Einzelarbeit.

Baustein 2: Menschen in außergewöhnlichen Situationen

■ *Die Kurzgeschichte wird durch drei Striche am Rand in vier Teile gegliedert. Schau dir den Gliederungsvorschlag an. Versuche, mit deinem Sitznachbarn herauszufinden, wieso man die Kurzgeschichte in diese vier Abschnitte gliedern kann (Kriterien).*

Die Schülerinnen und Schüler erarbeiten in Partnerarbeit, dass das Gliederungskriterium in diesem Fall der Schauplatzwechsel ist. Der erste Abschnitt beinhaltet Redluffs unsicheres erstes Verhalten auf der Großstadtstraße nach Monaten des Versteckspiels: „Eine Welle von Schwäche stieg von seinen Knien auf, wurde fast zur Übelkeit." (Z. 10f.) Im zweiten Handlungsabschnitt gerät der Kriminelle in eine Bar. Die anfangs erhoffte Entspannung verfliegt schnell, als zwei Polizisten den Raum betreten und eine Personenkontrolle durchführen. Redluff ist geschockt, seine Tarnung scheint aufzufliegen: „Redluff klammerte sich mit der einen Hand an die Tischkante. Er sah, wie die Fingernägel sich entfärbten." (Z. 99ff.) Überraschenderweise fällt den Polizisten der gefälschte Pass Redluffs nicht auf, er besteht diese Probe mit Bravour: „Er hätte jubeln können. Das war es, das war die Probe, und er hatte sie bestanden." (Z. 135f.) Diese zweite Phase ist demnach in zwei Unterabschnitte zu gliedern. Im ersten ist Redluff ähnlich verunsichert wie auf der Straße, im zweiten zerfällt seine Anspannung angesichts des Triumphes über die Staatsgewalt. Im dritten Abschnitt kehrt Redluff nach dem Verlassen der Bar auf die Straße zurück. Nun empfindet er seine Mitmenschen jedoch nicht mehr als Bedrohung, er sieht sie lachen und schwatzen, Berührungen sind ihm auf einmal sogar angenehm. Seine Stimmung hat sich im Vergleich zum ersten Auftritt auf der Straße radikal gewandelt. Doch anders als bei Redluff, der sich in absoluter Sicherheit glaubt, wird durch das Geschehen auf der Straße wie zu Beginn auch diesmal ein Erzählhöhepunkt vorbereitet. Im vierten Abschnitt wird er in einer Ausstellung als der hunderttausendste Besucher geehrt. Diese erneute Probe besteht der überraschte Redluff nicht. Er nennt auf Aufforderung seinen richtigen Namen und enttarnt sich somit selbst.

Zentrales Lernziel ist es an dieser Stelle, dass die Schülerinnen und Schüler herausarbeiten, wie eng die jeweiligen Handlungsschauplätze bzw. ihre Beschreibungen mit der inneren Befindlichkeit der Hauptfigur korrespondieren. Das äußere Geschehen – beispielsweise konkretisiert in der überbordenden Wassermetaphorik („Platzregen von Gesichtern"; „Welle von Schwäche"; „flutete Musik"; „eintauchen") – spiegelt dabei das innere Geschehen. Die Schüler erarbeiten sich dieses die Kurzgeschichte prägende Kompositionsprinzip mithilfe des **Arbeitsblattes 25** (S. 85). Dabei wird ihre Aufmerksamkeit auf ausgewählte sprachliche Besonderheiten gelegt und sie werden funktional in Partnerarbeit befragt. Im zweiten Aufgabenteil haben die Schülerinnen und Schüler in Kleingruppen die Aufgabe, die Hauptfigur in jeder Phase in Form eines Standbildes darzustellen. Hierfür nutzen die Gruppen ihre Ergebnisse aus der ersten Aufgabe.

Standbild 1: Redluff in verängstigter, übernervöser Körperhaltung

Standbild 2: Redluff ängstlich bei der Polizeikontrolle

Standbild 3: Redluff euphorisiert auf der Straße, locker – gelöst

Standbild 4: Redluff perplex und überrascht bei der Ausstellung

Erst in einem dritten Arbeitsschritt soll nun, aufbauend auf den Ergebnissen, eine Handlungs- oder Spannungskurve für die Kurzgeschichte entwickelt werden.

In der Präsentationsphase bietet es sich an, das Koordinatensystem des Arbeitsblattes auf die Tafel zu übertragen. (Variation: Auswertung des Arbeitsblattes auf Folie mit farblich unterschiedlichen Folienstiften) Nun präsentiert eine Gruppe ihre Handlungskurve und begründet den Verlauf abschnittsweise mit ausgewählten Textstellen. (Exemplarisch kann auch das passende Standbild vorgestellt werden, auf diesen Zwischenschritt kann aber auch ggf. verzichtet werden.) Im Idealfall gibt es eine Gruppe mit alternativem Kurvenverlauf. Dann wären beide unterschiedlichen Kurven kontrastiv (und in unterschiedlichen Farben) in das Koordinatensystem einzuzeichnen und anhand der Textstellen zu diskutieren. Haben wider Erwarten alle Gruppen ähnliche Kurven, kann durch die Lehrkraft als Mittel der Provokation eine alternative Kurve eingezeichnet und diese auf Zeit von der Lehrkraft verteidigt werden. (Im beispielhaften Tafelbild ist dies die obere Kurve, die vorgibt, dass Redluff schon mit Beginn der zweiten Phase in der Bar einen inneren Stimmungswandel erfährt. Liest man den Text mit den Schülern genau, fällt auf, dass dieser Wandel erst nach der bestandenen Probe festzustellen ist.) Im Unterrichtsgespräch ist es zentral, dass die Lerngruppen den Zusammenhang zwischen dem Schauplatzwechsel und der Gemütslage Redluffs erkennen. Ergebnissichernd sollte die Kurve ins Heft übertragen werden.

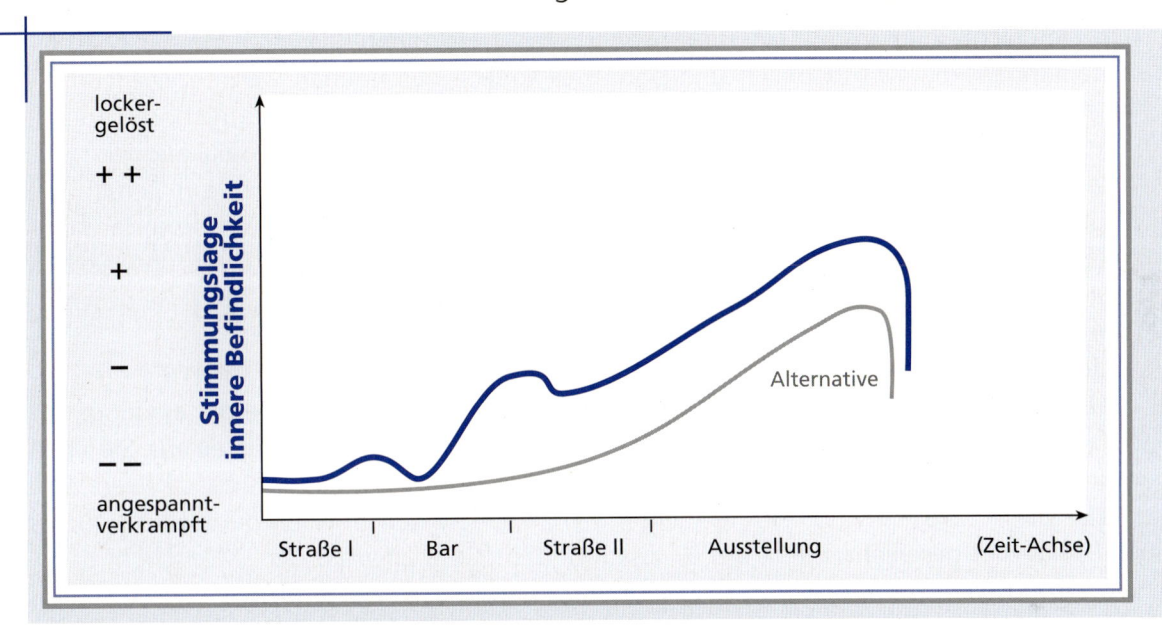

- *Versuche, deine Untersuchungsergebnisse in einem zusammenhängenden Text darzustellen. Beziehe dabei Beobachtungen zur sprachlichen Gestaltung mit ein und belege deine Aussagen durch das Zitieren von Textstellen. Du kannst so beginnen:*
  Vor der ersten Probe zeigt sich Jens Redluff verunsichert. Er bewegt sich mit „taumeligen Schritten" (Z. 3). Offensichtlich fürchtet er jeden körperlichen Kontakt. Das sieht man z. B. in Zeile 5 f.: „Er fühlte sich am Ellbogen angefasst." ...

Diese Aufgabe kann gut als Hausaufgabe gegeben und in der Folgestunde vorgetragen werden.
Arbeitsanregungen für die Weiterarbeit, wenn die Begrifflichkeiten des personalen bzw. auktorialen Erzählverhaltens bereits eingeführt sind:

- *Aus wessen Sicht wird das Geschehen überwiegend erzählt? Weist dieses genauer an dem Abschnitt Z. 76 bis 110 nach.*
- *An welchen Aussagen wird deutlich, dass der Erzähler nur das wiedergibt, was Redluff sieht bzw. hört? Wo werden nur seine Gedanken wiedergegeben?*
- *Schreibt diesen Abschnitt (Z. 76 bis 110) neu auf, und zwar aus Sicht eines sogenannten „allwissenden" Erzählers, der das gesamte Geschehen überblickt.*

> Baustein 2: Menschen in außergewöhnlichen Situationen

- *Am Ende sitzt Jens Redluff in seiner Gefängniszelle und blickt auf den Tag zurück, indem er in sein Tagebuch schreibt. Schreibe diesen Tagebucheintrag aus Sicht Redluffs und reflektiere dabei den Grund für seinen entscheidenden Fehler.*

- *Ein Schüler sagt: „Redluff wird entdeckt, weil man seine eigene Identität niemals dauerhaft verleugnen kann." Kommentiere.*

2.2 Georg Britting: Brudermord im Altwasser (1929)

Georg Brittings berühmte Kurzgeschichte erzählt die in großer Sprachgewalt formulierte Geschichte dreier Jungen, die in der Abgeschiedenheit eines Donausumpfgebietes ihre pubertären Abenteuerspiele vollführen, die eines Tages mit dem Tod des jüngsten Bruders und dem Schuldigwerden der beiden Älteren enden.

Die Geschichte beginnt mit einer atmosphärisch äußerst dichten Darstellung der Naturerscheinungen, die als bedrohlich und potenziell tödlich beschrieben werden. Die Tümpel sind „grünschwarz", der das Altwasser dominierende Fisch ist ein Raubtier „mit bösen Augen, einem gefräßigen Maul, grünschwarz wie das Wasser, darin er jagt." Personifikationen („Die Weiden schlucken den Wind") und Vergleiche („Aus dem Schlamm steigt ein Geruch wie Fäulnis und Kot und Tod") dienen dem allwissenden Erzähler dazu, dass der Leser das Kommende bereits erahnen kann. Denn erst nach dieser für eine Kurzgeschichte untypischen Einleitung, die den Leser vorbereitet, beginnt die eigentliche Geschichte: „Und hier geschah, was ich jetzt erzähle."

Es folgt eine Schilderung der „drei Hofberger Buben", deren Charakteristika deutliche Parallelen mit dem trüben, natürlichen Altwasser haben. Ganz ähnlich wie die eingangs beschriebene Natur zeichnen sich die Jungen durch ungebändigte Urwüchsigkeit aus. Sie leben wild wie „Indianer im Dickicht" (Z. 26), schneiden, raufen, schlagen und schreien. Von Verletzungen, welche schon einmal vorkommen, teilen sie den Erwachsenen bewusst nichts mit. Was hier geschieht, bleibt der Zivilisation, dem Gesetz fernab der „Menschenfressermaske" (Z. 32f.), verborgen: „Zu Hause sagen wir aber nichts davon." (Z. 39f.) Eines Tages finden die drei Buben per Zufall ein Fischerboot, mit welchem sie in die Mitte des Weihers hinausrudern. Dort angekommen, spielen sie ihre üblichen Spiele. In der Fantasie sind sie Seeräuber mit wilden Plänen. Die beiden älteren Brüder schaukeln das Boot, um den kleinsten zu erschrecken. Dieser fällt überrascht in den Weiher, stakkatoartig wird der verzweifelte Todeskampf des ertrinkenden Jungen geschildert, dem seine großen Brüder – wohl von den Folgen ihres unbedachten Treibens geschockt – nicht zu Hilfe eilen.

Im dritten Teil der Kurzgeschichte wird der Weg der beiden älteren Brüder aus der nun äußerst bedrohlich erscheinenden Natur nach Hause beschrieben. Ähnlich wie Adam und Eva nach dem Kosten der verbotenen Frucht aus dem Garten Eden vertrieben werden, sind auch die beiden Jungen nicht mehr heimisch im vormals geliebten Sumpfgebiet. Weiden und Brombeersträucherstacheln schlagen ihnen ins Gesicht, doch halten sie die Flüchtenden nicht auf, bis diese vor den Symbolen der Zivilisation stehen. Nicht zufällig fällt ihr Blick auf den Dom, ein Zeichen für das erwachende Bewusstsein personaler moralischer Schuld, das die beiden auf sich geladen haben. Das Dach des Vaterhauses symbolisiert in diesem Sinne das Sanktionen androhende väterliche Über-Ich. Mit der Verquickung in den Kontext von Schuld und Bestrafung ist das Ende der von Unschuld geprägten Kindheit besiegelt. Das Stadium des Erwachsenendaseins beginnt mit der Rechtfertigung vor sich selbst und der Lüge „Zu Hause sagen wir aber nichts davon!" (Z. 83). Anders als der Anfang endet die Kurzgeschichte mit einem für die Gattung typischen Schluss, der die Frage, wie es mit den beiden „Mördern" weitergeht, offen lässt.

Baustein 2: Menschen in außergewöhnlichen Situationen

Die Kurzgeschichte wird den Schülerinnen und Schülern zum Einstieg vorgelesen. Auf diese Weise kommen die sprachlichen Feinheiten des Textes am besten zum Tragen. Im Anschluss äußern sie ihre subjektiven Höreindrücke oder -schwierigkeiten. Nun werden Vorschläge gemacht, mit welchen Themen man sich im Rahmen dieser Kurzgeschichte beschäftigen könnte. Ausgangspunkt sind meist eine Schlüsselstelle, zentrale Handlungen oder Motive. Besonders auffällig sind die Naturbeschreibungen des Erzählers, die mithilfe des **Arbeitsblattes 27** (S. 87) von den Schülern in Partnerarbeit erarbeitet werden können. Vorab lesen die Schüler in Einzelarbeit die Kurzgeschichte in ihrer eigenen Lesegeschwindigkeit für sich. (**Arbeitsblatt 26**, S. 86) Alternativ kann der erste Teil des **Arbeitsblattes 27** auch in einer der Erarbeitung vorangehenden Plenumsphase erarbeitet werden. Hierbei wird die Sumpfabbildung des Arbeitsblattes vergrößert auf Folie gezogen und über einen OHP an die Wand projiziert. Gemeinsam werden nun zentrale und auffällige Formulierungen im Sinne des Arbeitsauftrages gesammelt und notiert.

Die in Partnerarbeit erzielten Ergebnisse werden in der Auswertungsphase vorgetragen und diskutiert. Dafür kann die nachfolgende Tabelle auf Folie von den Schülerinnen und Schülern sukzessive erarbeitet und bei Abweichung in ihr Heft übertragen werden. Dabei kann natürlich auch auf sprachliche Besonderheiten Bezug genommen werden, die von der Vorlage des Arbeitsblattes nicht erfasst werden.

Beispiel	Rhetorische Figur	Wirkung/Funktion
• „Die Weiden schlucken den Wind"	• Personifikation (und Alliteration)	• verstärkt die bedrückende, Unheil verkündende Stille über dem Altwasser
• „Geruch wie Fäulnis und Kot und Tod"	• Vergleich (und Binnenreim)	• Geruchsempfinden kündigt das kommende Unheil an
• „[...] Gesicht rot beschmiert wie eine Menschenfressermaske" (auch: „wie Hirsche")	• Vergleich	• zeigt, dass die Buben noch unzivilisiert und natürlich, fast frei von Kultur spielen
• „[...] und schrie nicht mehr und pochte nicht mehr"	• Anapher	• reflexartig hervorgestoßene Sätze verdeutlichen Schockzustand
• „[...] und kam auch nicht mehr unter dem Boot hervor, unter dem Boot nicht mehr hervor, nie mehr."	• Wiederholung	• dito; Atemlosigkeit des Satzbaus verstärkt Unfassbarkeit des Geschehens
• „[...] die Staunzen summten bös und stachen."	• Personifikation und Alliteration	• Natur zeigt ihr wahres Gesicht: Zerstörung des Menschen als Ziel
• „[...] auf die Haustüre zu, die sie wie ein schwarzes Loch verschluckte."	• Vergleich und Personifikation („wie" und „verschluckte")	• offenes Ende provoziert Fragen des Lesers; zeigt Verfallenheit und Schuld des Menschen

Das zentrale Thema der Kurzgeschichte ist das Ende der Kindheit. Dieses wird besiegelt durch das Schuldigwerden der Brüder, deren bewusstes Verängstigen des Kleinen zum Tode desselben führt. Der Eintritt in das sie verschluckende Elternhaus symbolisiert das Ende der Unschuld. Ein außergewöhnliches Ereignis macht die Brüder zu Straftätern, der Titel spricht von Mördern. Die Frage nach der Schuld bzw. Verantwortung der beiden älteren Brüder wird meist von Schülerinnen und Schülern der achten Jahrgangsstufe wie von selbst thematisiert. Andernfalls kann eine Annäherung über die Infragestellung des Titels erreicht werden:

Baustein 2: Menschen in außergewöhnlichen Situationen

Titel der Kurzgeschichte: Brudermord im Altwasser

Sind die Brüder wirklich Mörder???

Das in der Folge beschriebene Vorgehen orientiert sich an der sog. Strukturierten Kontroverse. (Vgl. Anne A. Huber: Kooperatives Lernen – kein Problem, a. a. O., S. 79 ff.) Grundsätzliche Voraussetzung dieser diskursiven Methode ist das Vorhandensein kontroverser Standpunkte, die dem Aufbau kognitiver Konflikte dienen und durch deren Auflösung im Rahmen der Methode ein höheres Niveau des Verstehens erreicht werden soll.

Die Strukturierte Kontroverse lässt sich in drei Phasen unterteilen:

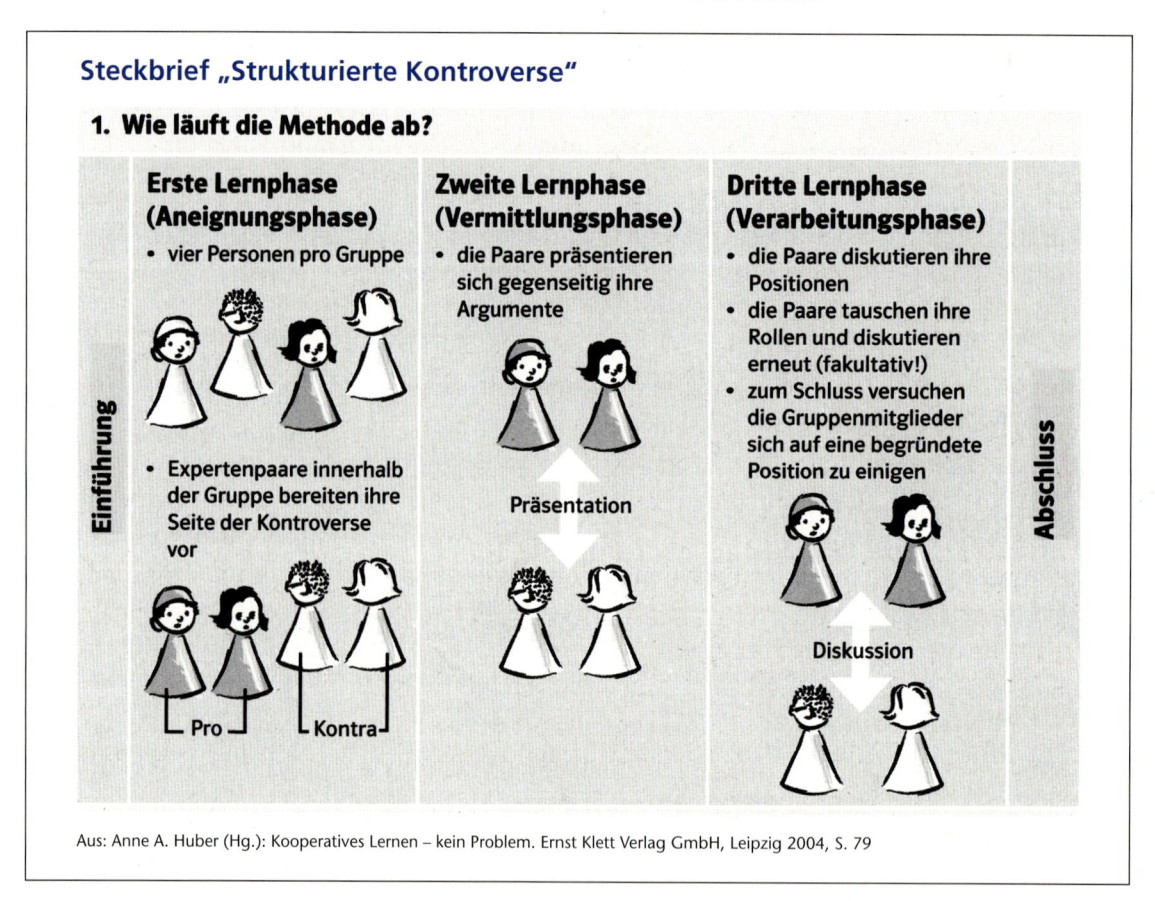

Steckbrief „Strukturierte Kontroverse"

1. Wie läuft die Methode ab?

Erste Lernphase (Aneignungsphase)
- vier Personen pro Gruppe
- Expertenpaare innerhalb der Gruppe bereiten ihre Seite der Kontroverse vor

Pro – Kontra

Zweite Lernphase (Vermittlungsphase)
- die Paare präsentieren sich gegenseitig ihre Argumente

Präsentation

Dritte Lernphase (Verarbeitungsphase)
- die Paare diskutieren ihre Positionen
- die Paare tauschen ihre Rollen und diskutieren erneut (fakultativ!)
- zum Schluss versuchen die Gruppenmitglieder sich auf eine begründete Position zu einigen

Diskussion

Einführung — Abschluss

Aus: Anne A. Huber (Hg.): Kooperatives Lernen – kein Problem. Ernst Klett Verlag GmbH, Leipzig 2004, S. 79

In der ersten Phase (Aneignungsphase) werden die Schülerinnen und Schüler in Gruppen zu je vier Personen aufgeteilt. Nun werden innerhalb der Gruppen 2er-Teams gebildet, die sich mit den gegensätzlichen Positionen („Die Brüder sind Mörder" ↔ „Die Brüder sind keine Mörder") der Fragestellung beschäftigen. Durch die gezielte Auseinandersetzung mit dem ihnen zur Verfügung gestellten Material (vgl. **Arbeitsblatt 28**, S. 88) gewinnen die Schülerinnen und Schüler in Partnerarbeit einen Expertenstatus. Die mithilfe des Arbeitsblattes erarbeiteten Argumente sollten stichpunktartig auf Moderationskarten notiert werden. Die Zuteilung zu den jeweiligen Positionen kann durch das Zufallsprinzip geregelt werden. Diese Frage ist auch deshalb nicht von Belang, weil am Ende die Positionen getauscht werden sollten.

In der Vermittlungsphase als zweiter Lernphase haben die Paare nun die Aufgabe, ihre Position möglichst überzeugend in der Gruppe zu präsentieren. Anders als bei der weitaus bekannteren Methode der Pro- und Kontra-Diskussion findet die Präsentation bei der Strukturierten Kontroverse nicht im Plenum, sondern im geschützten Intimraum der Kleingruppe statt, was generell auch diejenigen Schülerinnen und Schüler in Aktivität versetzt, die bei einer öffentlichen Kontroverse Zurückhaltung üben.

In der dritten Lernphase, der sogenannten Verarbeitungsphase, tauschen die Paare ihre Rollen und diskutieren erneut die Frage der Schuld bzw. Unschuld der beiden älteren Brüder. Dieser didaktisch wichtige, aber für Schüler oft schwierige Schritt erzwingt aufseiten der Schülerinnen und Schüler einen radikalen Perspektivenwechsel. Zudem „verhindert der Rollenwechsel, dass die Diskussionsteilnehmer mit der von ihnen vertretenen Position, die ihnen ja einfach per Zufall zugewiesen wurde, identifiziert werden." (Vgl. Anne A. Huber: Kooperatives Lernen, a.a.O., S. 81) Gegen Ende dieser Phase haben die Schüler die Aufgabe, sich auf eine begründete gemeinsame Position zu einigen.

In einer vierten Plenumsphase kann die Methode reflektiert werden. Dabei können – dies ist nicht unbedingt erforderlich – die verschiedenen Gruppenergebnisse miteinander verglichen und noch vorhandene Beurteilungsschwierigkeiten benannt werden.

In einer die Sequenz abschließenden Hausaufgabe kann das mündlich erreichte Verstehensniveau noch einmal in einer Erörterungsaufgabe produktiv reflektiert werden:

> ■ *Stell dir vor, dass der Vorfall doch noch bekannt geworden ist. Die beiden Brüder werden vor Gericht gestellt und wegen Mordes angeklagt. Am Ende der Verhandlung fällt der Richter sein Urteil. Verfasse dieses Urteil schriftlich und begründe dein Urteil, indem du dir wichtig erscheinende Pro- und Kontra-Argumente gegeneinander abwägst.*

2.3 Günther Weisenborn: Zwei Männer (1949)

Weisenborns Kurzgeschichte erzählt die Geschichte zweier ungleicher Männer, die – bedingt durch eine Naturkatastrophe – in eine scheinbar ausweglose Extremsituation geraten. Im gemeinsamen Ringen um ihr Leben verringert sich jedoch die anfängliche Distanz zwischen den beiden, die am Ende überleben und gestärkt aus der Katastrophe hervorgehen. Im Angesicht des Todes spielen soziale Klassenunterschiede keine Rolle mehr. In der Leidensgemeinschaft ist man nur noch Mensch und existenziell aufeinander angewiesen.

Ein gewaltiges Unwetter bringt die zwei Hauptpersonen dieser auktorial erzählten Kurzgeschichte, einen reichen Land besitzenden Farmer und einen seiner Peons (tagelöhnender Landarbeiter), in dieselbe, scheinbar hoffnungslose Situation. Während der Farmer durch die Überschwemmungen „nur" eine Jahresernte verloren hat, trauert der Peon um das Leben seiner Frau, die in den Fluten ertrunken ist. Gerade erst haben die beiden als Einzige das außergewöhnliche Unwetter heil überlebt, da bahnt sich schon die nächste Katastrophe an: Der Paraná – größter Strom Argentiniens – donnert als angeschwollene Flutwelle heran und bedroht erneut das Leben der beiden ungleichen Menschen, die sich auf das Hausdach retten.

Dieses wird von den Fluten mitgerissen, es scheint nur noch eine Frage der Zeit zu sein, wann das Dach in sich zusammenbricht und die beiden Männer um ihr Leben bringt. Seinem Selbsterhaltungstrieb folgend, scheint der Peon den Plan zu haben, seinen Herrn ins Wasser zu stoßen, um so seine eigenen Überlebenschancen zu erhöhen (personaler Erzählstil). Doch dazu kommt es nicht. Einem alten Brauch folgend teilt der Farmer seine letzte Zigarette mit dem Peon. Gerührt von dieser die Standesunterschiede vergessen machenden Geste will sich nun der Peon in die Fluten zu den Krokodilen stürzen, um so das Leben seines Herrn zu

Baustein 2: Menschen in außergewöhnlichen Situationen

retten. Dieser kann den Suizid seines Landarbeiters in letzter Sekunde verhindern und zieht ihn unter heftigen Vorwürfen zurück auf das Hausdach. Der nächste Morgen bringt die Rettung. An Land getrieben, beschließen beide gemeinsam, einen neuen Anfang zu wagen, diesmal jedoch nicht mehr als Knecht und Herr, sondern als zwei gleichberechtigte Männer. Dabei wird der Sieg der Solidarität und Mitmenschlichkeit über den Egoismus in zeitraffender Erzählweise dargestellt. Am Ende hat der Leser zwei Kämpfe mitbekommen: Zum einen den durch die äußere Handlung beschriebenen Kampf gegen die menschenfeindliche Natur. Parallel dazu zeigt die innere Handlung den Kampf zwischen den beiden Männern zwischen Solidarität und Humanität auf der einen, Egoismus und Selbsterhaltungstrieb auf der anderen Seite. Dabei lässt der von den Nationalsozialisten verfolgte Weisenborn keinen Zweifel an der Richtigkeit der Entscheidung des Peon.

Die ausgewählte Kurzgeschichte soll den Schülerinnen und Schülern v. a. als Übungsmaterial dienen. Unterstützt durch den Text erschließende Fragestellungen bzw. Tests zum Leseverständnis soll ihnen Gelegenheit gegeben werden, bereits erlernte Verfahren auf die Kurzgeschichte anzuwenden und am Ende eine Analyse zu verfassen.

Zum Einstieg wird der Lerngruppe der erste Teil der Kurzgeschichte (**Arbeitsblatt 29a**, S. 89 f.) ausgeteilt. Gemeinsam wird bis zu der Textstelle gelesen, an welcher der Farmer seine letzte Zigarette mit dem Indio teilt und durch diese Geste der Solidarität und Gleichheit die Mordpläne des Peons durchkreuzt. An dieser Stelle erhalten die Schülerinnen und Schüler folgenden Arbeitsauftrag:

- *Schreibe die Geschichte zu Ende. Überlege dir vorab den weiteren Verlauf der Handlung. Beachte die dir bekannten Merkmale der Kurzgeschichte. Begründe deine Schlussversion aus dem Text heraus.*

Die gewählte Textstelle bietet sich deswegen für eine Unterbrechung an, da sie den zentralen Wendepunkt markiert. Eben noch von Mordplänen durchdrungen, lässt der Peon hiervon deshalb ab, weil ihn die solidarische Geste seines Herrn rührt und mit diesem auf eine Stufe stellt. Im Angesicht des Todes sieht er in seinem Herrn nicht mehr einen Angehörigen der Oberschicht, sondern ihn selbst in seinem Menschsein. Es ist daher für die Präsentationsphase von zentraler Bedeutung, dass die Schüler diesen Wendepunkt als solchen erkennen. Im Idealfall kann man kontrastierend eine Version vorlesen lassen, in welcher der Peon seinen Herrn umbringt, um sein eigenes Leben zu retten. Im Anschluss kann eine Version präsentiert werden, die dem tatsächlichen Ende nahekommt.

- *Begründe deine Version aus dem Originaltext heraus.*
- *Inwiefern legt die erste Hälfte der Kurzgeschichte ein solches Ende nahe?*
- *Wie ist das Verhalten des Peon zu beurteilen?*

Nun wird den Schülerinnen und Schülern der restliche Teil der Kurzgeschichte ausgehändigt und gemeinsam zu Ende gelesen.

- *Was haltet ihr von diesem Ende?*
- *Welche Schülerversion kam diesem Schluss am nächsten?*
- *Lässt sich das Verhalten der beiden Männer aus dem Text heraus begründen?*
- *In welchem Verhältnis werden die beiden Männer in Zukunft zueinander stehen?*

Ein Tafelbild kann diese Teilsequenz beschließen:

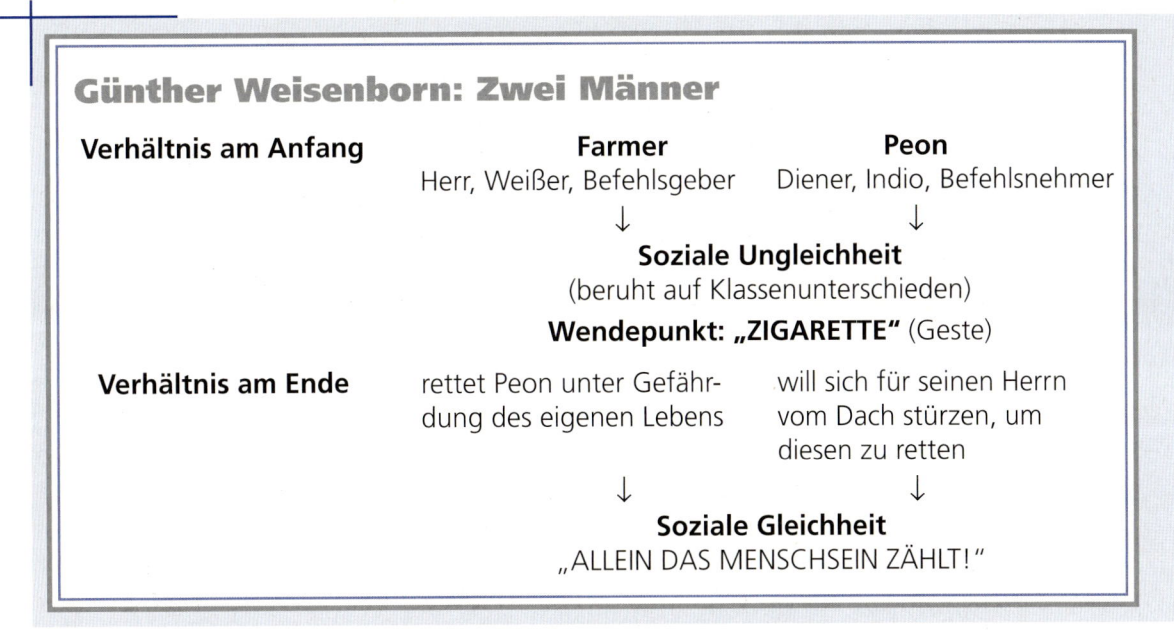

Günther Weisenborn: Zwei Männer

Verhältnis am Anfang	**Farmer**	**Peon**
	Herr, Weißer, Befehlsgeber	Diener, Indio, Befehlsnehmer
	↓	↓

Soziale Ungleichheit
(beruht auf Klassenunterschieden)

Wendepunkt: „ZIGARETTE" (Geste)

Verhältnis am Ende	rettet Peon unter Gefährdung des eigenen Lebens	will sich für seinen Herrn vom Dach stürzen, um diesen zu retten
	↓	↓

Soziale Gleichheit
„ALLEIN DAS MENSCHSEIN ZÄHLT!"

Für eine genauere Analyse, insbesondere der sprachlichen Besonderheiten der Kurzgeschichte, bietet sich das **Arbeitsblatt 30** (S. 92) an, das in Einzelarbeit bearbeitet werden kann. Im Folgenden werden die möglichen Lösungen für den Lesekompetenz-Test des **Arbeitsblattes 30** aufgeführt.

Aufgabe 1: c, d, e

Aufgabe 2: a, weil der Regen aufhört; c, weil Farmer und Indio der gleichen Meinung sind, dass sich ein Neuanfang lohne

Aufgabe 3: Anapher (Z. 41 ff.): „Sie hatten tausendmal [...] . Sie hatten das Weiße [...]."
Vergleich (Z. 50 f.): „[...] bösartig wie hundert Schlangen [...]."
Hyperbel (Z. 51 f.): „[...] todesdurstig wie der größte Puma [...]."
Personifikation (Z. 54): „[...], es [das Wasser] griff an."
Parallelismus (Z. 52 f.): „Man konnte das Wasser [...]. Man konnte [...]."

Aufgabe 4: a, aber an mehreren Stellen dringt der Erzähler in die Gedankenwelt der Figuren ein und kommt somit dem personalen Erzählstil nahe

Aufgabe 5: b (z. B. Zeile 111 ff.)

2.4 Eigene Kurzgeschichten verfassen

Angelehnt an die Thematik dieses Bausteins können die Schülerinnen und Schüler auch selbst eigene Kurzgeschichten verfassen. Dabei könnte ein den Schülern bekannter Text zu einer völlig neuen Version umgestaltet werden oder – und dies bietet sich v. a. als Abschluss einer Unterrichtseinheit zu Kurzgeschichten an, da dann wesentliche Merkmale der Textart erarbeitet und bekannt sind – ein vollkommen neuer, eigener Text verfasst werden. Haben die zahlreichen produktionsorientierten Arbeitsaufträge dieses Unterrichtsmodells vor allem dem analytischen Verstehen gedient, so kann abschließend auf Grundlage dieser Vorarbeit eine inhaltlich und formal stimmige Kurzgeschichte verfasst werden. Als zentrale Kriterien nennt Greese[1]:

---
[1] Vgl. B. Greese: Die Kurzgeschichte auf dem Weg ins 21. Jahrhundert. Paderborn: Schöningh 2007, S. 124

- Stimmigkeit von Inhalt und Form
- Komposition
- Originalität
- Darstellungsökonomie/Prägnanz
- Komplexität
- Spannungsbogen
- Sprache

Sollte das **Zusatzmaterial 1** (S. 162 f., Merkmale der KG) eingesetzt worden sein, so bildet dies die Grundlage für die Erstellung eines Schreibplans, welcher dem eigentlichen Schreiben vorausgehen sollte. Es ist zu vermeiden, dass die Schüler allein auf der Grundlage einer ihnen originell erscheinenden Idee augenblicklich mit dem Schreiben beginnen. Integriert in eine Schreibwerkstatt sollte mit den Schülerinnen und Schülern vorab besprochen werden, dass in erster Linie Handwerk, nicht Kunstwerk gefragt ist. Die Wichtigkeit einer sorgfältigen Planung betont das **Arbeitsblatt 31** (S. 93 f.), welches zu einer sukzessiven und überlegten Konzeption hinführt. Nach der Bearbeitung in Einzelarbeit sollte die erste Fassung des Schreibplans sowohl mit den Mitgliedern der Kleingruppe als auch mit dem Lehrer besprochen werden.

Stelle deinen Schreibplan der Gruppe vor. Skizziere das grobe Handlungsgerüst deiner Kurzgeschichte und mache deutlich, an welchen Stellen du noch unsicher und evtl. auf Hilfen deiner Mitschüler angewiesen bist. Notiere diese und arbeite sie ggf. in deinen Text ein.

Aus zeitökonomischen Gründen sollten die eigentlichen Texte von den Schülern als Hausaufgabe erstellt werden. In der Folgestunde können die Schülertexte in Kleingruppen überarbeitet werden. Dabei kann es je nach Lerngruppe von Vorteil sein, wenn *ein* Schülertext vorab gemeinsam im Plenum vorgelesen und überarbeitet wird. Auf dieser Folie fällt vielen Lerngruppen die anschließende eigenverantwortliche Überarbeitung der eigenen Produktionen oft leichter. Entscheidet man sich für eine gemeinsame Überarbeitungsphase, so ist darauf zu achten, dass der ausgewählte Schülertext eine angemessene Würdigung findet, die der Kritik vorausgehen sollte. Im Rahmen der Verbesserungsvorschläge können wesentliche Überarbeitungskriterien im Unterrichtsgespräch abgeleitet, noch fehlende Kriterien von den Schülerinnen und Schülern über die Besprechung des **Arbeitsblattes 32** (S. 95) zur Kenntnis genommen werden[1].
Im **Zusatzmaterial 6** (S. 169 f.) finden sich weitere Schreibanlässe, die insbesondere für Schülerinnen und Schüler der Sekundarstufe I eine gezielte Hilfe für das Verfassen einer Kurzgeschichte darstellen. Je nach Interesse können sie hier unter Text- oder Bildimpulsen wählen oder beide miteinander kombinieren.

Notizen

_____

_____

_____

_____

_____

[1] Vgl. B. Greese, a. a. O., S. 129

Herbert Malecha: Die Probe (1955)

Redluff sah, das schrille Quietschen der Bremsen noch in den Ohren, wie sich das Gesicht des Fahrers ärgerlich verzog. Mit zwei taumeligen Schritten war er wieder auf dem Gehweg. „Hat es Ihnen was gemacht?" Er fühlte sich am Ellbogen angefasst. Mit einer fast brüsken Bewegung machte er sich frei. „Nein, nein, schon gut. Danke", sagte er noch, beinah schon über die Schulter, als er merkte, dass ihm der Alte nachstarrte.

Eine Welle von Schwäche stieg von seinen Knien auf, wurde fast zur Übelkeit. Das hätte ihm gerade gefehlt, angefahren auf der Straße liegen, eine gaffende Menge und dann die Polizei. Er durfte jetzt nicht schwach werden, nur weiterlaufen, unauffällig weiterlaufen zwischen den vielen auf der hellen Straße. Langsam ließ das Klopfen im Halse nach. Seit drei Monaten war er zum ersten Mal wieder in der Stadt, zum ersten Mal wieder unter so viel Menschen. Ewig konnte er in dem Loch sich ja nicht verkriechen, er musste einmal wieder raus, wieder Kontakt aufnehmen mit dem Leben, überhaupt raus aus allem. Ein Schiff musste sich finden lassen, möglichst noch, bevor es Winter wurde. Seine Hand fuhr leicht über die linke Brustseite seines Jacketts, er spürte den Pass, der in der Innentasche steckte; gute Arbeit war dieser Pass, er hatte auch nicht schlecht dafür bezahlt. Die Autos auf der Straße waren zu einer langen Kette aufgefahren. Nur stockend schoben sie sich vorwärts. Menschen gingen an ihm vorbei, kamen ihm entgegen; er achtete darauf, dass sie ihn nicht streiften. Einem Platzregen von Gesichtern war er ausgesetzt, fahle Ovale, die sich mit dem wechselnden Reklamelicht verfärbten. Redluff strengte sich an, den Schritt der vielen anzunehmen, mitzuschwimmen in dem Strom. Stimmen, abgerissene Gesprächsfetzen schlugen an sein Ohr, jemand lachte. Für eine Sekunde haftete sein Blick an dem Gesicht einer Frau, ihr offener, bemalter Mund sah schwarz gerändert aus. Die Autos fuhren jetzt an, ihre Motoren summten auf. Eine Straßenbahn schrammte vorbei. Und wieder Menschen, Menschen, ein Strom flutender Gesichter, Sprechen und hundertfache Schritte. Redluff fuhr unwillkürlich mit der Hand an seinen Kragen. An seinem Hals merkte er, dass seine Finger kalt und schweißig waren. Wovor hab ich denn eigentlich Angst, verdammte Einbildung, wer soll mich denn schon erkennen in dieser Menge, sagte er sich. Aber er spürte nur zu genau, dass er in ihr nicht eintauchen konnte, dass er wie ein Kork auf dem Wasser tanzte, abgestoßen und weitergetrieben. Ihn fror plötzlich. Nichts wie verdammte Einbildung, sagte er sich wieder. Vor drei Monaten war das ja noch anders, da stand sein Name schwarz auf rotem Papier auf jeder Anschlagsäule zu lesen, Jens Redluff; nur gut, dass das Foto so schlecht war. Der Name stand damals fett in den Schlagzeilen der Blätter, wurde dann klein und kleiner, auch das Fragezeichen dahinter, rutschte in die letzten Spalten und verschwand bald ganz. Redluff war jetzt in eine Seitenstraße abgebogen, der Menschenstrom wurde dünner, noch ein paar Abbiegungen, und die Rinnsale lösten sich auf, zerfielen in einzelne Gestalten, einzelne Schritte. Hier war es dunkler. Er konnte den Kragen öffnen und die Krawatte nachlassen. Der Wind brachte einen brackigen Lufthauch vom Hafen her. Ihn fröstelte.

Ein breites Lichtband fiel quer vor ihm über die Straße, jemand kam aus dem kleinen Lokal, mit ihm ein Dunst nach Bier, Qualm und Essen. Redluff ging hinein. Die kleine, als Café aufgetakelte Kneipe war fast leer, ein paar Soldaten saßen herum, grelle Damen in ihrer Gesellschaft. Auf den kleinen Tischen standen Lämpchen mit pathetisch roten Schirmen. Ein Musikautomat begann aus der Ecke zu hämmern. Hinter der Theke lehnte ein dicker Bursche mit bloßen Armen. Er schaute nur flüchtig auf.
„Kognak, doppelt", sagte Redluff zu dem Kellner. Er merkte, dass er seinen Hut noch in der Hand hielt und legte ihn auf den leeren Stuhl neben sich. Er steckte sich eine Zigarette an, die ersten tiefen Züge machten ihn leicht benommen. Schön warm war es hier, er streckte seine Füße lang aus. Die Musik hatte gewechselt. Über gezogen jaulenden Gitarretönen hörte er halblautes Sprechen, ein spitzes Lachen vom Nachbartisch. Gut saß es sich hier. Der Dicke hinter der Theke drehte jetzt seinen Kopf nach der Tür. Draußen fiel eine Wagentür schlagend zu. Gleich darauf kamen zwei Männer herein, klein und stockig der eine davon. Er blieb in der Mitte stehen, der andere, im langen Ledermantel, steuerte auf den Nachbartisch zu. Keiner von beiden nahm seinen Hut ab. Redluff versuchte hinüberzuschielen, es durchfuhr ihn. Er sah, wie der Große sich über den Tisch beugte, kurz etwas Blinkendes in der Hand hielt. Die Musik hatte ausgesetzt. „What's he want?", hörte er den Neger vom Nebentisch sagen. „What's he want?" Er sah seine wulstigen Lippen sich bewegen. Das Mädchen kramte eine bunte Karte aus ihrer Handtasche. „What's he want?", sagte der Neger eigensinnig. Der Mann war schon zum nächsten Tisch gegangen. Redluff klammerte sich mit der einen Hand an die Tischkante. Er sah, wie die Fingernägel sich entfärbten. Der rauchige Raum schien ganz leicht zu schwanken,

ganz leicht. Ihm war, als müsste er auf dem sich neigenden Boden jetzt langsam samt Tisch und Stuhl auf die andere Seite rutschen. Der Große hatte seine Runde beendet und ging auf den anderen zu, der immer noch mitten im Raum stand, die Hände in den Manteltaschen. Redluff sah, wie er zu dem Großen etwas sagte. Er konnte es nicht verstehen. Dann kam er geradewegs auf ihn zu.

„Sie entschuldigen", sagte er, „Ihren Ausweis, bitte!" Redluff schaute erst gar nicht auf das runde Metall in seiner Hand. Er drückte seine Zigarette

aus und war plötzlich völlig ruhig. Er wusste es selbst nicht, was ihn mit einmal so ruhig machte, aber seine Hand, die in die Innentasche seines Jacketts fuhr, fühlte den Stoff nicht, den sie berührte, sie war wie von Holz. Der Mann blätterte langsam in dem Pass, hob ihn besser in das Licht. Redluff sah die Falten auf der gerunzelten Stirn, eins, zwei, drei. Der Mann gab ihm den Pass zurück. „Danke, Herr Wolters", sagte er. Aus seiner unnatürlichen Ruhe heraus hörte Redluff sich selber sprechen. „Das hat man gern, so kontrolliert werden wie –", er zögerte etwas, „ein Verbrecher!" Seine Stimme stand spröde im Raum. Er hatte doch gar nicht so laut gesprochen. „Man sieht manchmal jemand ähnlich", sagte der Mann, grinste, als hätte er einen feinen Witz gemacht. „Feuer?" Er fingerte eine halbe Zigarre aus der Manteltasche. Redluff schob seine Hand mit dem brennenden Streichholz längs der Tischkante ihm entgegen. Die beiden gingen.

Redluff lehnte sich in seinen Stuhl zurück. Die Spannung in ihm zerbröckelte, die eisige Ruhe schmolz. Er hätte jubeln können. Das war es, das war die Probe, und er hatte sie bestanden. Triumphierend setzte der Musikautomat wieder ein. „He, Sie vergessen Ihren Hut", sagte der Dicke hinter der Theke.

Draußen atmete er tief, seine Schritte schwangen weit aus, am liebsten hätte er gesungen. Langsam kam er wieder in belebtere Straßen, die Lichter nahmen zu, die Läden, die Leuchtzeichen an den Wänden. Aus einem Kino kam ein Knäuel Menschen, sie lachten und schwatzten, er mitten unter ihnen. Es tat ihm wohl, wenn sie ihn streiften. „Hans", hörte er eine Frauenstimme hinter sich, jemand fasste seinen Arm. „Tut mir leid", sagte er und lächelte in das enttäuschte Gesicht. Verdammt hübsch, sagte er zu sich. Im Weitergehen nestelte er an seiner Krawatte. Dunkel glänzende Wagen sangen über den blanken Asphalt, Kaskaden wechselnden Lichts ergossen sich von den Fassaden, Zeitungsverkäufer riefen die Abendausgabe aus. Hinter einer großen, leicht beschlagenen Spiegelglasscheibe sah er undeutlich tanzende Paare; pulsierend drang die Musik abgedämpft bis auf die Straße. Ihm war wie nach Sekt. Ewig hätte er so gehen können, so wie jetzt. Er gehörte wieder dazu, er hatte den Schritt der vielen, es machte ihm keine Mühe mehr.

Im Sog der Menge ging er über den großen Platz auf die große Halle zu mit ihren Ketten von Glühlampen und riesigen Transparenten. Um die Kassen vor dem Einlass drängten sich Menschen. Von irgendwoher flutete Lautsprechermusik. Stand dort nicht das Mädchen von vorhin? Redluff stellte sich hinter sie in die Reihe. Sie wandte den Kopf, er spürte einen Hauch von Parfüm. Dicht hinter ihr zwängte er sich durch den Einlass. Immer noch flutete die Musik, er hörte ein Gewirr von Hunderten von Stimmen. Ein paar Polizisten suchten etwas Ordnung in das Gedränge zu bringen. Ein Mann in einer Art Portieruniform nahm ihm seine Einlasskarte ab. „Der, der!", rief er auf einmal und deutete aufgeregt hinter ihm her. Gesichter wandten sich, jemand im schwarzen Anzug kam auf ihn zu, ein blitzendes Ding in der Hand. Gleißendes Scheinwerferlicht übergoss ihn. Jemand drückte ihm einen Riesenblumenstrauß in die Hände. Zwei strahlend lächelnde Mädchen hakten ihn rechts und links unter, Fotoblitze zuckten. Und zu allem dröhnte eine geölte Stimme, die vor innerer Freudigkeit fast zu bersten schien: „Ich darf Ihnen im Namen der Direktion von ganzem Herzen gratulieren, Sie sind der hunderttausendste Besucher der Ausstellung!" Redluff stand wie betäubt. „Und jetzt sagen Sie uns Ihren werten Namen", schmalzte die Stimme unwiderstehlich weiter. „Redluff, Jens Redluff", sagte er, noch ehe er wusste, was er sagte, und schon hatten es die Lautsprecher dröhnend bis in den letzten Winkel der riesigen Halle getragen. Der Kordon der Polizisten, der eben noch die applaudierende Menge zurückgehalten hatte, löste sich langsam auf. Sie kamen auf ihn zu.

Aus: Herbert Malecha: Die Probe. Die besten 16 Kurzgeschichten aus dem Preisausschreiben der Wochenzeitung „Die Zeit", Marion v. Schröder Verlag, Hamburg 1955, S. 21ff.

Die Entwicklung einer literarischen Figur analysieren

1. Übertrage die Tabelle in dein Heft und notiere in Partnerarbeit markante sprachliche Formulierungen aus jeder Phase der Geschichte in der linken Spalte. Rechts notierst du, wie es Redluff gerade geht. (Falls du eine rhetorische Figur erkennst, nenne sie in Klammern in der linken Spalte)

Straße I		Bar/Kneipe		Straße II		Ausstellung	
Beispiel	Gemütslage	Beispiel	Gemütslage	Beispiel	Gemütslage	Beispiel	Gemütslage
• „mit zwei taumeligen Schritten" • …	• verunsichert • …	• …	• …				

<u>Vergleich</u>: Zwei verschiedene Vorstellungen werden durch ein „wie" miteinander verknüpft. („Er sieht mit seiner neuen Brille so gut wie ein Adler.")
<u>Metapher</u>: Eine Vorstellung wird ohne ein vergleichendes „wie" in einen anderen Bedeutungsbereich übertragen. („Die Sonne der Hoffnung leuchtet über dem Stadion.")
<u>Personifikation</u>: Dinge, Tiere oder allg. Begriffe werden vermenschlicht. („Die Sonne lacht.")

---

2. Welche Entwicklung stellst du fest und wie kann man sie begründen? Stellt euch in Kleingruppen die Ergebnisse der Partnerarbeit vor. Entwerft gemeinsam für jede Phase der Handlung ein Standbild, das den inneren Zustand Redluffs treffend wiedergibt.

3. Gebt nun in eurer Gruppe in Form einer Verlaufskurve an, wie sich die innere Verfassung der Hauptfigur im Laufe der Handlung entwickelt. Setzt für jede Phase mindestens einen Punkt, dabei sind aber auch Änderungen innerhalb einer Phase möglich. Am Ende verbindet ihr die einzelnen Punkte zu einer Kurve. Stellt euer Ergebnis vor und begründet. (Textstellen!)

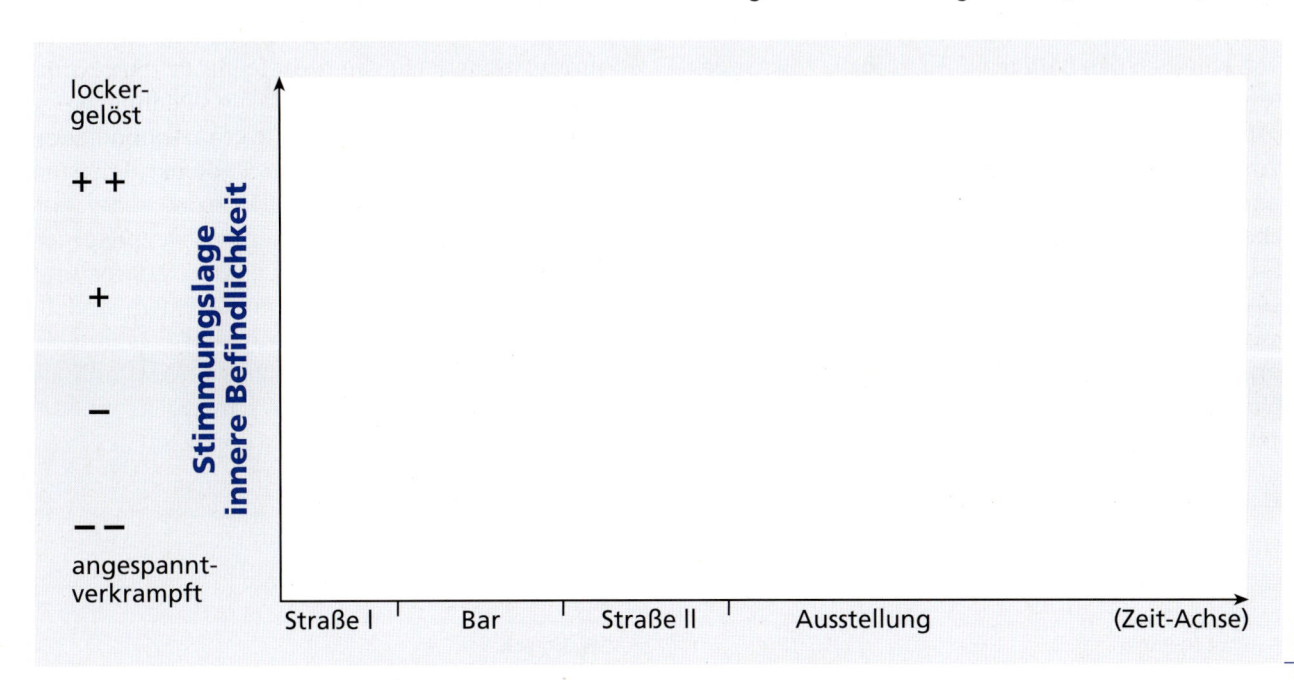

Diagramm: Y-Achse „Stimmungslage innere Befindlichkeit" von lockergelöst (++, +) bis angespannt-verkrampft (−, − −); X-Achse (Zeit-Achse): Straße I, Bar, Straße II, Ausstellung.

Georg Britting: Brudermord im Altwasser (1958)

Das sind grünschwarze Tümpel, von Weiden überhangen, von Wasserjungfern[1] übersurrt, das heißt: wie Tümpel und kleine Weiher, und auch große Weiher, ist es anzusehen, und es ist doch nur Donauwasser, durch Steindämme abgesondert, vom großen, grünen Strom, Altwasser, wie man es in der Gegend nennt. Fische gibt es im Altwasser, viele; Fischkönig ist der Bürstling, ein Raubtier mit zackiger, kratzender Rückenflosse, mit bösen Augen, einem gefräßigen Maul, grünschwarz schillernd wie das Wasser, darin er jagt. Und wie heiß es hier im Sommer ist! Die Weiden schlucken den Wind, der draußen über dem Strom immer geht. Und aus dem Schlamm steigt ein Geruch wie Fäulnis und Kot und Tod. Kein besserer Ort ist zu finden für Knabenspiele als dieses gründämmerige Gebiet. Und hier geschah, was ich jetzt erzähle.

Die drei Hofberger Buben, elfjährig, zwölfjährig, dreizehnjährig, waren damals im August jeden Tag auf den heißen Steindämmen, hockten unter den Weiden, Indianer im Dickicht und Wurzelgeflecht, pflückten Brombeeren, die schwarzfeucht, stachelig geschützt, glänzten, schlichen durch das Schilf, das in hohen Stangen wuchs, schnitten sich Weidenruten, rauften, schlugen auch wohl einmal dem Jüngsten, dem Elfjährigen, eine tiefe Schramme, dass sein Gesicht rot beschmiert war wie eine Menschenfressermaske, brachen wie Hirsche und schreiend durch Buschwerk und Graben zur breit fließenden Donau vor, wuschen den blutigen Kopf, und die Haare deckten die Wunde dann, und waren gleich wieder versöhnt. Die Eltern durften natürlich nichts erfahren von solchen bösen Streichen, und sie lachten alle drei und vereinbarten wie immer: „Zu Hause sagen wir aber nichts davon."

Die Altwässer ziehen sich stundenweit die Donau entlang. Bei einem Streifzug einmal waren die drei tief in die grüne Wildnis vorgedrungen, tiefer als je zuvor, bis zu einem Weiher, größer, als sie je einen gesehen hatten, schwarz der Wasserspiegel, und am Ufer lag ein Fischerboot angekettet. Den Pfahl, an dem die Kette hing, rissen sie aus dem schlammigen Boden, warfen Kette und Pfahl ins Boot, stiegen ein, ein Ruder lag auch dabei, und ruderten in die Mitte des Weihers hinaus. Nun waren sie Seeräuber und träumten und brüteten wilde Pläne. Die Sonne schien auf ihre bloßen Köpfe, das Boot lag unbeweglich, unbeweglich stand das Schilf am jenseitigen Ufer, Staunzen[2] fuhren leise summend durch die Luft, kleine Blutsauger, aber die abgehärteten Knaben spürten die Stiche nicht mehr. Der Dreizehnjährige begann das Boot leicht zu schaukeln. Gleich wiegten die beiden anderen sich mit, auf und nieder, Wasserringe liefen über den Weiher, Wellen schlugen platschend ans Ufer, die Binsen schwankten und wackelten. Die Knaben schaukelten heftiger, dass der Bootsrand bis zum Wasserspiegel sich neigte, das aufgeregte Wasser ins Boot hineinschwappte. Der Kleinste, der Elfjährige, hatte einen Fuß auf den Bootsrand gesetzt und tat juchzend seine Schaukelarbeit. Da gab der Älteste dem Zwölfjährigen ein Zeichen, den Kleinen zu erschrecken, und plötzlich warfen sich beide auf die Bootsseite, wo der Kleine stand, und das Boot neigte sich tief, und dann lag der Jüngste im Wasser und schrie, und ging unter und schlug von unten gegen das Boot, und schrie nicht mehr und pochte nicht mehr und kam auch nicht mehr unter dem Boot hervor, unter dem Boot nicht mehr hervor, nie mehr.

Die beiden Brüder saßen stumm und käsegelb auf den Ruderbänken in der prallen Sonne, ein Fisch schnappte, sprang über das Wasser hinaus. Die Wasserringe hatten sich verlaufen, die Binsen standen wieder unbeweglich, die Staunzen summten bös und stachen. Die Brüder ruderten das Boot wieder ans Ufer, trieben den Pfahl mit der Kette wieder in den Uferschlamm, stiegen aus, trabten auf dem langen Steindamm dahin, trabten stadteinwärts, wagten nicht sich anzusehen, liefen hintereinander, achteten der Weiden nicht, die ihnen ins Gesicht schlugen, nicht der Brombeersträucherstachseln, die an ihnen rissen, stolperten über Wurzelschlangen, liefen, liefen, liefen. Die Altwässer blieben zurück, die grüne Donau kam, breit und behäbig, rauschte der Stadt zu, die ersten Häuser sahen sie, sie sahen den Dom; sie sahen das Dach des Vaterhauses. Sie hielten, schweißüberronnen, zitterten verstört, die Knaben, die Mörder, und dann sagte der Ältere wie immer nach einem Streich: „Zu Hause sagen wir aber nichts davon!" Der andere nickte, von wilder Hoffnung überwuchert, und sie gingen, entschlossen, ewig zu schweigen, auf die Haustüre zu, die sie wie ein schwarzes Loch verschluckte.

Aus: Erzählungen 1920–1936, Nymphenburger Verlagshandlung, München 1958
www.britting.com

---

[1] Wasserjungfer: Libelle

[2] Stechmücke

Die Naturbeschreibungen in „Brudermord im Altwasser"

1. Lies aufmerksam die Kurzgeschichte von Georg Britting „Brudermord im Altwasser". Notiere anschließend auffällige Naturbeschreibungen auf diesem Arbeitsblatt.

2. Was haben die Formulierungen gemeinsam? Welche Atmosphäre drücken sie aus?

_____
_____
_____

3. Welche Funktion haben die Naturbeschreibungen des ersten Absatzes? Warum wählt der Erzähler einen Raubfisch und keine Karpfen oder Kaulquappen?

_____
_____
_____
_____

4. Erarbeite die Tabelle mit deinem Sitznachbarn.

Beispiel	Rhetorische Figur	Wirkung/Funktion
• „[…] Weiden schlucken den Wind"	•	•
• „[…] Geruch wie Fäulnis und Kot und Tod"	•	•
• „[…] Gesicht rot beschmiert […] wie eine Menschenfressermaske"	•	•
• „[…] und kam auch nicht mehr unter dem Boot hervor, unter dem Boot nicht mehr hervor, nie mehr"	•	•

Schuldig oder nicht: Die Frage der Verantwortung

> Die Sache ist doch glasklar. Die beiden Brüder haben die Chance genutzt, um den Kleinen loszuwerden. Das ist ja auch nicht das erste Mal, dass sie ihn schikanieren. Nur diesmal sind sie zu weit gegangen, die beiden Mörder.

> Warum springt denn niemand ins Wasser, als der Kleine absäuft? Das zeigt doch, dass sie ihn ertrinken lassen wollen. Außerdem haben sie ein schlechtes Gewissen, sonst würden sie doch nicht so schnell nach Hause rennen. Es war also ganz klar kein Unfall.

> Die beiden haben Mist gebaut, aber sie sind keine Mörder. Das Ganze war ein Unglück. Das ist so schnell passiert, dass sie nicht mehr reagieren konnten.

Team A: Die Brüder sind Mörder, der Titel ist passend gewählt.
Team B: Die Brüder sind keine Mörder, der Titel ist unpassend gewählt.

1. Bildet Vierergruppen. Teilt euch innerhalb dieser Gruppen in 2er-Teams auf. Lasst das Los entscheiden, welches Team welche Position vertreten soll.

2. Sammelt nun so viele Argumente wie möglich, um eure Position überzeugend in einer Diskussion vertreten zu können. Ihr könnt dabei auch die Schüleraussagen auf diesem Arbeitsblatt sowie die Paragraphen (§) des Strafgesetzbuchs für euch nutzen. Haltet eure Argumente stichpunktartig fest.

3. Präsentiert eure Ergebnisse und versucht, das andere Team in der Gruppe von eurer Position zu überzeugen.

4. Ihr könnt anschließend die Positionen tauschen. Welche Meinung konntet ihr leichter vertreten, welche schwerer? Woran kann das liegen?

Erläuterungen aus dem Strafgesetzbuch (StGB) zu verschiedenen Delikten

Mord: Der Mörder wird mit lebenslanger Freiheitsstrafe bestraft. Mörder ist, wer aus Mordlust, zur Befriedigung seines Geschlechtstriebs, aus Habgier oder sonst aus niedrigen Beweggründen heimtückisch oder grausam oder mit gemeingefährlichen Mitteln oder um eine Straftat zu ermöglichen oder zu verdecken einen Menschen tötet. (§ 211)

Totschlag: Wer einen Menschen tötet, ohne ein Mörder zu sein, wird als Totschläger mit Freiheitsstrafe nicht unter fünf Jahren bestraft. In besonders schweren Fällen ist auf lebenslange Freiheitsstrafe zu erkennen. [...] Totschlag ist auch durch Unterlassen möglicher und Erfolg verheißender Rettungsmaßnahmen begehbar. (§ 212)

Minder schwerer Fall des Totschlags: War der Totschläger ohne eigene Schuld durch eine ihm oder einem Angehörigen zugefügte Misshandlung oder schwere Beleidigung von dem Getöteten zum Zorn gereizt und hierdurch auf der Stelle zur Tat hingerissen worden oder liegt sonst ein minder schwerer Fall vor, so ist die Freiheitsstrafe von sechs Monaten bis zu fünf Jahren.

Fahrlässige Tötung: Wer durch Fahrlässigkeit den Tod eines Menschen verursacht, wird mit Freiheitsstrafe bis zu fünf Jahren oder mit Geldstrafe belegt. [...] Zum Begriff der Fahrlässigkeit: Hat der Handelnde nicht vorausgesehen, dass sich der Tatbestand der strafbaren Handlung verwirklichen könne, so liegt unbewusste Fahrlässigkeit vor, bewusste Fahrlässigkeit dagegen dann, wenn er die Verwirklichung zwar für möglich gehalten hat, jedoch darauf vertraute, dass sie nicht eintreten werde. (§ 222, zitiert nach StGB, Wiesbaden 1965)

Günther Weisenborn: Zwei Männer (1949)

Als der Wolkenbruch, den sich der argentinische Himmel damals im Februar leistete, ein Ende gefunden hatte, stand das ganze Land unter Wasser. Und unter Wasser standen die Hoffnungen des Pflanzers von Santa Sabina. Wo ein saftgrünes Vermögen in Gestalt von endlosen Teefeldern mit mannshohen Yerbabüschen[1] gestanden hatte, dehnte sich morgens ein endloses Meer. Der Farmer war vernichtet, das wusste er. Er saß auf einer Maiskiste neben seinem Haus und zählte die fetten Blasen, die an seine Schuhe trieben und dort zerplatzten. Das Maisfeld glich einem See. Der Rancho[2] des Peons[3] war darin verschwunden. Sein Schilfdach trieb im Sturm davon, eine nickende Straußenleiche vor sich herschiebend. Der Peon hatte sich zu seinem Herrn geflüchtet und saß neben ihm. Er war ein Indio, der mit breitem, eisernem Gesicht ins Leere starrte. Seine Frau war ertrunken, als sie sich losließ, um ihre Hände zur Madonna zu erheben. Der Peon hatte drei Blasen gezählt. Ihre Hand hatte die letzte Blase zerschlagen.

Der Farmer hatte seine Frau in der Stadt. Sie würde vergeblich auf seinen Schritt vor der Tür warten. Denn der Farmer gab sich noch eine Nacht. Es ist unter Männern Brauch, dass man sich in gewissen Lagen die letzte Zigarette teilt. Der Farmer, im Begriff nach Mannes Art zu handeln, wurde von seinem Peon unterbrochen. „Herr!", rief der Indio, „der Paraná! Der Strom kommt ...!" Er hatte Recht. Man hörte in der Ferne ein furchtbares Donnern. Der Paraná, angeschwollen von Wasser und Wind, brach in die Teeprovinzen ein. Paraná, so heißt der größte Strom Argentiniens. Dieses Donnern war das Todesurteil für die Männer von Santa Sabina. Sie verstanden sich auf diese Sprache, die Männer. Sie hatten tausendmal dem Tod ins Auge gesehen. Sie hatten das Weiße im Auge des Pumas gesehen und der Korallenschlange ins kalt strahlende Gesicht. Sie hatten dem Jaguar gegenübergestanden und der großen Kobra, die sich blähte. Sie hatten alle diese Begegnungen für sich entschieden, denn ihr Auge war kalt und gelassen ihre Hand.

[1] Yerbabüsche: südamerikanische Stechpalme
[2] Rancho: Hütte
[3] Peon: Landarbeiter

Jetzt aber halfen keine Patronen und kein scharfes Auge. Dieser Feind hier, das Wasser, war bösartig wie hundert Schlangen, die heranzischten, und todesdurstig wie der größte Puma auf dem Ast. Man konnte das Wasser schlagen, es wuchs. Man konnte hineinschießen, es griff an. Es biss nicht, es stach nicht, das Wasser, es suchte sich nur mit kalten Fingern eine Stelle am Mann, seinen Mund, um ihn anzufüllen, bis Blasen aus der Lunge quollen. Das Wasser war gelb und lautlos. Und man sah vor Regen den Himmel nicht.

Auf einer kleinen Insel, halb unsichtbar in der triefenden Finsternis, saß der Farmer mit seinem Peon vor seinem Haus.

Dann kam der große Paraná. Er kam nicht mit Pauken und Posaunen. Nein, man merkte ihn gar nicht. Aber plötzlich stand der Schuh des Farmers im Wasser. Er zog ihn zurück. Aber nach einer Weile stand der Schuh wieder im Wasser, weiß der Teufel ... Und wenn man die Maiskiste zurücksetzte, so musste man sie bald noch ein wenig zurücksetzen, denn kein Mann sitzt gern im Wasser. Das war alles, aber das war der Paraná. Gegen Abend fiel das Hühnerhaus um. Man hörte das halb erstickte Kreischen der Vögel, dann war es wieder still. Später zischte es plötzlich im Wohnhaus auf, denn das Wasser war in den Herd gedrungen.

Als es dunkel wurde, standen der Farmer und sein Peon bereits bis zum Bauch im Wasser. Sie kletterten auf das Schilfdach. Dort auf dem Gipfel saßen sie schweigend, dunkle Schatten in der dunkelsten aller Nächte, indes Töpfe und Kisten aus den Häusern hinausschwammen. Ein Stuhl stieß unten das Glasfenster in Scherben. Das Wasser rauschte. Die Blasen platzten. Ein totes Huhn schwamm im Kreise vor der Haustür.

Als das Wasser das Dach erreicht hatte, stieß es die Hausmauern nachlässig um. Das Dach stürzte von den gebrochenen Pfosten, schaukelte und krachte, dann drehte es sich um sich selbst und trieb in die rauschende Finsternis hinaus.

Das Dach ging einen langen Weg. Es fuhr kreisend zu Tal. Es trieb am Rande der großen Urwälder vorbei, es segelte durch eine Herde von Rindern, die mit himmelwärts gestreckten Beinen totstill auf dem wirbelnden Wasser trieben. Glotzäugige Fische schossen vor dem Schatten des Daches davon. Schwarze Aasgeier trieben, traubenweise an ein Pferd gekrallt, den Strom hinab. Sie blickten mordlustigen Auges herüber ... Blüten, Möbel und Leichen vereinigten sich zu einem Zug des Todes, der talwärts fuhr, einem undurchsichtigen Ende entgegen. Gegen Morgen

richtete sich der Farmer auf und befahl seinem Peon, nicht einzuschlafen. Der Indio verwunderte sich über die harte Stimme seines Herrn. Er wäre bedenkenlos
105 dem Farmer um die Erde gefolgt. Er war Indio und wusste, was ein Mann ist. Aber er wusste auch, dass ein Mann ein schweres Gewicht hat. Wenn nur ein Mann auf dem Dach sitzt, so hält es natürlich länger, nicht wahr, als wenn es unter dem schweren Gewicht
110 zweier Männer auseinanderbricht und versinkt. Und dann gute Nacht …

Er glaubte nicht, dass der Farmer gutwillig das Dach verlassen würde, aber man konnte ihn hinunterkippen, denn es ging hier um Leben und Tod. Das dach-
115 te der Indio, und er rückte näher. Sein Gesicht war steinern, es troff von Regen. Das Dach würde auf keinen Fall mehr bis zum Morgen schwimmen. Jetzt schon brachen einzelne Bündel ab und schwammen nebenher. Die Männer mitten auf dem furchtbaren Strom wussten nicht, wo sie waren. Dichter Nebel 120 fuhr mit ihnen. Ringsum das Wasser schien stillzustehen. Fuhren sie im Kreis? Sie wussten es nicht. Sie sahen sich an.

Da folgte der Farmer dem Brauch aller Männer, zog seine letzte Zigarette, brach sie in zwei Teile und bot 125 dem Indio eines an. Sie rissen das Papier ab und kauten den Tabak, da sie kein Feuer hatten. […]

Aus: Tausend Gramm, hg. von Wolfgang Weyrauch, Rowohlt Verlag, Hamburg 1949

■ *Schreibe die Geschichte zu Ende. Überlege dir vorab den weiteren Verlauf der Handlung. Beachte die dir bekannten Merkmale der Kurzgeschichte. Begründe deine Schlussversion aus dem Text heraus.*

Günther Weisenborn: Zwei Männer (1949) – Fortsetzung

[...] Er ist ein guter Kamerad, dachte der Peon. Es hat keinen Zweck. Es soll alles seinen Weg gehen. Als er den würzigen Geschmack des Tabaks fühlte, wurde aus der Feindschaft langsam ein Gefühl der Treue. Was willst du? Der Peon hatte seine Frau verloren und sein Kind. Sie hatte die letzte Blase ihres Atems mit ihrer Hand zerschlagen. Er hatte nichts mehr, was ihn zu leben verlockte. Das Schilfdach sank immer tiefer. Wenn er selbst ins Wasser sprang, hielt das Dach vielleicht noch und trug seinen Herrn bis zum Morgen.

Der Dienst ist aus, adios, Senor! Der Peon kletterte über den Giebel bis an den Rand des Daches, als er plötzlich im dunklen Wasser Kaimane[1] rauschen sah. Jaqquares, die ihn aufmerksam anstarrten. Zum ersten Mal verzog der Indio sein Gesicht, dann hielt er den Atem an und sprang. Aber er wurde im selben Moment von seinem Herrn gehalten, der ihn wieder aus dem Wasser zog und seinen Peon zornglühend anschrie. Kreideweiß, mit rot geränderten Augen und triefenden Haaren, beugte sich der Farmer über ihn, nannte ihn den Vater allen Unsinns und rüttelte ihn. Dann befahl er ihm, seinen Platz einzunehmen und den Mut nicht zu verlieren, verdammt noch mal ...! Gegen Morgen trieben sie an Land, sprangen über Baumäste und wateten stundenlang, bis sie ins Trockene kamen. Sie klopften den Boden mit Stöcken nach Schlangen ab, und ehe sie sich zum Schlafen in das Maisfeld legten, sagte der Farmer: „Morgen gehen wir zurück und fangen wieder an." „Bueno", sagte der Indio. Der Regen hörte auf.

[1] Kaiman: südamerikanische Alligatorenart

Aus: Tausend Gramm, hg. von Wolfgang Weyrauch. Rowohlt Verlag, Hamburg 1949

Lesekompetenz-Test zu Weisenborn: Zwei Männer

1. Die Situation klären: Kreuze die richtige Aussage an.

a) ☐ Der Farmer und sein Landarbeiter haben beide ihre Frauen im Unwetter verloren.
b) ☐ Paraná ist der argentinische Fachbegriff für unwetterartige Wolkenbrüche.
c) ☐ Die drohende Flutwelle kommt lautlos, aber unaufhaltsam auf die Männer zu.
d) ☐ Der Indio will seinen Farmer umbringen.
e) ☐ Der Indio will sein eigenes Leben für das seines Farmers opfern.
f) ☐ Der Farmer teilt die Zigarette mit dem Arbeiter, weil er so sein Leben retten kann.

2. Den Schlussteil verstehen

Wie beurteilst du den Schlussteil der Kurzgeschichte? Entscheide dich zwischen folgenden Adjektiven und begründe kurz.

a) ☐ hoffnungsvoll, weil _____

b) ☐ negativ, weil _____

c) ☐ positiv, weil _____

d) ☐ düster, weil _____

3. Sprache und Stil untersuchen

Die Kurzgeschichte „Zwei Männer" weist einige sprachliche Besonderheiten auf. Kreuze sie an und notiere stichpunktartig ein Beispiel.

a) ☐ Anapher (Wiederholung eines oder mehrerer Wörter am Satzanfang)

_____

b) ☐ Vergleich

_____

c) ☐ Hyperbel (starke Übertreibung)

_____

d) ☐ Personifikation (Vermenschlichung)

_____

e) ☐ Parallelismus (Wiederholung gleicher syntaktischer Fügungen)

_____

4. Das Erzählverhalten erkennen

a) ☐ Die Geschichte wird von einem allwissenden, auktorialen Erzähler erzählt.
b) ☐ Die Geschichte wird von einem neutralen Erzähler erzählt.
c) ☐ Die Geschichte wird von einem personalen Erzähler erzählt.

5. Die Erzählperspektive erkennen

a) ☐ Außensicht: Es wird nur das erzählt, was man von außen wahrnimmt.
b) ☐ Innensicht: Es wird auch über Gedanken und Gefühle der Figuren erzählt.

Kurzgeschichten selbst verfassen – der Schreibplan[1]

Ideenfindung:
Beschreibe in einem Satz die Idee deiner Kurzgeschichte: _____
_____

Kurzgeschichten stellen Fragen oder geben Antworten auf bestimmte Probleme. Notiere diese Problemfrage:
_____
_____

Figur 1:

Name:
Geschlecht:
Alter:
Äußeres:
Lebensumfeld (Familie, Beruf, Hobby, …):
(Un-)Zufriedenheit:
Sprache:
Wen repräsentiert diese Figur?

Figur 2:

Name:
Geschlecht
Alter:
Äußeres:
Lebensumfeld (Familie, Beruf, Hobby, …):
(Un-)Zufriedenheit:
Sprache:
Wen repräsentiert diese Figur?

Konflikt:

Problem/Ziel der Figur 1: _____
_____

Problem/Ziel der Figur 2: _____
_____

Verlauf des Konflikts – Ende: _____
_____

Momenthaftes Geschehnis/Schicksalhaftes Ereignis: _____
_____

---
[1] Nach: Bettina Greese: Die Kurzgeschichte auf dem Weg ins 21. Jahrhundert. Reihe EinFach Deutsch, hrg. von Johannes Diekhans. Paderborn: Schöningh 2008, S. 115

Sinnbild/Symbolik:

Welcher Gegenstand oder welche Handlung hat symbolische Bedeutung? _____

_____

Dialog:

Worüber wird geredet? _____

_____

Gelingt oder misslingt die Kommunikation? (Gründe) _____

_____

Wie wird geredet? (Sprache, Tonfall, Hierarchie) _____

_____

Erzählperspektive:

Aus welcher Sicht wird erzählt? In der Er- oder Ich-Form? _____

Anfang und Ende:

Wie beginnt die Geschichte unmittelbar (Tätigkeit, Äußerung, Stimmung, Situation ...)? _____

_____

Worauf wird der Leser durch den unmittelbaren Anfang neugierig? _____

_____

Wie löst sich der Konflikt auf bzw. bleibt er bestehen oder verschärft sich? _____

_____

1. Arbeite gedanklich intensiv an deiner Kurzgeschichte. Notiere erst, wenn du von deiner Idee überzeugt bist.

2. Stelle deinen Schreibplan in der Kleingruppe vor. Präsentiere deine Idee und bitte an noch unklaren Stellen um Hilfe.

3. Formuliere nun deine erste Fassung aus. Beachte folgende Grundregeln:

    - **Vermeide** umfangreiche **Beschreibungen**. Löse Informationen über Personen, Umstände, Stimmungen und Örtlichkeiten in Handlung auf! (Also statt: „Seine Nase fing zu bluten an" → „Marie starrte auf seine Nase und er spürte in diesem Moment, wie etwas seine Wange herunterrann.")

    - Gib wenig oder gar **keine Erklärungen**. Es ist ein zentrales Merkmal der Kurzgeschichte, dass sie vieles nur andeutet. „Show – don't tell!" (Henry James)

Eigene Texte überarbeiten: die Endredaktion[1]

Das folgende Beispiel soll dir zeigen, wie man eine Kurzgeschichte verbessern kann: Löse Beschreibungen in Handlung auf, streiche Überflüssiges.

Erste Version	Überarbeitete Version
„Erschöpft sank der schweißnasse Läufer auf den grünen Rasen. Er hatte 10 Kilometer gekämpft wie ein Olympiasieger, doch am Ende musste er einen noch stärkeren Läufer aus Hessen an sich vorbeiziehen lassen. Die Enttäuschung des Läufers war riesig."	„Aus und vorbei. Lärm überall. Das ganze Training – für nichts. Über Monate vorbereitet und jetzt – unbegreiflicher Blackout. Versager, werden sie mich nennen, Loser werden sie mich rufen."

1. **Überlegt** gemeinsam, welche Änderungen zur ersten Version dieses Beispiels vorgenommen wurden. Warum ist die überarbeitete Version für eine Kurzgeschichte besser geeignet?

2. **Überarbeite** deinen eigenen Text. Streiche dafür Überflüssiges, Erläuterndes, Kitschiges. Kürze deinen Text. Halte neue Ideen am Rand stichpunktartig fest. Prüfe, wo du noch Veränderungen vornehmen solltest. Bedenke: Eine Kurzgeschichte lebt von Andeutungen, Momentaufnahmen. Das Ungesagte, nur Erahnte – die Leerstelle regt den Leser zum Nachdenken an.

3. **Überarbeitet** eure Texte in der Kleingruppe im Rahmen einer **Schreibkonferenz**. Tauscht dafür eure Texte aus. Lest die fremden Texte sorgfältig und bearbeitet sie, indem ihr Korrekturen an den Rand schreibt. Vorschläge für Streichungen könnt ihr mit Bleistift im Textmanuskript vornehmen. Natürlich könnt ihr Verbesserungsvorschläge eurer Mitschüler kommentieren, ausbauen oder verwerfen. Prüft insbesondere,

   - ob **ausdrucksstarke Wörter** und Formulierungen gewählt wurden. ☐
   - ob das zu Beschreibende als **Handlung dargeboten** wird. ☐
   - ob die Geschichte mit einer schicksalhaften **Momentaufnahme** beginnt. ☐
   - ob der Text ein offenes, aber pointiertes **Ende** besitzt. ☐
   - ob das **Verhalten** der Figuren in sich stimmig, nachvollziehbar ist. ☐
   - ob ein **Konflikt** deutlich wird. ☐
   - ob der Konflikt in einem **Problem** gipfelt, das auch den Leser betrifft. ☐
   - ob gezielt **Leerstellen** gelassen werden, die nachdenklich machen. ☐
   - ob die Aussagen verschlüsselt werden und **Symbolcharakter** haben. ☐
   - ob eine dichte **Atmosphäre** vermittelt wird. ☐

4. Wenn alle Texte von jedem Gruppenmitglied (Gruppengröße: max. vier Schüler) gelesen und überarbeitet worden sind, erhaltet ihr eure eigene Kurzgeschichte zurück. Lest die Kommentare, Kritik und Anregungen aufmerksam durch. Stellt bei Unklarheiten Rückfragen. Nun kannst du **deinen eigenen Text ins Reine** schreiben. Am besten gelingt dies am Computer. Es hat den Vorteil, dass du auch nachträglich ohne großen Aufwand Änderungen vornehmen kannst.

---

[1] Nach: Bettina Greese: Die Kurzgeschichte auf dem Weg ins 21. Jahrhundert. Reihe EinFach Deutsch, hrg. von Johannes Diekhans. Paderborn: Schöningh 2008, S. 115

Baustein 3
Der Krieg als Zerstörung des Menschen

Die Kurzgeschichte als Gattung meint v. a. die Kurzgeschichte der Nachkriegszeit. Das Aufkommen dieser jungen Gattung nach 1945 wäre nicht denkbar ohne die Erfahrung des Zweiten Weltkrieges. Junge Autoren wie Böll oder Borchert, Schnurre oder Aichinger suchen angesichts der grauenhaften und qualitativ neuen Erfahrung des Krieges nach neuen Ausdrucksformen. Das Unsagbare – die unmenschlichen Grausamkeiten des Krieges und ihre Folgen für den Einzelnen, der Holocaust – kann in den bekannten literarischen Formen nicht ausgedrückt werden, da diese als verbraucht und überlebt gelten. Der Blick über den eigenen Horizont hinaus, insbesondere auf die amerikanische Short-Story, zeigt neue formale Möglichkeiten der Verarbeitung jenseits der sogenannten schönen Literatur auf. Die Kurzgeschichte stellt das ganze Elend des Menschen in einer verdichteten Situation dar, sie reduziert existenzielle Probleme auf äußere Kennzeichen und Symbole und macht auf diese Weise dem Leser deutlich, dass für eine beruhigende Literatur des schönen Scheins kein Raum mehr ist. Die Kurzgeschichte nach 1945 ist „aggressiv, provozierend, antibürgerlich, erregend; sie ist eine Waffe, die sich gegen bürgerliche Trägheit richtet, gegen Vogel-Strauß-Politik, die Unsitten und verheimlichtes Elend aufdeckt". (Kilchenmann 1971; zitiert nach W. Salzmann: Stundenblätter Kurzgeschichten für die Klassen 8/9. Stuttgart: Klett 1982, S. 11)

3.1 Heinrich Böll: Wanderer, kommst du nach Spa... (1950)

Heinrich Böll erzählt in seiner wohl bekanntesten Kurzgeschichte von der Rückkehr eines schwer verletzten jungen Mannes aus dem Krieg in ein provisorisches Lazarett, das sich nach und nach als seine alte Oberschule herausstellt. Im Entlangschweifen an den Wänden des altehrwürdigen Gymnasiums erinnert sich der Ich-Erzähler, der auf einer Bahre durch die Flure getragen wird, an all die Symbole und historischen Figuren, die zu Schulzeiten den Lehrern als geistig-moralische Vorbilder gedient haben. Auf ironische Art deckt Böll den Zusammenhang von humanistischen Schultraditionen und NS-Grauen auf. Wenn das ehrwürdige Nietzsche-Bild zur Hälfte mit dem Zettel „Leichte Chirurgie" überklebt ist, wenn klassische Ikonen wie Cäsar, Cicero oder Marc Aurel als Büsten direkt neben den unmenschlichen Bildern der nationalsozialistischen Rassenideologie hängen, dann kann kein Zweifel daran bestehen, dass es Böll um eine Entheroisierung der Institution Schule geht, die den Krieg verherrlicht und verharmlost und den propagierten Humanismus dem unmenschlichen Militarismus geopfert hat. Heißt es in Schillers Gedicht „Der Spaziergang" noch „Und die Sonne Homers, siehe! sie lächelt auch uns" und proklamiert der Dichter damit noch voller Optimismus den Glauben an die Gültigkeit der humanistisch-klassischen Tradition, so desillusionieren zwei Weltkriege und die Barbarei des Holocausts den Dichter der Moderne, der nicht mehr an die menschenverbessernde Wirkung des Kulturerbes Goethes und Beethovens glauben kann. (Vgl. J. H. Reid: Heinrich Böll. Wanderer, kommst du nach Spa... . In: W. Bellmann (Hg.): Klassische deutsche Kurzgeschichten, S. 96–106; hier: S. 114f.)

Bölls Kurzgeschichte ist erzähltechnisch raffiniert aufgebaut. Das eingeschränkte Erzählen des personalen Ich-Erzählers macht die Identifikation mit diesem leichter und steigert zugleich die Neugier aufseiten des Lesers, der wie der Verletzte wissen will, ob er nun in seiner alten Schule ist oder nicht. Dabei laufen durch den Wechsel von Innen- und Außensicht zwei Decodierungsprozesse parallel, erst ganz am Ende werden sie zusammengeführt. Der Spruch *Wanderer, kommst du nach Spa...*, „der nur ein bisschen verstümmelt war", wird von jemandem gelesen, der mehr als „nur ein bisschen verstümmelt" ist. Als der junge Soldat erkennt, dass die unvollständigen Zeilen „Wanderer, kommst du nach Spa..." von ihm selbst stammen, erkennt er im gleichen Moment die Art seiner Verletzung: Beide Arme und das rechte Bein fehlen. (Ebd.) Das entfremdete Zitat des Spartaners Leonidas („Wanderer, kommst du nach Sparta, so sage, du habest uns liegen gesehen, wie das Gesetz es befahl") verweist auf die unmenschliche Heldenideologie des Nationalsozialismus. Dass die Bildungsinstitution Schule es missbraucht, macht Böll schon dadurch deutlich, dass es für sinnlose Schreibübungen verwendet wird. In der Verquickung von Schule und Krieg – der Klassenraum als Lazarett – zeigt sich das „furchtbare Neben-, Mit- und Ineinander von Normalität und Katastrophe". (Vgl. Burkhard Spinnen: Einfach sagen, was Sache ist. In: DIE ZEIT 44/2002)

Aufgrund der Länge des Textes bietet es sich an, die Kurzgeschichte (**Arbeitsblatt 33**, S. 110–113) von den Schülerinnen und Schülern in häuslicher Lektüre vorbereitend lesen zu lassen. Dazu werden nachfolgende Arbeitsaufträge schriftlich bearbeitet:

- *Formulieren Sie ein vorläufiges Textverständnis. Notieren Sie dafür in wenigen Sätzen, um was es Ihrer Meinung nach in der Kurzgeschichte geht, was ihr Thema ist.*

- *Notieren Sie, was Ihnen aufgefallen ist, am Rand der Geschichte. Markieren Sie unverstandene Textstellen mit einem Fragezeichen am Rand.*

- *Notieren Sie a) einige Fragen zum Text, die Ihrer Meinung nach wichtig für das Textverständnis sind, und b) einige Fragen, die Sie selbst gerne beantwortet haben möchten.*

Zum Einstieg gibt ein Schüler den Inhalt der Kurzgeschichte in groben Zügen wieder. Im Anschluss stellen die Schüler in Partner- oder Gruppenarbeit einander ihre Ergebnisse der Hausaufgabe vor: Sie formulieren ihr vorläufiges Textverständnis, gleichen dieses mit dem ihrer Mitschüler ab, klären offene Fragen (v. a. für die Recherche der historischen Persönlichkeiten ist ein Lexikon bereitzustellen) bzw. beantworten diejenigen Fragen, die ihnen selbst wichtig erscheinen.

Auf der Grundlage dieser ersten Konfrontation mit dem Text kann im Unterrichtsgespräch das vorläufige Textverständnis verbalisiert und evtl. bereits in Thesenform an der Tafel notiert werden. Da sich die Erkenntnis des Ich-Erzählers aufgrund seiner eingeschränkten Perspektive, symbolisiert durch seine Bewegungsunfähigkeit, erst schrittweise und retardierend vollzieht und in dem Bewusstsein endet, dem Tode näher als dem Leben zu sein, bietet sich auch methodisch ein sukzessives Lesen der Kurzgeschichte an. So wie der junge Mann erst nach und nach gewahr wird, dass Schule und die Gräuel des Krieges in einem unmittelbaren Zusammenhang stehen, so kann auch die Lerngruppe diesen aufklärerischen Bewusstwerdungsprozess spannungssteigernd nachvollziehen, indem der Text schrittweise – entdeckend – gelesen wird. (Vgl. H. Fuchs/E. Mittelberg: Klassische und moderne Kurzgeschichten. Lehrerheft. Berlin: Cornelsen 1988, S. 59) Ein langsames Vorlesen durch die Lehrkraft bei gleichzeitigem Mitlesen der Schülerinnen und Schüler hat sich bei dieser Kurzgeschichte als vorteilhaft erwiesen.

Baustein 3: Der Krieg als Zerstörung des Menschen

Gemeinsam gelesen wird bis zur Textstelle „[...] mit einem Zettel überklebt, auf dem zu lesen war: ‚Leichte Chirurgie'." (Z. 91 f.) Nun erhalten die Schülerinnen und Schüler das **Arbeitsblatt 34** (S. 114). Auf der Basis der gemeinsamen Lektüre können jetzt die beiden ersten Stufen benannt werden. Das Arbeitsblatt ist so gestaltet, dass es die Erzähltechnik Bölls in Form einer Treppe visuell wiedergibt. Im Anschluss erarbeiten die Schüler die weiteren Erkenntnis- bzw. Treppenschritte sukzessive in Partnerarbeit.

Für die Auswertung ist es vorteilhaft, wenn das **Arbeitsblatt 34** als Folie vorliegt. Nun können die Schülerinnen und Schüler ihre Zuordnungen vorstellen und mit Folienstift notieren. Dabei ist darauf zu achten, dass die jeweilige Zuordnung (A–F bzw. I bis VII) immer mithilfe von Textstellen zu begründen ist. Am Höhepunkt der Erzählung angekommen, wird deutlich, dass es die erzähltechnische Raffinesse des Autors ist, wie innere und äußere Handlung sukzessive zusammengeführt werden. Am Ende besteht aufgrund der Komposition der Kurzgeschichte kein Zweifel mehr daran, dass sich der Ich-Erzähler in seiner alten Schule befindet und dass der heroische Geist dieser Schule für die Verwundung (und den Tod?) des Erzählers mitverantwortlich zu machen ist.

A – F	Äußere Handlung	I – VII	Innere Handlung
C	Gang durch Flure zum Zeichensaal der Schule	III	Unsicherheit und Zweifel: „Alles konnte auch Täuschung sein."
E	Operation des Erzählers auf dem OP-Tisch	VI	Kreuz über Tür: „Das Kreuz blieb da."
D	Retardierung: vergebliche OP des schwer verletzten Bettnachbarn	I	Erster Eindruck vom Gebäude
F	Erkenntnis: schwerste eigene Verletzungen/Verstümmelungen	V	Indiz II: Kriegerdenkmal („Mein Herz sagte mir nichts.")
B	Erzähler wird Treppen hinaufgetragen	II	erkennt Bilder (z. B. „alter Fritz") wieder
A	Ankunft am Handlungsort	VII	Beweis: erkennt eigene Handschrift und Spruch an der Tafel (Schreibübungen)
	...	IV	Sammelt Indizien: Indiz I „Bendorf"

Großer Wert sollte auf die starken Zweifel des Ich-Erzählers gelegt werden, die dieser bis zum Schluss hegt und die erst ganz am Ende durch die grauenhafte Gewissheit abgelöst werden. Beispielhafte Sequenzen, die den Zweifel des jungen Soldaten betonen, sind:

- „[...] alles konnte auch Täuschung sein; [...] was sieht man nicht alles im Fieber." (Z. 68 ff.)
- „‚Alles das', dachte ich, ‚ist kein Beweis. Letzten Endes gibt es in jedem Gymnasium einen Zeichensaal [...]'" (Z. 113 ff.)
- „[...] du spürst nichts: kein Gefühl sagt es dir: nur die Augen; kein Gefühl sagt dir, dass du in deiner Schule bist [...]'" (Z. 147 ff.)
- „[...] aber warum konnte nicht in den anderen Schulen dieses Bild genauso an derselben Stelle hängen [...]?" (Z. 228 ff.)

Eine Diskussion über diese ausgewählten Textstellen könnte deutlich machen, dass Momente der Gewissheit von Augenblicken des Zweifelns abgelöst werden. Dabei kann die Frage aufgeworfen werden, ob die Zweifel des Ich-Erzählers nicht sogar aus dem uneingestandenen Wunsch resultieren, in einem anderen Gebäude zu sein. Folgende Fragen können das Auswertungsgespräch strukturieren:

Äußere Handlung:

- In welchem Zusammenhang könnten das lustvolle Schreien des Ich-Erzählers, sein Selbstvergleich mit einem „Embryo" und sein schlussendliches Verlangen nach „Milch" stehen?
- Oder: Inwiefern ist die Geschichte des Ich-Erzählers auch eine Geschichte der Regression (Rückbildung)?
- Wie endet die Geschichte? Gibt es Hinweise auf den nahen Tod des Erzählers?
- Welche Bedeutung kommt Birgeler als letztem Repräsentanten der Schule zu?

Innere Handlung:

- Welche Botschaft geht von den Räumlichkeiten der Schule bzw. den Bildern und Büsten aus? Wofür stehen die Bilder Caesars, Ciceros, Marc Aurels u. a.?
- Welche Werte verkörpern die ausgestellten historischen Figuren?
- Wie beurteilen Sie diese Werte?
- Hat der Ich-Erzähler Angst vor der Erkenntnis, in seiner alten Schule zu sein? Welche Gründe könnte es dafür geben?
- Warum findet sich der der Erzählung ihren Namen gebende Spruch in unterschiedlichen Schrifttypen und unvollständig an der Tafel?

Zusammenführung der inneren und äußeren Handlung:

- In welchem Verhältnis stehen innere und äußere Handlung der Kurzgeschichte?
- Wo werden beide Handlungsstränge miteinander verwoben?
- Welche Interpretation lässt diese Zusammenführung zu?
- Benennen Sie den Höhepunkt der Kurzgeschichte. Begründen Sie.
- Inwiefern ist die Perspektive der Ich-Erzählung von Bedeutung für den Rezeptionsprozess des Lesers? Warum hat der Autor keinen auktorialen Erzähler gewählt?
- Inwiefern ist die Geschichte auch als Angriff auf humanistische Bildung und verblendete Überhöhung deutscher und antiker Geistesgrößen zu verstehen?
- „Die Werke Goethes und Schillers, die Musik Mozarts und Beethovens machen aus uns moralisch bessere Menschen." Diskutieren Sie.

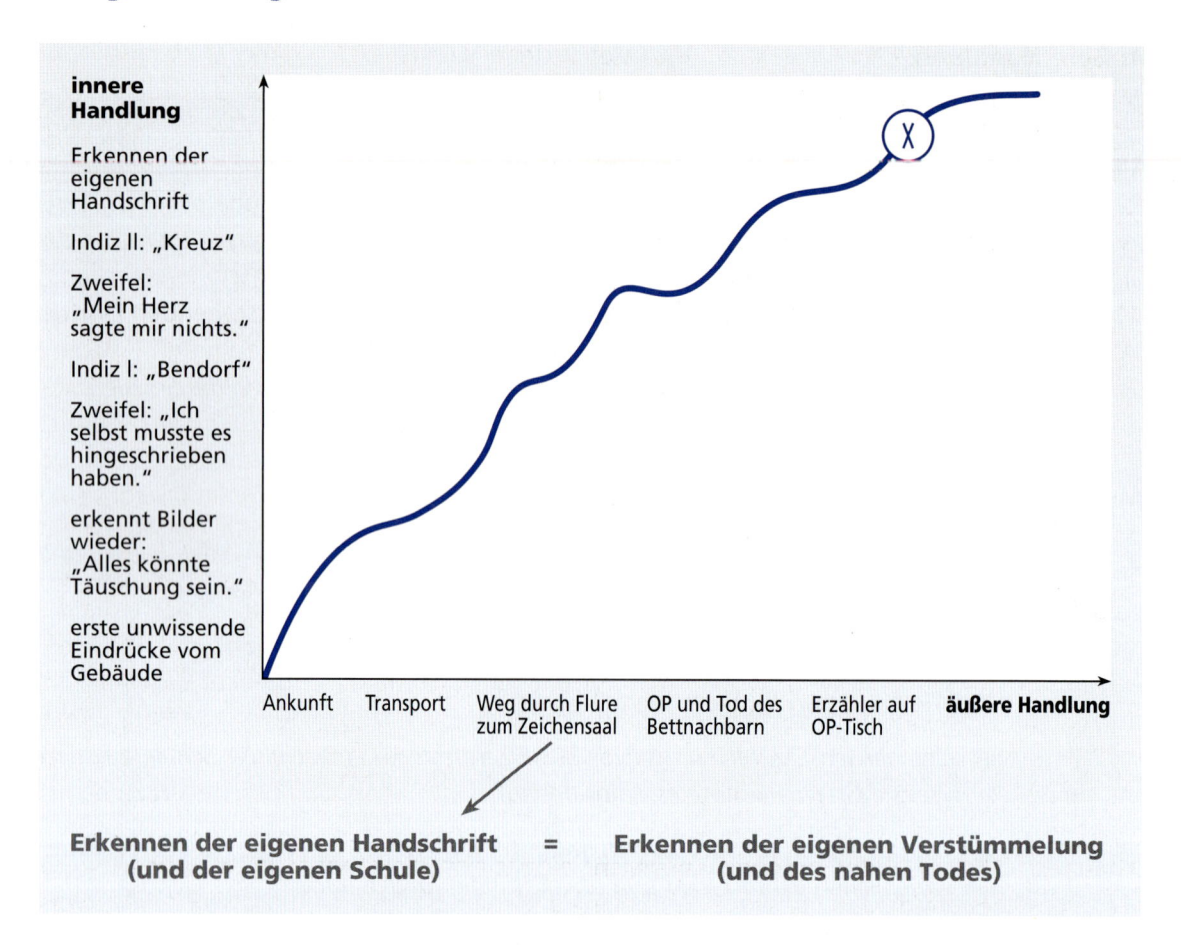

Baustein 3: Der Krieg als Zerstörung des Menschen

innere Handlung

- Erkennen der eigenen Handschrift
- Indiz II: „Kreuz"
- Zweifel: „Mein Herz sagte mir nichts."
- Indiz I: „Bendorf"
- Zweifel: „Ich selbst musste es hingeschrieben haben."
- erkennt Bilder wieder: „Alles könnte Täuschung sein."
- erste unwissende Eindrücke vom Gebäude

Ankunft — Transport — Weg durch Flure zum Zeichensaal — OP und Tod des Bettnachbarn — Erzähler auf OP-Tisch — **äußere Handlung**

Erkennen der eigenen Handschrift (und der eigenen Schule) **=** **Erkennen der eigenen Verstümmelung** (und des nahen Todes)

Eine Aktualisierung der ohne den Hintergrund des Zweiten Weltkrieges und der Erziehungsideale der Nationalsozialisten kaum verständlichen Thematik der Kurzgeschichte kann über das **Arbeitsblatt 35** (S. 115) erfolgen. Das Arbeitsblatt ruft in einem ersten Teil mögliches vorhandenes Wissen der Schülerinnen und Schüler über die „Hitlerjugend" (HJ) oder den „Bund deutscher Mädchen" (BDM) ab. Im zweiten Teil soll den Schülern Gelegenheit gegeben werden, anhand eines berühmten Zitats von Brecht aus den „Flüchtlingsgesprächen" die Aufgabe und Funktion der Schule heute zu reflektieren. Eine ehrliche Diskussion des Zitats dürfte einen zu einseitigen Vergleich mit der Schule von damals verhindern und die Wachsamkeit der Schüler gegenüber allzu hehren, ihnen aufoktroyierten Zielen stärken helfen.

3.2 Elisabeth Langgässer: Saisonbeginn (1947)

Langgässers Kurzgeschichte zählt zu den wohl bekanntesten Kurzgeschichten der unmittelbaren Nachkriegszeit. In ihr formuliert die Autorin ihre Einschätzung der allgegenwärtigen Judendiskriminierung und -verfolgung im nationalsozialistischen Deutschland bzw. der Umsetzung der Nürnberger Rassengesetze.
Inhaltlich schildert der auktoriale Erzähler einen auf den ersten Blick banal erscheinenden, linear erzählten Vorgang: In einem kleinen Urlaubsort in den Alpen montieren Arbeiter in Erwartung anreisender Feriengäste ein neues Schild am Dorfeingang. Penibel wird nahezu jeder Arbeitsschritt der sorgfältig vorgehenden Dorfbewohner beschrieben, die mehrere, die Handlung retardierende Versuche benötigen, bis sie das Schild, dessen Inschrift erst ganz am Schluss preisgegeben wird und dem Geschehen pointenhaft einen schockierenden Sinn verleiht, richtig befestigt haben. Während der Arbeit helfen einige begeisterte Dorfkinder den Männern bei der Montage, zwei Nonnen blicken verunsichert auf die Botschaft des

Baustein 3: Der Krieg als Zerstörung des Menschen

neuen Schildes; die Mehrzahl der Passanten jedoch steht dem Vorgang eher passiv und untätig gegenüber. Erst im letzten Satz enthüllt der auktoriale Erzähler die Inschrift des Schildes und löst damit den kunstvoll angelegten Rätselcharakter des Erzählten brutal auf: „In diesem Kurort sind Juden unerwünscht." Mit dieser überraschenden Schlusspointe hat die Spannungskurve am Ende ihren Höhepunkt erreicht. Erst auf der Folie der dem Leser nun bekannten Inschrift wird diesem die bitterböse Ironie des Handlungsgeschehens deutlich. Die scheinbar idyllische Feriensaison wird abgelöst durch eine menschenverachtende Hatz auf jüdische Mitbürger in der „Jagdsaison". Die sich als Christen verstehenden Dorfbewohner stellen das neue Schild im Angesicht des ans Kreuz geschlagenen Juden Jesus auf, der zum „stummen Zeugen und Ankläger der erneuten Verfolgung seines Volkes durch das Hitlerregime" wird. (Vgl. R. Könecke: Interpretationshilfen Deutsche Kurzgeschichten, Stuttgart 2004, S. 33) Was hier mit „Hammer, Zange und Nägel[n]" (Z. 44) vorangetrieben wird, wiederholt spiegelnd das biblische Geschehen, der „König der Juden" wird im Dienste einer menschenverachtenden Ideologie erneut gekreuzigt. Golgatha und Auschwitz werden damit in einen Zusammenhang gebracht. Dabei lässt Langgässer, deren Tochter das KZ nur mit Glück überlebte, keinen Zweifel an den materialistischen Motiven der Handelnden, die sich auf die Ankunft ihrer Sommergäste gewissenhaft vorbereiten: „Das Geld würde anrollen." (Z. 28 f.) Dezidiert werden die Reaktionsweisen der Bevölkerung beschrieben. Das Verhalten der Kinder korrespondiert mit der Begeisterung, welche sich in „Hitlerjugend" und „BDM" wiederfinden lassen. Auch das Verhalten der Kirche wird kritisiert, indem die beiden Nonnen nur einen verunsicherten Blick zustande bringen, statt das ungeheure Geschehen zu brandmarken.

Aufgrund ihres erzähltechnischen Anspruchs eignet sich die Kurzgeschichte vor allem für Schüler der Sekundarstufe II, die in der Regel auch über die für eine umfassende inhaltliche Auseinandersetzung nötigen historischen Kenntnisse verfügen.

Die Kurzgeschichte wird zum Einstieg gemeinsam gelesen (**Arbeitsblatt 36**, S. 116 f.). Dabei wird der entscheidende letzte Satz den Schülern vorenthalten. Eine kurze Reflexionsphase in Partnerarbeit gibt den Schülern Gelegenheit, einen möglichen Schlusssatz zu formulieren:

> *Überlegen Sie kurz in Partnerarbeit, wie ein möglicher Schlusssatz der Kurzgeschichte lauten könnte. Notieren Sie den Satz in Ihrem Heft und stellen Sie ihn begründet im Plenum vor.*

Im Anschluss werden unterschiedliche Schlussversionen vonseiten der Schüler textgebunden diskutiert. Für den durchaus wahrscheinlichen Fall, dass ein dem Original ähnlicher Satz nicht vorgeschlagen wird, notiert die Lehrkraft folgende Sätze impulsgebend an der Tafel:

> *Bei welchem der folgenden Sätze handelt es sich um den Schlusssatz der Kurzgeschichte „Saisonbeginn"? Begründen Sie Ihre Einschätzung am Text.*

Möglichkeit 1: „Willkommen in den nationalsozialistischen Alpen. Heil Hitler!"
Möglichkeit 2: „In diesem Kurort sind Juden unerwünscht."
Möglichkeit 3: „Welcome to our guests from all over the world!"

Im Unterrichtsgespräch kann eine Abgrenzung des Originalsatzes (Möglichkeit 2) vom ersten Satz erfolgen. Dieser zielt zwar in dieselbe Richtung, erklärt aber nicht, warum die Beschreibung der Schildaufstellung so deutliche Parallelen zur Kreuzigung Jesu aufweist.

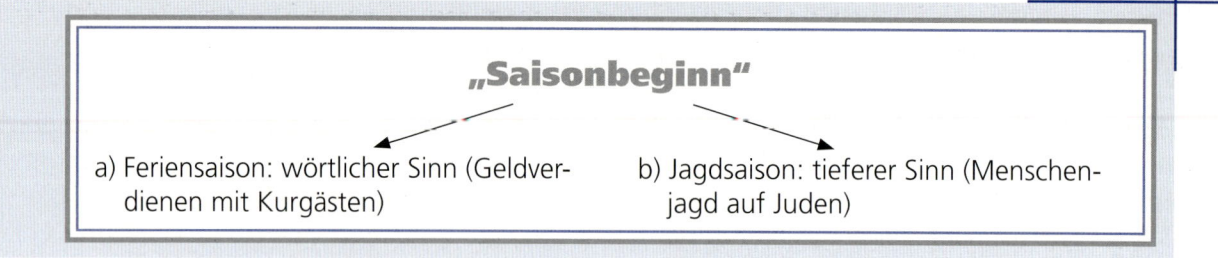

Baustein 3: Der Krieg als Zerstörung des Menschen

> **„Saisonbeginn"**
>
> a) Feriensaison: wörtlicher Sinn (Geldverdienen mit Kurgästen)
>
> b) Jagdsaison: tieferer Sinn (Menschenjagd auf Juden)

Haben die Schüler den richtigen Schlusssatz identifiziert, machen Sie sich auf die Suche nach weiteren Indizien, die das Handlungsgeschehen in der Rückschau mit Sinn versehen. Scheinbare Nebensächlichkeiten, die von den Schülern bei der ersten Lektüre noch überlesen wurden, können nun auf der Folie der sukzessiv vorangetriebenen Schlusspointe in ihrer Bedeutung erkannt werden. Dafür können zwei sich einander ergänzende Sekundärtexte (siehe **Arbeitsblatt 37 a/b**, S. 118 f.) mithilfe der von Diethelm Wahl stammenden Methode des Lerntempoduetts bearbeitet werden.

Steckbrief „Lerntempoduett"

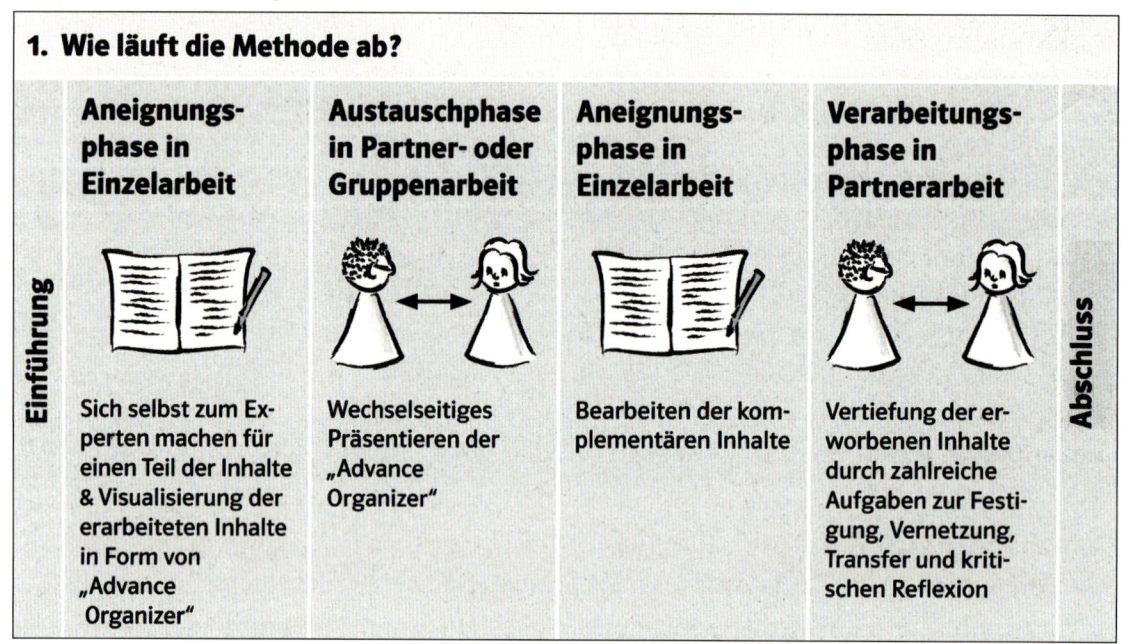

1. Wie läuft die Methode ab?

Einführung	Aneignungsphase in Einzelarbeit	Austauschphase in Partner- oder Gruppenarbeit	Aneignungsphase in Einzelarbeit	Verarbeitungsphase in Partnerarbeit	Abschluss
	Sich selbst zum Experten machen für einen Teil der Inhalte & Visualisierung der erarbeiteten Inhalte in Form von „Advance Organizer"	Wechselseitiges Präsentieren der „Advance Organizer"	Bearbeiten der komplementären Inhalte	Vertiefung der erworbenen Inhalte durch zahlreiche Aufgaben zur Festigung, Vernetzung, Transfer und kritischen Reflexion	

Aus: Anne A. Huber (Hg.): Kooperatives Lernen – kein Problem. Ernst Klett Verlag GmbH, Leipzig 2004, S. 57

Grundidee der vierphasigen, dem Partnerpuzzle ähnlichen Methode ist es, den Schülern ein Lernen in ihrem individuellen Lerntempo zu ermöglichen. In der ersten Aneignungsphase erarbeiten die Schüler ihre Textvorlage in Einzelarbeit und machen sich auf diese Weise zu Experten. Nach der Lektüre soll das Gelesene in Form einer Visualisierung sichtbar gemacht werden. Dabei sollte nach Möglichkeit mit wenig Text, dafür vielen Symbolen, Hinweispfeilen und Bildern gearbeitet werden. Die so entstandene kognitive Landkarte (z. B. Mind-Map) dient dem Schüler in der zweiten Austauschphase in Partnerarbeit zur Präsentation seines Wissens. Entscheidend für das Lerntempoduett ist es, dass jedem Schüler für die Bearbeitung des ersten Textes ausreichend Raum gelassen wird. Ist ein Schüler mit Lektüre und Visualisierung fertig, signalisiert er dieses nonverbal, z. B. durch Aufzeigen. Sobald ein weiterer Schüler mit komplementärem Lerninhalt ebenfalls signalisiert, dass er fertig ist, schließen sich diese beiden Schüler zusammen und beginnen mit dem wechselseitigen Austausch. Diese zweite Vermittlungsphase dient nicht der vollständigen Vermittlung der Informationen der Texte wie etwa beim Partnerpuzzle. Vielmehr sollen nur die wesentlichen Kerngedanken der Texte anschaulich in Form eines „Advance Organizer" in der erarbeiteten Struktur vorgestellt werden. Die lernpsychologische Funktion des wechselseitigen Austausches ist eine zweifache: Einerseits „Vertiefung der eigenen Verarbeitung durch den Zwang, die visualisierte Struktur zu verbalisieren und mit Analogien und Beispielen anzureichern", andererseits „Erhalt einer vernetzten Struktur der noch kommenden Lerninhalte, was zu einem deutlich verbesserten Vorverständnis führt". (Vgl. Anne A. Huber (Hg.): Kooperatives Lernen – kein Problem, a.a.O., S. 59) (Dauer: max. fünf Minuten)

Die dritte Phase dient der Aneignung des Lernstoffes in Einzelarbeit, der den Schülern gerade in vernetzter Form präsentiert worden ist. Dafür wird der komplementäre Textteil gelesen. Die Lernstrategie wird dem Schüler diesmal freigestellt, das Herstellen einer kognitiven Landkarte ist, anders als in der ersten Aneignungsphase, diesmal nicht verbindlich. Oftmals empfiehlt sich jedoch auch an dieser Stelle eine Visualisierung des Gelernten. (Ebd.)

In der vierten Phase geht es um die Verarbeitung des Gelernten in Partnerarbeit. Dazu können den Schülern verschiedene Aufgabenformen angeboten werden, die z.B. eine Sicherung und Vernetzung beider Texte anstreben. In diesem Fall bietet sich eine kritische Auseinandersetzung mit dem Verhalten der Figuren in Langgässers Kurzgeschichte an. Die zu formulierenden Fragen fordern daher das Beziehen von begründeten Positionen, eine wertende Meinungsbildung ein. Die Methode kann mit einem Abschluss-Plenum beschlossen werden, in welchem man sich inhaltsorientiert mit sachlich komplexen Fragestellungen (Ist „Saisonbeginn" überhaupt eine Kurzgeschichte?") oder prozessorientiert mit einer Lernweg-Reflexion („Welche Vor-/Nachteile bietet das Lerntempoduett?") beschäftigen kann.

Das Lerntempoduett ist wirksam, weil es von den Schülern als „selbstbestimmtes Lernen" aufgefasst wird, das Lernen im eigenen Tempo zu höherer Ausdauer und gutem Lernerfolg führt, das Erleben eigener Kompetenzen und Fähigkeiten erhöht und die zur Verfügung stehende Lernzeit optimal genutzt wird. (Ebd., S. 57)

- **Inhalt**: *Welche Motive treiben die Dorfbewohner an? Was ist ihnen wichtig?*
- *Wodurch zeichnet sich ihre Arbeit aus? Was sind Sekundärtugenden?*
- *Wo und warum wiederholt das Erzählte viele Elemente der Kreuzigung Jesu?*
- **Form**: *Wo finden sich Merkmale der Kurzgeschichte, wo ist sie untypisch?*
- *Inwiefern trägt eine Retardierung zum Rätselcharakter der Kurzgeschichte bei?*
- **Transfer**: *„Die Kurzgeschichte ist historisch. Sie kritisiert zwar zu Recht das Verhalten der deutschen Bevölkerung während der NS-Zeit, hat aber mit unserem heutigen Leben nicht mehr viel zu tun." Nehmen Sie begründet Stellung.*
- *Was macht die Aktualität der Kurzgeschichte aus, wozu fordert sie auf?*
- *„Golgatha ist überall, wo akzeptiert wird, dass Geschäftssinn mehr zählt als Nächstenliebe und Zivilcourage", so Rainer Könecke. Erläutern Sie das Zitat.*
- *Ausländerhass und die Verfolgung aufgrund von Fremdsein sind bis heute aktuell. Verfassen Sie zu dieser Thematik eine kleine Kurzgeschichte. Gehen Sie wie Langgässer vor und decken Sie erst nach und nach Ihre Ideen bzw. die Pointe auf.*

3.3 Wolfgang Borchert: Die Kirschen (1949)

Wolfgang Borcherts nicht ganz so bekannte und auch deswegen in dieses Unterrichtsmodell aufgenommene Kurzgeschichte schildert in einfacher, prosaischer Sprache das sich im Laufe der Handlung wandelnde Verhältnis zwischen einem fiebernden Jungen und seinem Vater, das in einigen Zügen an die schwierige Beziehung zwischen Borchert und seinem Vater erinnert und insofern eine (teil-)biografische Deutung zulässt. (**Arbeitsblatt 38**, S. 120)

Der Sohn, fiebernd und nicht im Vollbesitz seiner geistigen Kräfte, bekommt im Bett liegend mit, wie im Nachbarzimmer ein Glas klirrt. Sofort verdächtigt der Junge seinen Vater, die für ihn bereitgestellten Kirschen hinter seinem Rücken zu essen. Aufgewühlt von dieser Perspektive verlässt der Fiebernde sein Bett und schleppt sich zur Tür, wo er den Vater am Boden sitzend vorfindet, die „ganze Hand voll Kirschsaft" (Z. 15). Als der Vater die Anwesenheit seines Sohnes bemerkt, schickt er diesen besorgt zurück ins Krankenbett. Der Junge, noch immer annehmend, dass sein Vater ihm die Kirschen stehlen wolle, blickt auf dessen rotverschmierte Hand, die ihm als Beweis für seinen schlimmen Verdacht dient. Der Wendepunkt der Geschichte folgt unmittelbar, da nun der Vater erläutert, dass es sich bei der roten Farbe an seiner Hand keineswegs um Kirschsaft, sondern als Folge eines Sturzes um Blut handelt. Gerade sei er dabei gewesen, dem Sohn die Kirschen zu servieren, da sei er ausgerutscht und habe sich eine Schnittwunde an der Hand zugezogen. Auf das besorgte Drängen seines Vaters hin kehrt der Kranke zurück in sein Bett. Als kurze Zeit später der Vater mit den Kirschen das Zimmer betritt, hat der Junge aus Scham seinen Kopf „tief unter die Decke gesteckt" (Z. 74), so der letzte, das Geschehen abrupt beendende Satz der Kurzgeschichte. Offensichtlich ist ihm bewusst geworden, dass er seinen Vater fälschlicherweise verdächtigt hat, ja dass dieser sich sogar aufgrund seiner Fürsorge für seinen kranken Sohn verletzt hat.

Anders als in den zahlreichen anderen Werken erscheint Borchert in dieser Kurzgeschichte weniger als Dichter der Anklage und des Aufschreis im Angesicht von Krieg und Grausamkeit. Für den Herausgeber der gesammelten Werke, Peter Rühmkorf, zeigt sich an dieser Stelle ein unbekannter Borchert, „der sensible, vom Tod gezeichnete Künstler, der wachen Sinnes und traumwandlerisch sicher auch abseits eines bloß zeitbedingten Kolorits seelische Katastrophen in beiläufigen Gesten anzudeuten vermochte. Hier zeigt sich, dass der Dichter der verlorenen Generation mehr war als nur ein Nachkriegsdichter, den die fatale ‚Gunst' der Stunde Null zum Klassiker machte. Über alle Zeitthematik hinaus erweist sich Borchert als ein Meister des Banalen, des Weglassens, der verstummenden Trauer; aber er hat auch die Kraft zum Gleichnis. [...] Diese Kurzgeschichten sind Muster ihrer Gattung; das Unheimliche wird sichtbar im Intimen und Vertrauten, und ein Minimum an äußerer Handlung genügt dem Dichter, um uns zu erschüttern und zu rühren." (Zitiert nach: Hans Heinrich: Kurzgeschichten. 3. Auflage 2005. Donauwörth: Auer, S. 93)

Die Kurzgeschichte kann ab der achten Jahrgangsstufe im Unterricht eingesetzt werden. Da sie auf inhaltlicher Ebene aufgrund der einfachen Sprache und Wortwahl des Erzählers leicht zu verstehen ist, können sich die Schülerinnen und Schüler zentrale Aspekte des Textes eigenständig erarbeiten. Zum Einstieg lesen sie die Kurzgeschichte in Einzelarbeit, um eine individuelle Textrezeption bzw. Lesegeschwindigkeit zu ermöglichen. Im Anschluss bilden sich Gruppen zu max. fünf Schülerinnen und Schülern. Jede Gruppe erhält von der Lehrkraft nun ein Plakat (mind. DIN-A3-Größe), auf dem im Zentrum die in ein kleines Format kopierte Kurzgeschichte geklebt ist. Die Schüler haben nun die Aufgabe, auf dem Bogen über den Rand des Textes hinauszuschreiben und einen oder mehrere Gedanken zu entwickeln, Fragen zu formulieren etc.

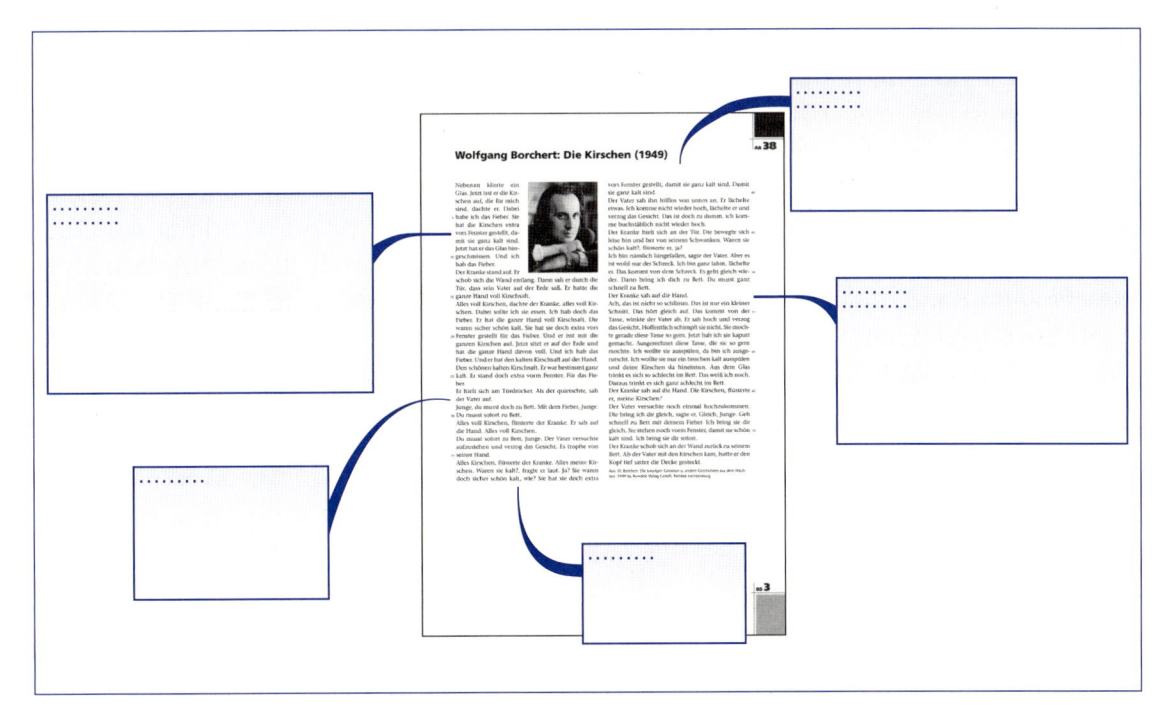

> *Notiere am Rand des Textes eine Überlegung oder Frage, die dir bei der ersten Lektüre durch den Kopf gegangen ist. Verbinde deinen schriftlich zu formulierenden Gedanken mit einer Linie mit der Stelle im Text, auf die du dich beziehst. Du kannst dich sowohl auf inhaltliche als auch auf formal-sprachliche Aspekte der Geschichte beziehen.*

Nach spätestens fünf Minuten wird das Plakat im Uhrzeigersinn um eine Person weitergedreht, sodass jeder Schüler nun vor dem Gedanken seines neben ihm sitzenden Mitschülers sitzt und diesen als Anregung zur Texterschließung nutzen kann.

> *Lies die Notizen deines Mitschülers. Du kannst sie nun ergänzen, bestimmten Gedanken widersprechen oder dein Unverständnis in Form einer Frage formulieren.*

Die Methode findet ihr Ende, wenn das Plakat ein Mal im Uhrzeigersinn herumgewandert ist. In einer sich anschließenden Plenumsphase geben die Schülerinnen und Schüler ihre Eindrücke und Ergebnisse wieder. Dabei können bereits zentrale Aspekte sowohl zum Inhalt als auch zur Form/Sprache der Kurzgeschichte an der Tafel gesammelt werden, ohne dass diese an dieser Stelle genauer besprochen werden müssten. Erste Hypothesen zur Textaussage können formuliert werden. Ausgestattet mit diesem Primärverständnis schließt sich in der folgenden Erarbeitungsphase eine verobjektivierende Textanalyse an, die mithilfe des Partnerpuzzles (genauere Beschreibung siehe 1.4, S. 30) vorgenommen werden kann.

In der ersten Phase der Partnerpuzzle-Methode bearbeiten die in Vierergruppen zusammensitzenden Schüler in Expertenpaaren (Partnerarbeit) einen Teil des Stoffes. (**Arbeitsblatt 39a und b,** S. 121 f.) In der folgenden Vermittlungsphase werden Puzzlepaare gebildet, die aus jeweils einem Experten für jeden Teil des Lernstoffes bestehen. Diese haben nun die Aufgabe, sich ihr neu erworbenes Expertenwissen über die Kurzgeschichte gegenseitig zu vermitteln. Hierbei ist es von Bedeutung, dass die Schüler sich nicht einfach ihr jeweiliges Arbeitsblatt und die Lösungen präsentieren, sondern durch eine neue Lernstrategie zu einer eigenständigen Aktivität angeleitet werden. Beispielsweise kann man den Schülern leere Kärtchen mit der Aufforderung geben, darauf zentrale Schlüsselbegriffe zu notieren, um mit diesen – ohne direkten Kontakt zum Arbeitsblatt – den Lernstoff zu erläutern. In der dritten Phase soll nach Huber die Verarbeitung des vermittelten Wissens angeregt und überwacht

Baustein 3: Der Krieg als Zerstörung des Menschen

werden. Hierfür kann in einem ersten Schritt die Struktur-Lege-Technik zur Anwendung kommen. Die Aufgabe für die Gruppe besteht demnach darin, alle Kärtchen mit den Schlüsselbegriffen in eine sinnvolle Struktur zu bringen und die Zusammenhänge aufzuzeigen. (Vgl. Anne A. Huber: Kooperatives Lernen, a.a.O., S. 39ff.) Geht man davon aus, dass die zentrale Frage von den meisten Schülern („Warum versteckt sich der kranke Junge am Ende der Kurzgeschichte unter seiner Bettdecke?") beantwortet werden kann, erfolgt eine Umsetzung dieser auf analytischem Wege gewonnenen Einsicht mithilfe eines produktiven Schreibauftrags:

- *Welche Gedanken gehen dem Jungen am Ende der Geschichte durch den Kopf? Verfasse einen inneren Monolog, in dem du aus Sicht des Kranken in Ich-Form dessen Empfindungen und Gedanken formulierst. Orientiere dich im Ausdruck dabei an der Sprache des Jungen in der Kurzgeschichte.*

Im Anschluss werden ausgewählte Schülertexte vorgetragen und besprochen.

- *Welcher Tat verdächtigt der Sohn seinen Vater?*
- *Woran kann man erkennen, dass der Sohn fiebert?*
- *Aus welcher Perspektive wird die Geschichte erzählt?*
- *An welcher Stelle findet sich der Wendepunkt der Kurzgeschichte?*
- *Was ist das eigentliche Thema der Geschichte?*
- *Inwiefern kann man die „Kirschen" als Symbol verstehen? Wofür stehen sie?*
- *Ist die Kurzgeschichte heute noch aktuell oder an ihre Entstehungszeit gebunden?*
- *Welche Sprache wählt der Erzähler? Inwiefern passt die Sprache (Form) zum Handlungsgeschehen (Inhalt)?*
- *Untersuche mithilfe eines Koordinatensystems das räumliche Verhältnis der Figuren.*

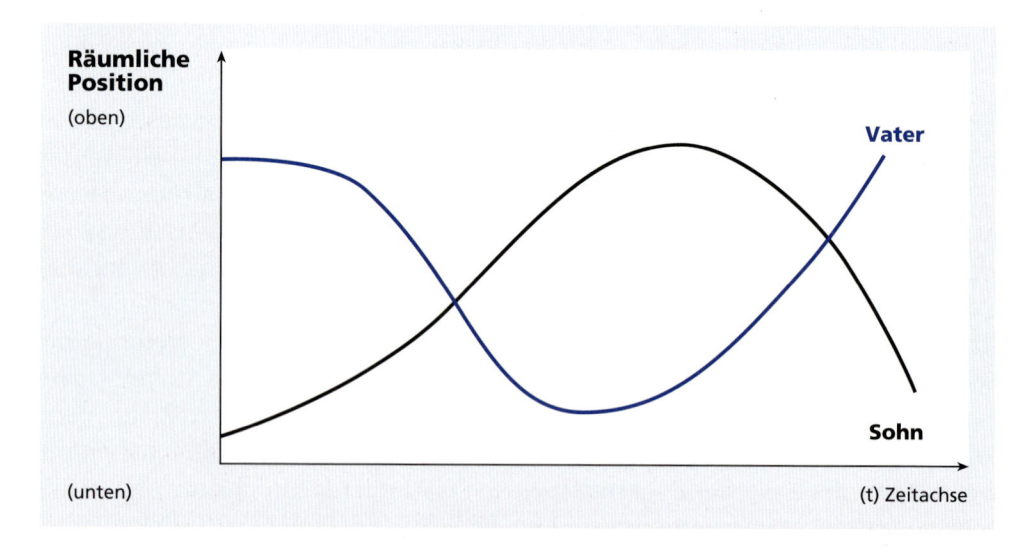

- *Was sagt das räumliche Verhältnis der Figuren über die Handlung aus?*
- *Wie hängt die Gegenbewegung der Kurven mit den psychischen Zuständen des Vaters und seines Sohnes zusammen?*

3.4 Wolfgang Borchert: Nachts schlafen die Ratten doch (1947)

Borcherts wohl bekannteste Kurzgeschichte erzählt die rührende Geschichte eines neunjährigen Jungen, der kurz nach Ende des Krieges vor einem zerbombten Haus seinen unter den Trümmern begrabenen vierjährigen Bruder vor Ratten beschützen will. In die trost- und leblose Atmosphäre – vom anfangs noch auktorialen Erzähler in expressionistisch anmutender Sprache beschrieben – kommt Bewegung mit dem Erscheinen eines älteren Mannes auf der Suche nach Kaninchenfutter, der den Jungen in ein Gespräch verwickelt. Aufgrund des pädagogischen Geschicks des Mannes gibt der Junge nach anfänglicher Blockade allmählich den Grund für sein Wachehalten preis: Er bewacht die unter Trümmern verschüttete Leiche seines vierjährigen Bruders. Durch eine Notlüge – „Nachts schlafen die Ratten doch" – gelingt es dem Mann, den Jungen zumindest für die Nacht nach Hause zu lotsen. Am Ende des Gesprächs nähert der Junge sich seinem tatsächlichen Alter entsprechend wieder dem Lebendigen. Seine Aussicht auf ein eigenes Kaninchen verstärkt das auch durch die Farbsymbolik unterstützte Bild der Hoffnung, das sich am Ende der Kurzgeschichte ausbreitet und in starkem Kontrast zu der demoralisierenden Einsamkeit und Leere steht, welche die Stimmung der Kurzgeschichte zu Beginn prägt.
Das in der Folge beschriebene Vorgehen eignet sich für Schülerinnen und Schüler der Mittelstufe. Angesichts der historischen Ferne heutiger Schülergenerationen zur Nachkriegszeit empfiehlt sich ein informierender Unterrichtseinstieg über einen Fotoimpuls. (Siehe Auftaktseite 9) Im Mittelpunkt sollte dabei das Foto des Jungen stehen.

- *Welche Informationen erhalten wir über die unmittelbare Nachkriegszeit?*
- *Welche Folgen hatte der Zweite Weltkrieg für die leidtragenden Menschen?*
- *Welche Gefühle löst das Foto des Jungen bei dir aus?*

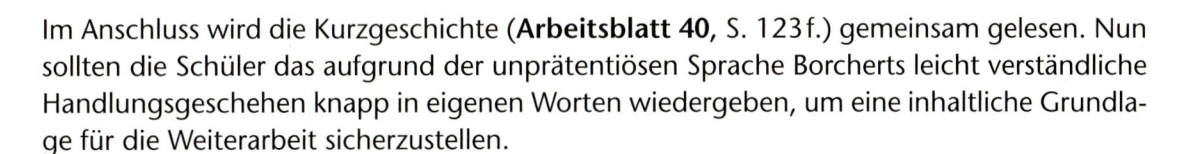

Im Anschluss wird die Kurzgeschichte (**Arbeitsblatt 40**, S. 123 f.) gemeinsam gelesen. Nun sollten die Schüler das aufgrund der unprätentiösen Sprache Borcherts leicht verständliche Handlungsgeschehen knapp in eigenen Worten wiedergeben, um eine inhaltliche Grundlage für die Weiterarbeit sicherzustellen.

- *Welche Verbindung haben Bild und Kurzgeschichte?*
- *Welche Aspekte der Kurzgeschichte erscheinen dir interessant?*

Da es für eine eigenständige Weiterarbeit der Schüler erforderlich ist, dass sie den dreiteiligen Aufbau des Textes erkennen, empfiehlt es sich, den nächsten Schritt gemeinsam im Unterrichtsgespräch zu vollziehen.

- *Untersuche den Aufbau des Textes. In wie viele Abschnitte lässt er sich gliedern?*

Gemeinsam wird der dreiteilige Textaufbau erarbeitet und festgehalten. Es sollte deutlich werden, dass sowohl der Beginn als auch der Schluss der Geschichte episch gestaltet sind, während der Hauptteil der Kurzgeschichte durch dialogisches, szenisches Erzählen geprägt ist. Bei leistungsstarken Lerngruppen kann bereits an dieser Stelle auf das Erzählverhalten eingegangen werden. Die Erzählung beginnt – untypisch für eine Kurzgeschichte – in auktorialer Perspektive. Erst mit dem vierten Satz wird überwiegend personal aus der Innensicht des Jungen erzählt. Dabei mischt sich der Erzähler durch indirekte Kommentare und auktoriale Einführung am Schluss an mehreren Stellen in das Geschehen ein.

Baustein 3: Der Krieg als Zerstörung des Menschen

In einer ersten Erarbeitungsphase können die Schüler mithilfe der ersten Aufgabe des **Arbeitsblattes 41** (S. 125) die Dreiphasen-Hypothese in Partnerarbeit überprüfen. Dafür bietet sich eine semantische Wortfeldanalyse an, deren Bedeutung vorab mit den Schülern besprochen werden muss. (Vgl. R. Salzmann: Stundenblätter Kurzgeschichten für die Klassen 8/9. Beilage. Stuttgart: Klett 1982, S. 8)

Im Anschluss präsentieren die Schüler die Ergebnisse der ersten Aufgabe in einer weiteren Plenumsphase, indem sie ihre Textanalysen (siehe Aufgabe 2) vortragen. Für eine Auswertung kann die Tabelle der ersten Aufgabe des Arbeitsblattes an die Tafel übernommen und ausgefüllt werden. Danach ist die Frage nach der Funktion der erarbeiteten Unterschiede zu diskutieren und im Schaubild zu ergänzen.

Anfang der Kurzgeschichte

Nomen	Verben	Adjektive
Mauer, Fenster, Schuttwüste, Abendsonne, Staubgewölke, Schornsteinreste	gähnen, flimmern, dösen	hohl, vereinsamt, blaurot
→ **Wortfeld d. Zerstörung**	→ **Zustandsverben betonen Statik des Geschehens**	→ **verstärken Eindruck der Einsamkeit und Trostlosigkeit**

Ende der Kurzgeschichte

Nomen	Verben	Adjektive
Korb, Mann, Sonne, Schutt, Kaninchenfutter	sehen, rufen, schwenken, hinabschauen	rot, grün, grau, krumm
→ **betont Aspekte des Lebens, der Hoffnung u. Normalität**	→ **Verben der Bewegung betonen neue Dynamik**	→ **Wortwahl betont Hoffnung auf Leben bei vorhandenen Problemen**

Welche Gründe könnte es für die veränderte Stimmung der Kurzgeschichte bzw. den Wechsel von Trostlosigkeit in Hoffnung geben?

Die Antwort dieser zentralen Frage findet sich im Mittelteil der Geschichte. Es liegt daher nahe, den Dialog bzw. dessen Entwicklung genauer zu analysieren. Die hierfür notwendige Kommunikationsanalyse können die Schüler mit dem **Zusatzmaterial 4 (S. 167)** eigenständig in Partner- oder Kleingruppenarbeit bearbeiten. (Vgl. 1.7) Deutlich werden sollte, dass der Dialog den größten Teil der Kurzgeschichte ausmacht und durch verschiedene Phasen der Annäherung zwischen dem alten Mann und dem Neunjährigen geprägt ist. Die anfängliche Blockadehaltung des Jungen löst sich aufgrund des einfühlsamen, nie drängenden Kommunikationsverhaltens des Mannes auf; spätestens die Notlüge „Nachts schlafen die Ratten doch" bewirkt eine Verhaltensänderung aufseiten des Jungen, der nun kindgerecht sein Interesse an den Kaninchen zeigt, die als Gegensatz zum Rattenmotiv fungieren.

Baustein 1: Beziehungen und Kommunikation

Phasen der Annäherung

Beginn des Dialogs — Misstrauen / Ablehnung → Neugier → Notlüge → Vertrauen → Verhaltensänderung → **Ende des Dialogs**

Vgl. R. Salzmann: Stundenblätter Kurzgeschichten für die Klassen 8/9. Beilage. Stuttgart: Klett 1982, S. 8

- *Der Mann führt am Abend ein Gespräch mit seiner Frau über sein Erlebnis. Schreibe dieses Gespräch in Dialogform auf.*
- *Wie geht es mit dem Jungen weiter? Schreibe eine Fortsetzung der Kurzgeschichte.*

Notizen

109

Heinrich Böll: Wanderer, kommst du nach Spa... (1950)

Als der Wagen hielt, brummte der Motor noch eine Weile; draußen wurde irgendwo ein großes Tor aufgerissen, Licht fiel durch das zertrümmerte Fenster in das Innere des Wagens, und ich sah jetzt, dass auch die Glühbirne oben an der Decke zerfetzt war; nur ihr Gewinde stak noch in der Schrauböffnung, ein paar flimmernde Drähtchen mit Glasresten. Dann hörte der Motor auf zu brummen, und draußen schrie eine Stimme: „Die Toten hierhin, habt ihr Tote dabei?"

„Verflucht", rief der Fahrer zurück, „verdunkelt ihr schon nicht mehr?"

„Da nützt kein Verdunkeln mehr, wenn die ganze Stadt wie eine Fackel brennt", schrie die fremde Stimme. „Ob ihr Tote habt, habe ich gefragt?"

„Weiß nicht."

„Die Toten hierhin, hörst du? Und die anderen die Treppe hinauf in den Zeichensaal, verstehst du?"

„Ja, ja."

Aber ich war noch nicht tot, ich gehörte zu den anderen, und sie trugen mich die Treppe hinauf. Erst ging es in einen langen, schwach beleuchteten Flur, dessen Wände mit grüner Ölfarbe gestrichen waren; krumme, schwarze, altmodische Kleiderhaken waren in die Wände eingelassen, und da waren Türen mit Emailleschildchen: VIa und VIb, und zwischen diesen Türen hing, sanft glänzend unter Glas in einem schwarzen Rahmen, die Medea von Feuerbach und blickte in die Ferne; dann kamen Türen mit Va und Vb, und dazwischen hing ein Bild des Dornausziehers, eine wunderbare rötlich schimmernde Fotografie in braunem Rahmen.

Auch die große Säule in der Mitte vor dem Treppenaufgang war da, und hinter ihr, lang und schmal, wunderbar gemacht, eine Nachbildung des Parthenonfrieses in Gips, gelblich schimmernd, echt, antik, und alles kam, wie es kommen musste: der griechische Hoplit, bunt und gefährlich, wie ein Hahn sah er aus: gefiedert, und im Treppenhaus selbst, auf dieser Wand, die hier mit gelber Ölfarbe gestrichen war, da hingen sie alle der Reihe nach: vom Großen Kurfürsten bis Hitler ...

Und dort, in diesem schmalen kleinen Gang, wo ich endlich wieder für ein paar Schritte gerade auf meiner Bahre lag, da war das besonders schöne, besonders große, besonders bunte Bild des Alten Fritzen mit der himmelblauen Uniform, den strahlenden Augen und dem großen, golden glänzenden Stern auf der Brust. Wieder lag ich dann schief auf der Bahre und wurde vorbeigetragen an den Rassegesichtern: da war der nordische Kapitän mit dem Adlerblick und dem dummen Mund, die westische Moselanerin, ein bisschen hager und scharf, der ostische Grinser mit der Zwiebelnase und das lange adamsapfelige Bergfilmprofil; und dann kam wieder ein Flur, wieder lag ich für ein paar Schritte gerade auf meiner Bahre, und bevor die Träger in die zweite Treppe hineinschwenkten, sah ich es noch eben: das Kriegerdenkmal mit dem großen, goldenen Eisernen Kreuz obendrauf und dem steinernen Lorbeerkranz.

Das ging alles sehr schnell: ich bin nicht schwer, und die Träger rasten. Immerhin: alles konnte auch Täuschung sein; ich hatte hohes Fieber, hatte überall Schmerzen. Im Kopf, in den Armen und Beinen, und mein Herz schlug wie verrückt; was sieht man nicht alles im Fieber!

Aber als wir an den Rassegesichtern vorbei waren, kam alles andere: die drei Büsten von Caesar, Cicero, Marc Aurel, brav nebeneinander, wunderbar nachgemacht, ganz gelb und echt, antik und würdig standen sie an der Wand, und auch die Hermessäule kam, als wir um die Ecke schwenkten, und ganz hinten im Flur – der Flur war hier rosenrot gestrichen –, ganz, ganz hinten im Flur hing die große Zeusfratze über dem Eingang zum Zeichensaal; doch die Zeusfratze war noch weit. Rechts sah ich durch das Fenster den Feuerschein, der ganze Himmel war rot, und schwarze, dicke Wolken von Qualm zogen feierlich vorüber ...

Und wieder musste ich links sehen, und wieder sah ich Schildchen über den Türen OIa und OIb, und zwischen den bräunlichen muffigen Türen sah ich nur Nietzsches Schnurrbart und seine Nasenspitze in einem goldenen Rahmen, denn sie hatten die andere Hälfte des Bildes mit einem Zettel überklebt, auf dem zu lesen war: „Leichte Chirurgie" ...

„Wenn jetzt", dachte ich flüchtig ... „Wenn jetzt", aber da war es schon: das Bild von Togo: bunt und groß, flach wie ein alter Stich, ein prachtvoller Druck, und vorne, vor den Kolonialhäusern, vor den Negern und dem Soldaten, der da sinnlos mit seinem Gewehr herumstand, vor allem war das große, ganz naturgetreu abgebildete Bündel Bananen: links ein Bündel, rechts ein Bündel, und auf der mittleren Banane im rechten Bündel, da war etwas hingekritzelt, ich sah es; ich selbst musste es hingeschrieben haben ...

Aber nun wurde die Tür zum Zeichensaal aufgerissen, und ich schwebte unter der Zeusbüste hinein und schloss die Augen. Ich wollte nichts mehr sehen. Der

Zeichensaal roch nach Jod, Scheiße, Mull und Tabak, und es war laut. Sie setzten mich ab, und ich sagte zu den Trägern: „Steck mir 'ne Zigarette in den Mund, links oben in der Tasche."

Ich spürte, wie einer mir an der Tasche herumfummelte, dann zischte ein Streichholz, und ich hatte die brennende Zigarette im Mund. Ich zog daran. „Danke", sagte ich.

„Alles das", dachte ich, „ist kein Beweis. Letzten Endes gibt es in jedem Gymnasium einen Zeichensaal, Gänge, in denen krumme, alte Kleiderhaken in grün- und gelbgestrichene Wände eingelassen sind; letzten Endes ist es kein Beweis, dass ich in meiner Schule bin, wenn die Medea zwischen VIa und VIb hängt und Nietzsches Schnurrbart zwischen OIa und OIb. Gewiss gibt es eine Vorschrift, die besagt, dass er da hängen muss. Hausordnung für humanistische Gymnasien in Preußen: Medea zwischen VIa und VIb, Dornauszieher dort, Caesar, Marc Aurel und Cicero im Flur und Nietzsche oben, wo sie schon Philosophie lernen. Parthenonfries, ein buntes Bild von Togo. Dornauszieher und Parthenonfries sind schließlich gute, alte, generationenlang bewährte Schulrequisiten, und gewiss bin ich nicht der Einzige, der den Einfall gehabt hat, auf eine Banane zu schreiben: Es lebe Togo. Auch die Witze, die sie in den Schulen machen, sind immer dieselben. Und außerdem besteht die Möglichkeit, dass ich Fieber habe, dass ich träume."

Schmerzen hatte ich jetzt nicht mehr. Im Auto war es noch schlimm gewesen; wenn sie durch die kleinen Schlaglöcher fuhren, schrie ich jedesmal; da waren die großen Trichter schon besser: das Auto hob und senkte sich wie ein Schiff in einem Wellental. Aber jetzt schien die Spritze schon zu wirken, die sie mir irgendwo im Dunkeln in den Arm gehauen hatten: ich hatte gespürt, wie die Nadel sich durch die Haut bohrte und wie es unten am Bein ganz heiß wurde.

„Es kann ja nicht wahr sein", dachte ich, „so viele Kilometer kann das Auto ja gar nicht gefahren sein: fast dreißig. Und außerdem: du spürst nichts: kein Gefühl sagt es dir: nur die Augen; kein Gefühl sagt dir, dass du in deiner Schule bist, in deiner Schule, die du vor drei Monaten erst verlassen hast. Acht Jahre sind keine Kleinigkeit, solltest du nach acht Jahren das alles nur mit den Augen erkennen?"

Hinter meinen geschlossenen Lidern sah ich alles noch einmal, wie im Film lief es ab: unterer Flur, grüngestrichen, Treppe rauf, gelbgestrichen, Kriegerdenkmal, Flur, Treppe rauf, Caesar, Cicero, Marc Aurel ... Hermes, Nietzscheschnurrbart, Togo, Zeusfratze ...

Ich spuckte meine Zigarette aus und schrie; es war immer gut, zu schreien; man musste nur laut schreien; schreien war herrlich, ich schrie wie verrückt. Als sich jemand über mich beugte, machte ich immer noch nicht die Augen auf; ich spürte einen fremden Atem, warm und widerlich roch er nach Tabak und Zwiebeln, und eine Stimme fragte ruhig: „Was ist denn?"

„Was zu trinken", sagte ich, „und noch 'ne Zigarette, die Tasche oben."

Wieder fummelte einer an meiner Tasche herum, wieder zischte ein Streichholz, und jemand steckte mir 'ne brennende Zigarette in den Mund.

„Wo sind wir?", fragte ich.

„In Bendorf."

„Danke", sagte ich und zog.

Immerhin schien ich wirklich in Bendorf zu sein, zu Hause also, und wenn ich nicht außergewöhnlich hohes Fieber hatte, stand wohl auch fest, dass ich in einem humanistischen Gymnasium war: eine Schule war es bestimmt. Hatte die Stimme unten nicht geschrien: „Die anderen in den Zeichensaal!" ? Ich war ein anderer, ich lebte, die lebten, waren offenbar die anderen. Der Zeichensaal war also da, und wenn ich richtig hörte, warum sollte ich nicht richtig sehen, und dann stimmte es wohl auch, dass ich Caesar, Cicero und Marc Aurel erkannt hatte, und das konnte nur in einem humanistischen Gymnasium sein; ich glaube nicht, dass sie diese Kerle in den anderen Schulen auf den Fluren an die Wand stellen.

Endlich brachte er mir Wasser: wieder roch ich den Tabak- und Zwiebelatem aus seinem Gesicht, und ich machte, ohne es zu wollen, die Augen auf: da war ein müdes, altes, unrasiertes Gesicht über einer Feuerwehruniform, und eine alte Stimme sagte leise: „Trink, Kamerad."

Ich trank; es war Wasser, aber Wasser ist herrlich; ich spürte den metallenen Geschmack des Kochgeschirrs auf meinen Lippen, und es war schön zu spüren, welch eine Menge Wasser noch nachdrängte, aber der Feuerwehrmann riss mir das Kochgeschirr von den Lippen und ging: ich schrie, aber er wandte sich nicht um, zuckte nur müde die Schultern und ging weiter; einer, der neben mir lag, sagte ruhig: „Hat gar keinen Zweck zu brüllen, sie haben nicht mehr Wasser; die Stadt brennt, du siehst es doch." Ich sah es durch die Verdunkelung hindurch, es glühte und wummerte hinter den schwarzen Vorhängen, Rot hinter Schwarz, wie in einem Ofen, auf den man neue Kohlen geschüttet hat. Ich sah es: ja, die Stadt brannte.

„Wie heißt die Stadt?", fragte ich den, der neben mir lag. „Bendorf", sagte er.

„Danke."

Ich blickte ganz gerade vor mich hin auf die Fensterreihe, und manchmal zur Decke. Die Decke war noch tadellos, weiß und glatt, mit einem schmalen klassizistischen Stuckrand; aber sie haben doch in allen Schulen klassizistische Stuckränder an den Decken in den Zeichensälen, wenigstens in den guten, alten humanistischen Gymnasien. Das ist doch klar.

Ich musste mir jetzt zugestehen, dass ich im Zeichensaal eines humanistischen Gymnasiums in Bendorf lag. Bendorf hat drei humanistische Gymnasien: die Schule „Friedrich der Große", die Albertus-Schule und – vielleicht brauche ich es nicht zu erwähnen –, aber die letzte, die dritte war die Adolf-Hitler-Schule. Hing nicht in der Schule „Friedrich der Große" das Bild des Alten Fritz besonders bunt, besonders schön, besonders groß im Treppenhaus? Ich war auf dieser Schule gewesen, acht Jahre lang, aber warum konnte nicht in den anderen Schulen dieses Bild genauso an derselben Stelle hängen, so deutlich und auffallend, dass es den Blick fangen musste, wenn man die erste Treppe hinaufstieg?

Draußen hörte ich jetzt die schwere Artillerie schießen. Sonst war es fast ruhig; nur manchmal drang das Fressen der Flammen durch, und im Dunkeln stürzte irgendwo ein Giebel ein. Die Artillerie schoss ruhig und gleichmäßig, und ich dachte: Gute Artillerie! Ich weiß, das ist gemein, aber ich dachte es. Mein Gott, wie beruhigend war die Artillerie, wie gemütlich: dunkel und rau, ein sanftes, fast feines Orgeln. Irgendwie vornehm. Ich finde, die Artillerie hat etwas Vornehmes, auch wenn sie schießt. Es hört sich so anständig an, richtig nach Krieg in den Bilderbüchern ... Dann dachte ich daran, wie viel Namen wohl auf dem Kriegerdenkmal stehen würden, wenn sie es wieder einweihten, mit einem noch größeren goldenen Eisernen Kreuz darauf und einem noch größeren steinernen Lorbeerkranz, und plötzlich wusste ich es: wenn ich wirklich in meiner alten Schule war, würde mein Name auch darauf stehen, eingehauen in Stein, und im Schulkalender würde hinter meinem Namen stehen – „zog von der Schule ins Feld und fiel für ..."

Aber ich wusste noch nicht, wofür, und wusste noch nicht, ob ich in meiner alten Schule war. Ich wollte es jetzt unbedingt herauskriegen. Am Kriegerdenkmal war auch nichts Besonderes gewesen, nichts Auffallendes, es war wie überall, es war ein Konfektionskriegerdenkmal, ja, sie bekamen sie aus irgendeiner Zentrale ...

Ich sah mir den Zeichensaal an, aber die Bilder hatten sie abgehängt, und was ist schon an ein paar Bänken zu sehen, die in einer Ecke gestapelt sind, und an den Fenstern, schmal und hoch, viele nebeneinander, damit viel Licht hereinfällt, wie es sich für einen Zeichensaal gehört? Mein Herz sagte mir nichts. Hätte es nicht etwas gesagt, wenn ich in dieser Bude gewesen wäre, wo ich acht Jahre lang Vasen gezeichnet und Schriftzeichen geübt hatte, schlanke, feine, wunderbar nachgemachte römische Glasvasen, die der Zeichenlehrer vorne auf einen Ständer setzte, und Schriften aller Art, Rundschrift, Antiqua, Römisch, Italienne. Ich hatte diese Stunden gehasst wie nichts in der ganzen Schule, ich hatte die Langeweile gefressen stundenlang, und niemals hatte ich Vasen zeichnen können oder Schriftzeichen malen. Aber wo waren meine Flüche, wo war mein Hass angesichts dieser dumpf getönten, langweiligen Wände? Nichts sprach in mir, und ich schüttelte stumm den Kopf. Immer wieder hatte ich radiert, den Bleistift gespitzt, radiert ... nichts ...

Ich wusste nicht genau, wie ich verwundet war; ich wusste nur, dass ich meine Arme nicht bewegen konnte und das rechte Bein nicht, nur das linke ein bisschen; ich dachte, sie hätten mir die Arme an den Leib gewickelt, so fest, dass ich sie nicht bewegen konnte.

Ich spuckte die zweite Zigarette in den Gang zwischen den Strohsäcken und versuchte, meine Arme zu bewegen, aber es tat so weh, dass ich schreien musste; ich schrie weiter; es war immer wieder schön, zu schreien; ich hatte auch Wut, weil ich die Arme nicht bewegen konnte.

Dann stand der Arzt vor mir; er hatte die Brille abgenommen und blinzelte mich an; er sagte nichts; hinter ihm stand der Feuerwehrmann, der mir das Wasser gegeben hatte. Er flüsterte dem Arzt etwas ins Ohr, und der Arzt setzte die Brille auf: deutlich sah ich seine großen grauen Augen mit den leise zitternden Pupillen hinter den dicken Brillengläsern. Er sah mich lange an, so lange, dass ich wegsehen musste, und er sagte leise: „Augenblick, Sie sind gleich an der Reihe ..."

Dann hoben sie den auf, der neben mir lag, und trugen ihn hinter die Tafel; ich blickte ihnen nach: sie hatten die Tafel auseinandergezogen und quer gestellt und die Lücke zwischen Wand und Tafel mit einem Betttuch zugehängt; dahinter brannte grelles Licht ...

Nichts war zu hören, bis das Tuch wieder beiseite geschlagen und der, der neben mir gelegen hatte, hinausgetragen wurde; mit müden, gleichgültigen Gesichtern schleppten die Träger ihn zur Tür.

Ich schloss wieder die Augen und dachte: „Du musst doch herauskriegen, was du für eine Verwundung hast und ob du in deiner alten Schule bist."

Mir kam das alles so kalt und gleichgültig vor, als hätten sie mich durch das Museum einer Totenstadt getragen, durch eine Welt, die mir ebenso gleichgültig wie fremd war, obwohl meine Augen sie erkannten, nur meine Augen; es konnte doch nicht wahr sein, dass ich vor drei Monaten noch hier gesessen, Vasen gezeichnet und Schriften gemalt hatte, dass ich in den Pausen hinuntergegangen war mit meinem Marmeladenbutterbrot, vorbei an Nietzsche, Hermes, Togo, Caesar, Cicero, Marc Aurel, ganz langsam bis in den Flur unten, wo die Medea hing, dann zum Hausmeister, zu Birgeler, um Milch zu trinken, Milch in diesem dämmerigen kleinen Stübchen, wo man es auch riskieren konnte, eine Zigarette zu rauchen, obwohl es verboten war. Sicher trugen sie den, der neben mir gelegen hatte, unten hin, wo die Toten lagen, vielleicht lagen die Toten in Birgelers grauem kleinen Stübchen, wo es nach warmer Milch roch, nach Staub und Birgelers schlechtem Tabak ...

Endlich kamen die Träger wieder herein, und jetzt hoben sie mich auf und trugen mich hinter die Tafel. Ich schwebte wieder, jetzt an der Tür vorbei, und im Vorbeischweben sah ich, dass auch das stimmte: über der Tür hatte einmal ein Kreuz gehangen, als die Schule noch Thomas-Schule hieß, und damals hatten sie das Kreuz weggemacht, aber da blieb ein frischer dunkelgelber Flecken an der Wand, kreuzförmig, hart und klar, der fast noch deutlicher zu sehen war als das alte, schwache, kleine Kreuz selbst, das sie abgehangen hatten; sauber und schön blieb das Kreuzzeichen auf der verschossenen Tünche der Wand. Damals hatten sie aus Wut die ganze Wand neu gepinselt, aber es hatte nichts genützt: der Anstreicher hatte den Ton nicht richtig getroffen: das Kreuz blieb da, bräunlich und deutlich, aber die ganze Wand war rosa. Sie hatten geschimpft, aber es hatte nichts genützt: das Kreuz blieb da, braun und deutlich auf dem Rosa der Wand, und ich glaube, ihr Etat für Farbe war erschöpft, und sie konnten nichts machen. Das Kreuz war noch da, und wenn man genau hinsah, konnte man sogar noch eine deutliche Schrägspur über dem rechten Balken sehen, wo jahrelang der Buchsbaumzweig gehangen hatte, den der Hausmeister Birgeler dorthinterklemmte, als es noch erlaubt war, Kreuze in die Schulen zu hängen ...

Das alles fiel mir in der kleinen Sekunde ein, als ich an der Tür vorbeigetragen wurde hinter die Tafel, wo das grelle Licht brannte.

Ich lag auf dem Operationstisch und sah mich selbst ganz deutlich, aber sehr klein, zusammengeschrumpft, oben in dem klaren Glas der Glühbirne, winzig und weiß, ein schmales, mullfarbenes Paketchen wie ein außergewöhnlich subtiler Embryo: das war also ich da oben.

Der Arzt drehte mir den Rücken zu und stand an einem Tisch, wo er in Instrumenten herumkramte; breit und alt stand der Feuerwehrmann vor der Tafel und lächelte mich an; er lächelte müde und traurig, und sein bärtiges, schmutziges Gesicht war wie das Gesicht eines Schlafenden; an seiner Schulter vorbei auf der schmierigen Rückseite der Tafel sah ich etwas, was mich zum ersten Male, seitdem ich in diesem Totenhaus war, mein Herz spüren machte: irgendwo in einer geheimen Kammer meines Herzens erschrak ich tief und schrecklich, und es fing heftig an zu schlagen: da war meine Handschrift an der Tafel. Oben in der obersten Zeile. Ich kenne meine Handschrift: es ist schlimmer, als wenn man sich im Spiegel sieht, viel deutlicher, und ich hatte keine Möglichkeit, die Identität meiner Handschrift zu bezweifeln. Alles andere war kein Beweis gewesen, weder Medea noch Nietzsche, nicht das dinarische Bergfilmprofil noch die Banane aus Togo, und nicht einmal das Kreuzzeichen über der Tür: das alles war in allen Schulen dasselbe, aber ich glaube nicht, dass sie in anderen Schulen mit meiner Handschrift an die Tafeln schreiben. Da stand er noch, der Spruch, den wir damals hatten schreiben müssen, in diesem verzweifelten Leben, das erst drei Monate zurücklag: Wanderer, kommst du nach Spa...

Oh, ich weiß, die Tafel war zu kurz gewesen, und der Zeichenlehrer hatte geschimpft, dass ich nicht richtig eingeteilt hatte, die Schrift zu groß gewählt, und er selbst hatte es kopfschüttelnd in der gleichen Größe daruntergeschrieben: Wanderer, kommst du nach Spa...

Siebenmal stand es da: in meiner Schrift, in Antiqua, Fraktur, Kursiv, Römisch, Italienne und Rundschrift; siebenmal deutlich und unerbittlich: Wanderer, kommst du nach Spa...

Der Feuerwehrmann war jetzt beiseite getreten auf einen leisen Ruf des Arztes hin, so sah ich den ganzen Spruch, der nur ein bisschen verstümmelt war, weil ich die Schrift zu groß gewählt hatte, der Punkte zu viele.

Ich zuckte hoch, als ich einen Stich in den linken Oberschenkel spürte, ich wollte mich aufstützen, aber ich konnte es nicht: ich blickte an mir herab, und nun sah ich es: sie hatten mich ausgewickelt, und ich hatte keine Arme mehr, auch kein rechtes Bein mehr, und ich fiel ganz plötzlich nach hinten, weil ich mich nicht aufstützen konnte; ich schrie; der Arzt und der Feuerwehrmann blickten mich entsetzt an, aber der Arzt zuckte nur die Schultern und drückte weiter auf den Kolben seiner Spritze, der langsam und ruhig nach unten sank; ich wollte wieder auf die Tafel blicken, aber der Feuerwehrmann stand nun ganz nah neben mir und verdeckte sie; er hielt mich an den Schultern fest, und ich roch nur den brandigen, schmutzigen Geruch seiner verschmierten Uniform, sah nur sein müdes, trauriges Gesicht, und nun erkannte ich ihn: es war Birgeler.

„Milch", sagte ich leise ...

Aus: H. Böll. Werke. Romane und Erzählungen 1, 1947–1952. Hrg. von Bernd Balzer © 1977, 1987 by Kiepenheuer & Witsch, Köln

Innere und äußere Handlung unterscheiden

■ Erarbeiten Sie mithilfe des Schaubildes chronologisch das äußere und innere Handlungsgeschehen. Ordnen Sie dabei das äußere Geschehen (A–F) dem inneren Geschehen (I–VII) mithilfe der unsortierten Vorgaben zu und notieren Sie den jeweiligen Buchstaben bzw. die jeweilige Ziffer in der Tabelle.
In welchem Verhältnis stehen äußere und innere Handlung?
Was fällt Ihnen auf? Beschreiben Sie das Besondere an Bölls erzähltechnischem Vorgehen: Inwiefern ist die Kurzgeschichte äußerst kunstvoll aufgebaut?

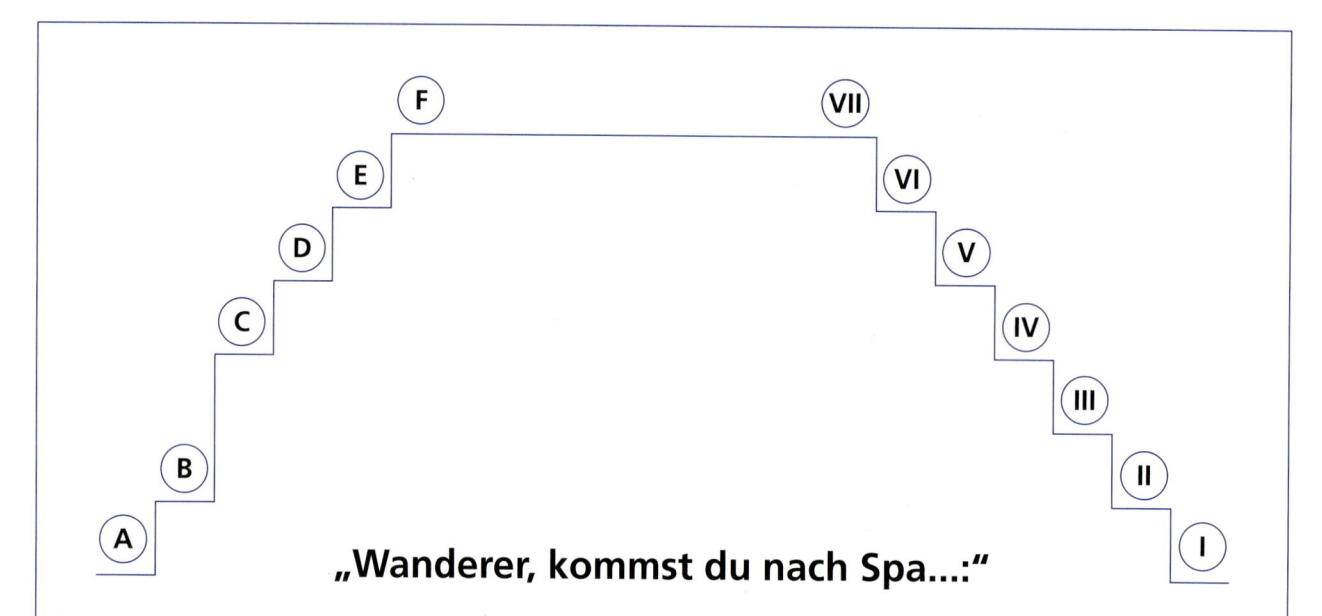

„Wanderer, kommst du nach Spa…:"

Äußere Handlung: ein verletzter, junger Soldat wird durch die Flure eines alten humanistischen Gymnasiums in den OP getragen
Innere Handlung: Denken, Fühlen, Erinnern, Zweifeln und Erzählen des Ich-Erzählers

A – F	Äußere Handlung	I – VII	Innere Handlung
	Gang durch Flure zum Zeichensaal der Schule		Unsicherheit und Zweifel: „Alles konnte auch Täuschung sein."
	Operation des Erzählers auf OP-Tisch		Kreuz über Tür: „Das Kreuz blieb da."
	Retardierung: vergebliche OP des schwer verletzten Bettnachbarn		Erster Eindruck vom Gebäude
	Erkenntnis: schwerste eigene Verletzungen/Verstümmelungen		Indiz II: Kriegerdenkmal („Mein Herz sagte mir nichts.")
	Erzähler wird Treppen hinaufgetragen		erkennt Bilder wieder (z. B. „alter Fritz")
	Ankunft am Handlungsort		Beweis: erkennt eigene Handschrift und Spruch an der Tafel (Schreibübungen)
			sammelt Indizien: Indiz I „Bendorf"

Die Rolle der Schule gestern und heute kritisch reflektieren

1. Jugend und Schule im Nationalsozialismus:

- Welche Versprechen machen beide Plakate? Welche Werte sprechen aus ihnen?
- Bilden Sie zwei Arbeitsgruppen und recherchieren Sie (z. B. im Internet), welche Aufgabe a) der Schule und dem Unterricht und b) den Jugendorganisationen Hitlerjugend (HJ) und Bund deutscher Mädchen (BDM) im Dritten Reich zukamen. Präsentieren Sie Ihr Ergebnis.
- Welche der vorgestellten Aspekte finden Sie auch in Bölls Kurzgeschichte wieder?

2. Welche Rolle kommt Ihrer Meinung nach heute der Schule zu? Welche Werte sollten in der Schule vermittelt werden? Sie können hierfür auch in einem Lehrplan nachschlagen.

„Der Schüler lernt alles, was nötig ist, um im Leben vorwärtszukommen. Es ist dasselbe, was nötig ist, um in der Schule vorwärtszukommen. Es handelt sich um Unterschleif [Unterschlagung], Vortäuschung von Kenntnissen, Fähigkeit, sich ungestraft zu rächen, schnelle Aneignung von Gemeinplätzen, Schmeichelei, Unterwürfigkeit, Bereitschaft, seinesgleichen an Höherstehende zu verraten usw." (B. Brecht, Flüchtlingsgespräche 1961)

- Erläutern Sie Brechts Sicht und nehmen Sie Stellung.
  Gilt seine Aussage auch heute noch?
- Interpretieren Sie die Karikatur und beziehen Sie diese auf Ihre eigene Schullaufbahn.

Zeichnung: Hans Traxler

Elisabeth Langgässer: Saisonbeginn (1947)

Die Arbeiter kamen mit ihrem Schild und einem hölzernen Pfosten, auf den es genagelt werden sollte, zu dem Eingang der Ortschaft, die hoch in den Bergen an der letzten Passkehre lag. Es war ein heißer Spätfrühlingstag, die Schneegrenze hatte sich schon hinauf zu den Gletscherwänden gezogen. Überall standen die Wiesen wieder in Saft und Kraft; die Wucherblume verschwendete sich, der Löwenzahn strotzte und blähte sein Haupt über den milchigen Stängeln; Trollblumen, welche wie eingefettet mit gelber Sahne waren, platzten vor Glück, und in strahlenden Tümpeln kleinblütiger Enziane spiegelte sich ein Himmel von unwahrscheinlichem Blau. Auch die Häuser und Gasthöfe waren wie neu: ihre Fensterläden frisch angestrichen, die Schindeldächer gut ausgebessert, die Scherenzäune ergänzt. Ein Atemzug noch: Dann würden die Fremden, die Sommergäste kommen – die Lehrerinnen, die mutigen Sachsen, die Kinderreichen, die Alpinisten, aber vor allem die Autobesitzer in ihren großen Wagen ... Röhr und Mercedes, Fiat und Opel, blitzend von Chrom und Glas. Das Geld würde anrollen. Alles war darauf vorbereitet. Ein Schild kam zum andern, die Haarnadelkurve zu dem Totenkopf, Kilometerschilder und Schilder für Fußgänger: Zwei Minuten zum Café Alpenrose. An der Stelle, wo die Männer den Pfosten in die Erde einrammen wollten, stand ein Holzkreuz, über dem Kopf des Christus war auch ein Schild angebracht. Seine Inschrift war bis heute die gleiche, wie sie Pilatus entworfen hatte: J.N.R.J.[1] – die Enttäuschung darüber, dass es im Grund hätte heißen sollen: er *behauptet* nur, dieser König zu sein, hatte im Laufe der Jahrhunderte an Heftigkeit eingebüßt. Die beiden Männer, welche den Pfosten, das Schild und die große Schaufel, um den Pfosten in die Erde zu graben, auf ihren Schultern trugen, setzten alles unter dem Wegekreuz ab; der dritte stellte den Werkzeugkasten, Hammer, Zange und Nägel daneben und spuckte ermunternd aus.

Nun beratschlagten die drei Männer, an welcher Stelle die Inschrift des Schildes am besten zur Geltung käme; sie sollte für alle, welche das Dorf auf dem breiten Passweg betraten, besser: befuhren, als Blickfang dienen und nicht zu verfehlen sein. Man kam also überein, das Schild kurz vor dem Wegekreuz anzubringen, gewissermaßen als Gruß, den die Ortschaft jedem Fremden entgegenschickte. Leider stellte sich aber heraus, dass der Pfosten dann in den Pflasterbelag einer Tankstelle hätte gesetzt werden müssen – eine Sache, die sich von selbst verbot, da die Wagen, besonders die größeren, dann am Wenden behindert waren. Die Männer schleppten also den Pfosten noch ein Stück weiter hinaus bis zu der Gemeindewiese und wollten schon mit der Arbeit beginnen, als ihnen auffiel, dass diese Stelle bereits zu weit von dem Ortsschild entfernt war, das den Namen angab und die Gemeinde, zu welcher der Flecken gehörte. Wenn also das Dorf so den Vorzug dieses Schildes und seiner Inschrift für sich beanspruchen wollte, musste das Schild wieder näherrücken – am besten gerade dem Kreuz gegenüber, sodass Wagen und Fußgänger zwischen beiden hätten passieren müssen.

Dieser Vorschlag, von dem Mann mit den Nägeln und dem Hammer gemacht, fand Beifall. Die beiden anderen luden von Neuem den Pfosten auf ihre Schultern und schleppten ihn vor das Kreuz. Nun sollte also das Schild mit der Inschrift zu dem Wegekreuz senkrecht stehen; doch zeigte es sich, dass die uralte Buche, welche gerade hier ihre Äste mit riesiger Spanne nach beiden Seiten wie eine Mantelmadonna ihren Umhang entfaltete, die Inschrift im Sommer verdeckt und ihr Schattenspiel deren Bedeutung verwischt, aber mindestens abgeschwächt hätte.

Es blieb daher nur noch die andere Seite neben dem Herrenkreuz, und da die erste, die in das Pflaster der Tankstelle überging, gewissermaßen den Platz des Schächers zur Linken bezeichnet hätte, wurde jetzt der Platz zur Rechten gewählt und endgültig beibehalten. Zwei Männer hoben die Erde aus, der dritte nagelte rasch das Schild mit wuchtigen Schlägen auf; dann stellten sie den Pfosten gemeinsam in die Grube und rammten ihn rings von allen Seiten mit größeren Feldsteinen an.

Ihre Tätigkeit blieb nicht unbeachtet. Schulkinder machten sich gegenseitig die Ehre streitig, dabei zu helfen, den Hammer, die Nägel hinzureichen und passende Steine zu suchen; auch einige Frauen blieben stehen, um die Inschrift genau zu studieren. Zwei Nonnen, welche die Blumenvase zu Füßen des Kreuzes aufs Neue füllten, blickten einander unsicher an, bevor sie weitergingen. Bei den Männern, die von der Holzarbeit oder vom Acker kamen, war die Wirkung verschieden: Einige lachten, andere schüttelten nur den Kopf, ohne etwas zu sagen; die Mehrzahl blieb davon unberührt und gab weder Beifall noch Ableh-

---
[1] Jesus Nazarenus Rex Judaeorum (lat.) = Jesus von Nazareth, König der Juden

nung kund, sondern war gleichgültig, wie sich die Sache auch immer entwickeln würde. Im Ganzen genommen konnten die Männer mit der Wirkung zufrieden sein. Der Pfosten, kerzengerade, trug das Schild mit der weithin sichtbaren Inschrift, die Nachmittagssonne glitt wie ein Finger über die zollgroßen Buchstaben hin und fuhr jeden einzelnen langsam nach wie den Richtspruch auf einer Tafel ...

Auch der sterbende Christus, dessen blasses, blutüberronnenes Haupt im Tod nach der rechten Seite geneigt war, schien sich mit letzter Kraft zu bemühen, die Inschrift aufzunehmen: Man merkte, sie ging ihn gleichfalls an, welcher bisher von den Leuten als einer der ihren betrachtet und wohlgelitten war. Unerbittlich und dauerhaft wie sein Leiden würde sie ihm nun für lange Zeit schwarz auf weiß gegenüberstehen.

Als die Männer den Kreuzigungsort verließen und ihr Handwerkszeug wieder zusammenpackten, blickten alle drei noch einmal befriedigt zu dem Schild mit der Inschrift auf. Sie lautete:

Aus: Elisabeth Langgässer: Ausgewählte Erzählungen © 1964 Claassen Verlag in der Ullstein Buchverlage GmbH, Berlin

Timotheus Schwake: Zu Sprache und Erzählverhalten in *Saisonbeginn*

Die Kurzgeschichte ist auch insofern eine spezifisch moderne Form Literatur, weil sie sich bei der Konstituierung des Erzählers an formalen Vorbildern moderner Prosa orientiert. Diese verabschiedet sich – beispielsweise in den Texten Franz Kafkas – weitgehend von der Vorstellung eines auktorialen Erzählers mit scheinbar unbegrenzter Macht des Erzählens und Kontrolle über das Erzählte.

Der allwissende, objektive Erzähler, wie er noch in vielen Romanen des Realismus, z. B. bei Fontane, anzutreffen ist, übersieht die Handlung und kann sie daher auf die Weise erzählen, wie er es will. Er ist der vollkommene Herrscher über die Geschichte und kann diese kommentieren, Aspekte verschweigen oder vorausschauen. Grundlage des allwissenden Erzählers ist dabei ein Weltbild, das davon ausgeht, dass das menschliche Leben trotz allen individuellen Leids überschaubar und in eine vernünftige Ordnung zu bringen ist. Ein Autor, der den allwissenden Erzähler einsetzt, setzt dem oftmals chaotischen Handlungsgeschehen ein sinnvolles Prinzip der Ordnung entgegen – von bedeutenden Ausnahmen sei in diesem Zusammenhang bewusst abgesehen.

Für den modernen Autor hingegen kommt das allwissende Erzählen deshalb nicht mehr in Frage, weil für ihn die Welt „aus den Fugen geraten" ist. Die Krise des modernen Menschen als Folge von Industrialisierung, Krieg und Katastrophe lässt die Welt zunehmend als eine nicht mehr beherrschbare erscheinen, in der ein naiv-allwissendes Erzählen seine Legitimation verloren hat. Wo die Wirklichkeit zur Bedrohung wird, wird auch der Erzähler selbst deformiert; so wie die literarischen Figuren selbst verliert auch der Erzähler den Überblick, verliert seine Einheit, löst sich auf.

Die meisten klassischen Kurzgeschichten des 20. Jahrhunerts folgen diesem Schema. Anders bei Elisabeth Langgässers „Saisonbeginn". Ihre wohl bekannteste Kurzgeschichte erhält ihre Spannung dadurch, dass es dem Erzähler auf geschickte Weise gelingt, die zentrale Information zurückzuhalten, nämlich den Wortlaut des Schildes, welches die Arbeiter vor dem Dorf aufbauen. Erst mit dem letzten Satz löst der Erzähler die mühsam aufgebaute, mehrmals gar verlangsamte oder verzögerte Spannung auf, dem Leser fällt es angesichts zahlreicher unverstandener Andeutungen erst jetzt „wie Schuppen von den Augen." Erst durch den eindeutigen Schluss wird in der Rückschau verständlich, wieso sich die Ortschaft durch das aufzustellende Schild einen „Vorteil" verschafft. Als Vorzeigedorf kann es mit Vergünstigungen der nationalsozialistischen Herrscher rechnen. Auch die Beschreibungen der Naturerscheinungen lassen einen allwissenden Erzähler im Hintergrund erahnen: Die Personifikation („die Wucherblume verschwendete sich, der Löwenzahn strotzte und blähte sein Haupt [...]; Trollblumen platzten vor Glück") und Übertreibungen lassen die Vermutung zu, dass mit der hier geschilderten Idylle etwas nicht stimmt; der Erzähler selbst beschreibt das Blau des Himmels als „unwahrscheinlich", die kitschige Idylle scheint – zumindest für den aufmerksamen Leser – von vornherein bedroht und illusionär. Der nichtgeschulte Leser hingegen dürfte diese und weitere Andeutungen des allwissenden Erzählers „überlesen". Umso überraschender wirkt dann der Schluss mit seiner desillusionierenden Botschaft und verleiht den auf den ersten Blick unscheinbaren Details eine ganz neue Gewichtung innerhalb eines Textes, der nun wirklich nicht als neutral zu bezeichnen ist. Die Bestimmtheit, mit welcher der Erzähler selbst Stellung zum Geschehen bezieht, wird besonders deutlich bei der Beschreibung des Gekreuzigten. Sein Kommentar beinhaltet eine klare Bewertung der hier beschriebenen Handlung: „Auch der sterbende Christus [...] schien sich mit letzter Kraft zu bemühen, die Inschrift aufzunehmen: Man merkte, sie ging ihn gleichfalls an." Ein zweites Mal wird hier der Mensch an sich missbraucht, gequält, verachtet, diesmal durch das nur scheinbar alltäglich-banale Handeln der ganz normalen Deutschen im Dritten Reich. Unter diesem Gesichtspunkt scheint die grundsätzlich altmodische Entscheidung Langgässers, sich eines allwissenden Erzählers zu bedienen, für das hier Erzählte als überzeugend und naheliegend.

Originalbeitrag

- Markieren Sie zentrale Schlüsselbegriffe des Textes. Formulieren Sie in einem Satz das Thema des Textes.

- Setzen Sie die Grundgedanken des Textes visuell in Form von Symbolen und Zeichen um, z. B. in Form einer Mind-Map.

- Informieren Sie in Form eines zweiminütigen Kurzvortrages einen Mitschüler/eine Mitschülerin.

Von Gier und Blindheit der Figuren in *Saisonbeginn*

Die Wucherblume präludiert das Thema einer weiteren Ausprägung der Gier, nämlich der materiellen. In der Progression von Natur zu Dorf, vom Dorf zu den Menschen, den „Fremden" und „Autobesitzern", und von diesen zu den Autos selbst, reduziert sich am Ende alles auf das Materielle, auf „Chrom und Glas" und schließlich auf das eine, alles Menschliche ignorierende Abstraktum: „Das Geld würde anrollen. Alles war darauf vorbereitet", so heißt es, und nicht „auf sie", die Besucher. So erscheinen sie denn auch nicht als Individuen, sondern als Verallgemeinerungen: „die Lehrerinnen, die mutigen Sachsen, die Kinderreichen". [...] Vor allem aber, da sie am einträglichsten für die Dorfbewohner sind, kommen „die Autobesitzer in ihren großen Wagen". Damit ist der Abfall von Gott endgültig vollzogen: Die Anbetung des Mammon, der Verrat an Christus für die „dreißig Silberlinge" des Judenlohnes (Mt. 25,16). Im Dingsymbol des Schildes, das da sagt, Juden seien „unerwünscht", konkretisiert sich der Verrat an einem, der ja selber Jude und, wie es am Ende heißt, „bisher von den Leuten als einer der ihren betrachtet und wohlgelitten war". In ihrer Verblendung fällt weder den Arbeitern noch den Umstehenden die zynische Ironie auf, mit der hier einander Ausschließendes durch die Macht des Regimes zusammengezwungen wird. [...] Überhaupt ist Blindheit der Figuren ein bevorzugtes Motiv der Kurzgeschichte. Werden sie am Ende sehend, so hat sich häufig an ihnen eine Schicksalswende vollzogen, sei es zum Besseren oder zum Schlechteren. Hier bleiben sie blind, gerade auch nachdem sie die Inschrift des Schildes gelesen haben. Und indem sie den Leser bis zum letzten Satz diese Blindheit mit ihnen teilen lässt, schafft Langgässer bei diesem eine unheilvolle Identifizierung mit den Arbeitern und den Umstehenden, die erst am Ende durch die bessere Einsicht in Beschämung umschlägt. Es sind Sekundärtugenden, die dem Leser zunächst positiv erscheinen müssen: die trotz der Hitze gewissenhaft erfüllte Pflicht, der Stolz auf die Qualität der geleisteten Arbeit, die durch die eifrige Hilfeleistung hergestellte Gemeinschaft, das Gefühl der Zufriedenheit nach dem Gelingen – ohne alles Nachdenken über Sinn und Folgen. Unbedingt will das Dorf „den Vorzug dieses Schildes und seiner Inschrift für sich beanspruchen". Beschämend ist, dass es der im Text schon angedeuteten Katastrophe bedurfte, um den Leser einsichtig zu machen, während er sich willig den dort Agierenden gleichgestellt hatte, solange ihm wie diesen die Bedeutung der Handlung als Vorbereitung der Katastrophe verhüllt geblieben war.

Im Lukas-Evangelium heißt es zur Kreuzigungsszene: „Und das Volk stand und sah zu." Aus diesem Satz entwickelt Langgässer einen Querschnitt spießbürgerlicher Reaktionen auf das ungeheuerliche Geschehen. Dass es die „Schulkinder" sind, die eifrig dabei „helfen, den Hammer, die Nägel hinzureichen und passende Steine zu suchen", spielt an auf die in Hitler-Jugend (HJ) und Bund Deutscher Mädel (BDM) vom Regime missbrauchte Begeisterungsfähigkeit und damit Verführbarkeit der Jugend. Die Unsicherheit, mit der zwei Nonnen reagieren, obwohl sie doch gerade dem Juden Christus mit einer Blumengabe gehuldigt haben, ihr Weggang ohne ein Wort, geißelt die offizielle Haltung einer Kirche, die sich schon früh mit Hitler arrangiert hatte und ihm, außer in Einzelfällen wie dem des Kardinals Faulhaber oder des Münsteraner Bischofs Graf von Galen, keinen Widerstand entgegensetzte. Aber auch wer innerlich das Geschehen ablehnte, wollte – oder konnte – nur so handeln wie jene, die hier den Kopf schütteln, „ohne etwas zu sagen". Wie die „Mehrzahl" im Text handelte wohl auch eine Mehrzahl der Deutschen, die „gleichgültig" blieben, „wie sich die Sache auch immer entwickeln würde."

Axel Vieregg: Elisabeth Langgässer: Saisonbeginn. In: Werner Bellmann (Hg.): Klassische deutsche Kurzgeschichten. Stuttgart: Reclam 2004, S. 28–38; hier: S. 34–36

- Markieren Sie zentrale Schlüsselbegriffe des Textauszuges. Formulieren Sie für sich in einem Satz das Thema des Textes.
- Setzen Sie die Grundgedanken des Textes visuell in Form von Symbolen und Zeichen um, z. B. in Form einer Mind-Map.
- Informieren Sie in Form eines zweiminütigen Kurzvortrages einen Mitschüler/eine Mitschülerin.

Wolfgang Borchert: Die Kirschen (1949)

Nebenan klirrte ein Glas. Jetzt isst er die Kirschen auf, die für mich sind, dachte er. Dabei habe ich das Fieber. Sie hat die Kirschen extra vors Fenster gestellt, damit sie ganz kalt sind. Jetzt hat er das Glas hingeschmissen. Und ich hab das Fieber.

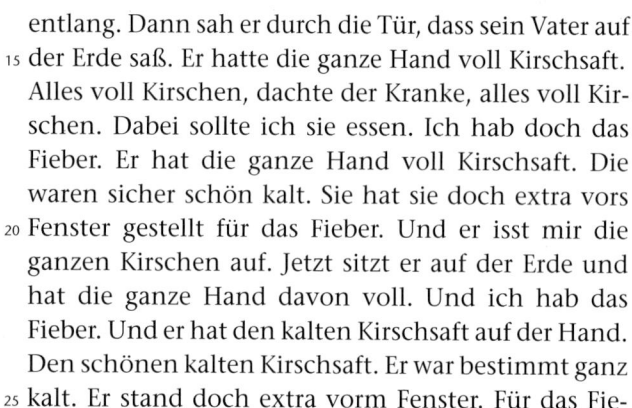

Der Kranke stand auf. Er schob sich die Wand entlang. Dann sah er durch die Tür, dass sein Vater auf der Erde saß. Er hatte die ganze Hand voll Kirschsaft. Alles voll Kirschen, dachte der Kranke, alles voll Kirschen. Dabei sollte ich sie essen. Ich hab doch das Fieber. Er hat die ganze Hand voll Kirschsaft. Die waren sicher schön kalt. Sie hat sie doch extra vors Fenster gestellt für das Fieber. Und er isst mir die ganzen Kirschen auf. Jetzt sitzt er auf der Erde und hat die ganze Hand davon voll. Und ich hab das Fieber. Und er hat den kalten Kirschsaft auf der Hand. Den schönen kalten Kirschsaft. Er war bestimmt ganz kalt. Er stand doch extra vorm Fenster. Für das Fieber.

Er hielt sich am Türdrücker. Als der quietschte, sah der Vater auf.

Junge, du musst doch zu Bett. Mit dem Fieber, Junge. Du musst sofort zu Bett.

Alles voll Kirschen, flüsterte der Kranke. Er sah auf die Hand. Alles voll Kirschen.

Du musst sofort zu Bett, Junge. Der Vater versuchte aufzustehen und verzog das Gesicht. Es tropfte von seiner Hand.

Alles Kirschen, flüsterte der Kranke. Alles meine Kirschen. Waren sie kalt?, fragte er laut. Ja? Sie waren doch sicher schön kalt, wie? Sie hat sie doch extra vors Fenster gestellt, damit sie ganz kalt sind. Damit sie ganz kalt sind.

Der Vater sah ihn hilflos von unten an. Er lächelte etwas. Ich komme nicht wieder hoch, lächelte er und verzog das Gesicht. Das ist doch zu dumm, ich komme buchstäblich nicht wieder hoch.

Der Kranke hielt sich an der Tür. Die bewegte sich leise hin und her von seinem Schwanken. Waren sie schön kalt?, flüsterte er, ja?

Ich bin nämlich hingefallen, sagte der Vater. Aber es ist wohl nur der Schreck. Ich bin ganz lahm, lächelte er. Das kommt von dem Schreck. Es geht gleich wieder. Dann bring ich dich zu Bett. Du musst ganz schnell zu Bett.

Der Kranke sah auf die Hand.

Ach, das ist nicht so schlimm. Das ist nur ein kleiner Schnitt. Das hört gleich auf. Das kommt von der Tasse, winkte der Vater ab. Er sah hoch und verzog das Gesicht. Hoffentlich schimpft sie nicht. Sie mochte gerade diese Tasse so gern. Jetzt hab ich sie kaputt gemacht. Ausgerechnet diese Tasse, die sie so gern mochte. Ich wollte sie ausspülen, da bin ich ausgerutscht. Ich wollte sie nur ein bisschen kalt ausspülen und deine Kirschen da hineintun. Aus dem Glas trinkt es sich so schlecht im Bett. Das weiß ich noch. Daraus trinkt es sich ganz schlecht im Bett.

Der Kranke sah auf die Hand. Die Kirschen, flüsterte er, meine Kirschen?

Der Vater versuchte noch einmal hochzukommen. Die bring ich dir gleich, sagte er. Gleich, Junge. Geh schnell zu Bett mit deinem Fieber. Ich bring sie dir gleich. Sie stehen noch vorm Fenster, damit sie schön kalt sind. Ich bring sie dir sofort.

Der Kranke schob sich an der Wand zurück zu seinem Bett. Als der Vater mit den Kirschen kam, hatte er den Kopf tief unter die Decke gesteckt.

Aus: W. Borchert: Die traurigen Geranien und andere Geschichten aus dem Nachlass. Copyright © 1962 by Rowohlt Verlag GmbH, Reinbek bei Hamburg

Eine Kurzgeschichte erarbeiten (I)

AB 39a

1. **Den Inhalt klären: Kreuze die richtige Aussage an.**

   a) ☐ Der Vater wollte die Kirschen seines Sohnes für sich behalten.
   b) ☐ Der Sohn fühlt sich schlecht, weil er seinen Vater auf frischer Tat ertappt hat.
   c) ☐ Das Hinfallen ist nur eine Ausrede für den ertappten Vater.
   d) ☐ Der Vater wollte seinem Sohn die Kirschen bringen.
   e) ☐ Die Hand des Vaters ist von Kirschsaft gefärbt.
   f) ☐ Der Junge will nichts mehr hören und sehen, weil er enttäuscht ist.
   g) ☐ Der fiebernde Junge erhofft sich von den kalten Kirschen Linderung.
   h) ☐ Der Junge steckt den Kopf unter die Decke, weil er sich schämt.

2. **Das Erzählverhalten untersuchen**

Erzählverhalten	
auktorial	Der Erzähler kann Gedanken/Gefühle aller Personen wiedergeben. Er mischt sich kommentierend und wertend ein und kann in Vergangenheit und Zukunft sehen. Er kennt alle Zusammenhänge.
personal	Erzählt wird aus einer eingeschränkten Perspektive einer oder mehrerer beteiligter Figuren. Wiedergegeben werden nur die Gedanken/Gefühle dieser Personen.
neutral	Der Erzähler stellt das Geschehen wie ein unsichtbarer Beobachter kommentarlos dar, z. B. über szenisches Erzählen (viele Dialoge).

   a) ☐ Das Erzählverhalten in „Die Kirschen" ist personal.
   b) ☐ Das Erzählverhalten in „Die Kirschen" ist auktorial.
   c) ☐ Das Erzählverhalten in „Die Kirschen" ist neutral.
   d) ☐ Das Erzählverhalten in „Die Kirschen" entspricht einer Mischform.

3. **Eine Behauptung durch Belege stützen:**
   Welche Textstellen belegen deine Einschätzung aus Aufgabe 2?

   Begründung: _____
   _____
   _____
   _____

4. **Die sprachliche Form untersuchen:**
   Kreuze an, welche sprachlichen Mittel in der Kurzgeschichte vorkommen. Notiere ein Beispiel.

   a) ☐ wörtliche Rede: _____
   b) ☐ Ellipsen (Auslassungen): _____
   c) ☐ ein Leitmotiv: _____
   d) ☐ lange Satzgefüge: _____
   e) ☐ Wiederholungen: _____
   f) ☐ kurze Satzgefüge: _____

5. Welche Funktion haben von dir erkannte sprachliche Mittel für die Textaussage? Notiere im Heft.

BS 3

Eine Kurzgeschichte erarbeiten (II)

1. **Eigenschaften von literarischen Figuren erkennen:**
   Kreuze an, welche Eigenschaften auf die Figuren jeweils zutreffen.

Eigenschaft	Vater	Sohn
beruhigend		
argwöhnisch		
vorwurfsvoll		
verständnisvoll		
helfend		
beschämt		
zurückweisend		
erklärend		

2. Welche Zeichnung veranschaulicht das Verhältnis von Vater und Sohn am besten[1]?

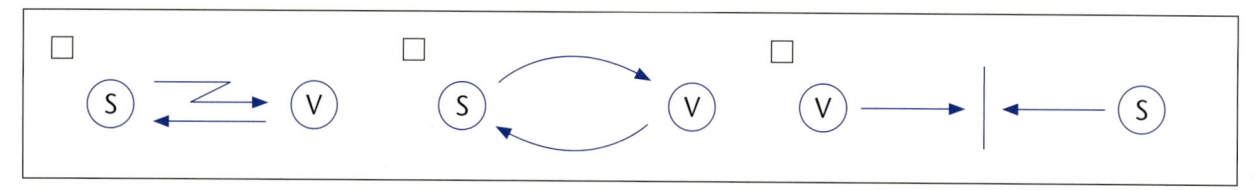

   ☐ S ⇄ V   ☐ S ⟲ V   ☐ V → | ← S

3. **Die Struktur einer Kurzgeschichte analysieren:**
   Erarbeite mithilfe des Wortspeichers die Struktur der Kurzgeschichte[2].

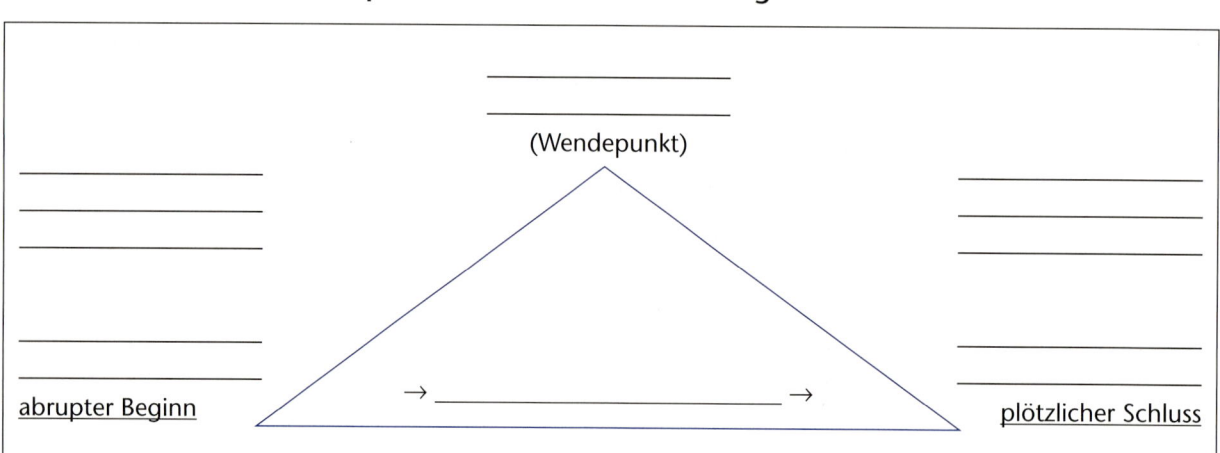

   (Wendepunkt)

   abrupter Beginn → → plötzlicher Schluss

   <u>Wortspeicher</u>: Vater bringt Kirschen/vermeintliche Ausrede des Vaters/Argwohn/tiefe Scham/Suche nach Bestätigung des Verdachts/Junge glaubt Vater nicht/Vorwurf/Erkenntnis

4. **Einen Text verstehen:**
   Kreuze die zutreffende Aussage an.

   a) ☐ In der Kurzgeschichte geht es um den Betrug eines Vaters an seinem Sohn.
   b) ☐ In der Geschichte geht es um gegenseitiges Vertrauen und Misstrauen.
   c) ☐ Die Aussage der Geschichte lautet: „Vertrauen ist gut, Kontrolle ist besser."

5. Begründe kurz deine Einschätzung aus Aufgabe 4. Erläutere auch, ob die Kurzgeschichte heute noch aktuell ist. Notiere im Heft.

---
[1] Vgl. Schurf/Wagener (Hg.): Deutschbuch 10. Klassenarbeiten-Zentrale Prüfungen. Trainingsheft. Berlin: Cornelsen 2007, S. 42
[2] Vgl. Hans Heinrich: Kurzgeschichte. 3. Auflage. Donauwörth 2005, S. 98

Wolfgang Borchert: Nachts schlafen die Ratten doch (1949)

Wolfgang Borchert wurde 1921 in Hamburg geboren. Weil er während der Zeit des Nationalsozialismus kritische Gedanken äußerte, wurde er zu einer Gefängnisstrafe verurteilt und dann zur „Bewährung" in den Krieg geschickt. Nach Kriegsende kehrte er schwer krank in seine Heimatstadt Hamburg zurück. Borchert starb – erst 26 Jahre alt – am 20.11.1947, einen Tag vor der Uraufführung seines Schauspiels „Draußen vor der Tür". Da seine Gesundheit während des Nationalsozialismus durch Krieg und Gefängnis sowie in der Nachkriegszeit durch den Hunger zerstört worden war, blieben ihm, dem Schwerkranken, nur noch zwei kurze Jahre zum Schreiben, um den Überlebenden seine Botschaft zu übermitteln.

Obwohl Borchert in seinem Werk immer wieder die Zerstörung durch den Krieg sowie die Verlorenheit und Hoffnungslosigkeit des Menschen darstellt, zeigt er auch die Möglichkeit auf, dem Leben in krisenhaften Zeiten einen neuen Sinn zu geben.

Das hohle Fenster in der vereinsamten Mauer gähnte blaurot voll früher Abendsonne. Staubgewölke flimmerte zwischen den steilgereckten Schornsteinresten. Die Schuttwüste döste. Er hatte die Augen zu. Mit
5 einmal wurde es noch dunkler. Er merkte, dass jemand gekommen war und nun vor ihm stand, dunkel, leise. Jetzt haben sie mich!, dachte er. Aber als er ein bisschen blinzelte, sah er nur zwei etwas ärmlich behoste Beine. Die standen ziemlich krumm vor ihm,
10 dass er zwischen ihnen hindurchsehen konnte. Er riskierte ein kleines Geblinzel an den Hosenbeinen hoch und erkannte einen älteren Mann. Der hatte ein Messer und einen Korb in der Hand. Und etwas Erde an den Fingerspitzen.
15 Du schläfst hier wohl, was?, fragte der Mann und sah von oben auf das Haargestrüpp herunter. Jürgen blinzelte zwischen den Beinen des Mannes hindurch in die Sonne und sagte: Nein, ich schlafe nicht. Ich muss hier aufpassen. Der Mann nickte: So, dafür hast du
20 wohl den großen Stock da? Ja, antwortete Jürgen mutig und hielt den Stock fest. Worauf passt du denn auf?
Das kann ich nicht sagen. Er hielt die Hände fest um den Stock.
Wohl auf Geld, was? Der Mann setzte den Korb ab 25 und wischte das Messer an seinem Hosenboden hin und her.
Nein, auf Geld überhaupt nicht, sagte Jürgen verächtlich. Auf ganz etwas anderes.
Na, was denn? 30
Ich kann es nicht sagen. Was anderes eben.
Na, denn nicht. Dann sage ich dir natürlich auch nicht, was ich hier im Korb habe. Der Mann stieß mit dem Fuß an den Korb und klappte das Messer zu.
Pah, kann mir denken, was in dem Korb ist, meinte 35 Jürgen geringschätzig, Kaninchenfutter.
Donnerwetter, ja!, sagte der Mann verwundert, bist ja ein fixer Kerl. Wie alt bist du denn?
Neun.
Oha, denk mal an, neun also. Dann weißt du ja auch, 40 wie viel drei mal neun sind, wie?
Klar, sagte Jürgen, und um Zeit zu gewinnen, sagte er noch: Das ist ja ganz leicht. Und er sah durch die Beine des Mannes hindurch. Dreimal neun, nicht?, fragte er noch mal, siebenundzwanzig. Das wusste 45 ich gleich.
Stimmt, sagte der Mann, genauso viel Kaninchen habe ich.
Jürgen machte einen runden Mund: Siebenundzwanzig? 50
Du kannst sie sehen. Viele sind noch ganz jung. Willst du?
Ich kann doch nicht. Ich muss doch aufpassen, sagte Jürgen unsicher.
Immerzu?, fragte der Mann, nachts auch? 55
Nachts auch. Immerzu. Immer. Jürgen sah an den krummen Beinen hoch. Seit Sonnabend schon, flüsterte er.
Aber gehst du denn gar nicht nach Hause? Du musst doch essen. 60
Jürgen hob einen Stein hoch. Da lag ein halbes Brot. Und eine Blechschachtel.
Du rauchst?, fragte der Mann, hast du denn eine Pfeife?
Jürgen fasste seinen Stock fest an und sagte zaghaft: 65
Ich drehe. Pfeife mag ich nicht.
Schade, der Mann bückte sich zu seinem Korb, die Kaninchen hättest du ruhig mal ansehen können. Vor allem die Jungen. Vielleicht hättest du dir eines ausgesucht. Aber du kannst hier ja nicht weg. 70
Nein, sagte Jürgen traurig, nein, nein.
Der Mann nahm den Korb hoch und richtete sich auf.
Na ja, wenn du hierbleiben musst – schade. Und er drehte sich um. Wenn du mich nicht verrätst, sagte Jürgen da schnell, es ist wegen den Ratten. 75
Die krummen Beine kamen einen Schritt zurück.

Filmszene aus „Deutschland im Jahre Null", 1947

Wegen den Ratten?
Ja, die essen doch von Toten. Von Menschen. Da leben sie doch von.
Wer sagt das?
Unser Lehrer.
Und du passt nun auf die Ratten auf?, fragte der Mann.
Auf die doch nicht! Und dann sagte er ganz leise: Mein Bruder, der liegt nämlich da unten. Da.
Jürgen zeigte mit dem Stock auf die zusammengesackten Mauern. Unser Haus kriegte eine Bombe. Mit einmal war das Licht weg im Keller. Und er auch. Wir haben noch gerufen. Er war viel kleiner als ich. Erst vier. Er muss hier ja noch sein. Er ist doch viel kleiner als ich. Der Mann sah von oben auf das Haargestrüpp. Aber dann sagte er plötzlich: Ja, hat euer Lehrer euch denn nicht gesagt, dass die Ratten nachts schlafen?
Nein, flüsterte Jürgen und sah mit einmal ganz müde aus, das hat er nicht gesagt.
Na, sagte der Mann, das ist aber ein Lehrer, wenn er das nicht mal weiß. Nachts schlafen die Ratten doch. Nachts kannst du ruhig nach Hause gehen. Nachts schlafen sie immer. Wenn es dunkel wird, schon.
Jürgen machte mit seinem Stock kleine Kuhlen in den Schutt. Lauter kleine Betten sind das, dachte er, alles kleine Betten. Da sagte der Mann (und seine krummen Beine waren ganz unruhig dabei): Weißt du was? Jetzt füttere ich schnell meine Kaninchen, und wenn es dunkel wird, hole ich dich ab. Vielleicht kann ich eins mitbringen. Ein kleines, oder was meinst du?
Jürgen machte kleine Kuhlen in den Schutt. Lauter kleine Kaninchen. Weiße, graue, weißgraue. Ich weiß nicht, sagte er leise und sah auf die krummen Beine, wenn sie wirklich nachts schlafen. Der Mann stieg über die Mauerreste weg auf die Straße. Natürlich, sagte er von da, euer Lehrer soll einpacken, wenn er das nicht mal weiß. Da stand Jürgen auf und fragte: Wenn ich eins kriegen kann? Ein weißes vielleicht?
Ich will mal versuchen, rief der Mann schon im Weggehen, aber du musst hier so lange warten. Ich gehe dann mit dir nach Hause, weißt du? Ich muss deinem Vater doch sagen, wie so ein Kaninchenstall gebaut wird. Denn das müsst ihr ja wissen.
Ja, rief Jürgen, ich warte. Ich muss ja noch aufpassen, bis es dunkel wird. Ich warte bestimmt. Und er rief: Wir haben auch noch Bretter zu Hause.
Kistenbretter, rief er.
Aber das hörte der Mann schon nicht mehr. Er lief mit seinen krummen Beinen auf die Sonne zu. Die war schon rot vom Abend und Jürgen konnte sehen, wie sie durch die Beine hindurchschien, so krumm waren sie. Und der Korb schwenkte aufgeregt hin und her. Kaninchenfutter war da drin.
Grünes Kaninchenfutter, das war etwas grau vom Schutt.

Aus: W. Borchert: Das Gesamtwerk. Copyright © 1949 by Rowohlt Verlag GmbH, Hamburg

■ *Untersuche den Aufbau des Textes. In wie viele Abschnitte lässt er sich gliedern?*

Den Aufbau einer Kurzgeschichte untersuchen

AB 41

In einer Wortfeldanalyse untersucht man den Wortbestand eines Textes unter bestimmten Gesichtspunkten, um hierdurch Informationen über den Erzählstil zu erhalten. Bei einer vergleichenden Wortfeldanalyse kann man feststellen, ob sich der Wortbestand, die Wortwahl, im Laufe eines Textes verändert hat und welche Bedeutung diese Veränderung haben kann.

1. Führe eine solche vergleichende Wortfeldanalyse für den Anfang und das Ende der Kurzgeschichte „Nachts schlafen die Ratte doch" durch. Was fällt dir an dem Ergebnis auf?

Anfang der Kurzgeschichte		
Nomen	Verben	Adjektive

Ende der Kurzgeschichte		
Nomen	Verben	Adjektive

2. Welche Bedeutung können die Veränderungen in den einzelnen Wortfeldern haben? Nutze für eine Beantwortung dieser Frage auch die Informationen zur **Farbsymbolik**.

Jede Farbe hat auf den Menschen aufgrund ihrer eigenen Ausdruckskraft eine ganz besondere Wirkung und löst in ihm bestimmte Vorstellungen aus. Daher liegt es nahe, den Farben eine **symbolische Bedeutung** beizumessen. Im Volksmund werden den Farben die folgenden Bedeutungsgehalte zugeschrieben:

Rot	= Feuer, Glut, Blut, Liebe, Leidenschaft	Weiß	= Unschuld, Reinheit, Kälte
Gelb	= Sonne, Glanz, Freude	Schwarz	= Nacht, Tod, Trauer
Grün	= Natur, Wachstum, Hoffnung	Grau	= Alter, Trübsinn, Pessimismus

3. Setze die Textanalyse in gleicher Weise für das Ende der Kurzgeschichte in deinem Heft fort und vergleiche dann Anfang und Ende miteinander.

Inhalt	In den ersten Zeilen der Kurzgeschichte wird eine Trümmerlandschaft in der Abendsonne beschrieben.
sprachliche Gestaltung	Durch die benutzten Nomen („Mauer", „Staubgewölke", „Schornsteinreste", „Schuttwüste", vgl. Z. 1ff.) und Adjektive („hohl", „vereinsamt", „blaurot", vgl. Z. 1ff.) wird eine düstere Atmosphäre erzeugt. Auch die eingesetzten Verben („gähnen", „flimmern", „dösen", vgl. Z. 1ff.) verdeutlichen den Stillstand.
Deutung	Der Leser gewinnt dadurch zu Beginn der Kurzgeschichte den Eindruck von Zerstörung, Trostlosigkeit und Verfall.

BS 3

Baustein 4
Das Individuum in Wirtschaft und Gesellschaft

Schon in den frühen 50er-, deutlicher dann in den 60er-Jahren verschiebt sich der thematische Fokus der deutschen Kurzgeschichte. Die konkrete Verankerung der deutschen Kurzgeschichte in den spezifisch deutschen (Nach-)Kriegserfahrungen wurde im Rahmen einer stillschweigenden gesellschaftlich-ökonomischen Restauration abgeschwächt durch neue Fragestellungen, die nicht mehr in einem direkten Zusammenhang mit Tod und Zerstörung als Folge der Politik Hitler-Deutschlands standen. Dies hat vor allem mit dem sich sehr schnell abzeichnenden Wirtschaftswunder in Deutschland zu tun, welches die existenziellen Fragestellungen nach persönlicher Verantwortung oder gar Schuld an den Geschehnissen im Dritten Reich als äußerst unwillkommen erscheinen ließ. Zwar blieb dieser Problemhorizont weiterhin im Fokus wichtiger Autoren wie beispielsweise Heinrich Böll, doch kann man mit Fug und Recht behaupten, dass sich mit zunehmendem zeitlichen Abstand zum Kriegsende eine inhaltlich-thematische Erweiterung der Kurzgeschichte vollzog. Diesen Prozess kann man dann als zwangsläufig ansehen, wenn man die Textsorte nicht als einmalig, weil an eine bestimmte historische Konstellation gebunden, begreifen, sondern über den konkreten zeitlichen Kontext der (Nach-)Kriegserfahrungen hinaus als aktuell verwertbar verstehen will. So wurde der große historisch-politische Rahmen – die Erfahrung der Katastrophe – zurückgedrängt zugunsten „individuell-psychischer Aspekte" (vgl. R. Könecke: Interpretationshilfen, a.a.O., S. 8), die im Zuge der wirtschaftlichen Saturierung Deutschlands an Bedeutsamkeit gewannen. Könecke nennt in diesem Zusammenhang Fragen wirtschaftlicher Unsicherheit und Arbeitslosigkeit, die Folgen des Wirtschaftswunders, einen sich daraus ergebenden Werteverfall und zunehmende Orientierungslosigkeit sowie „menschliche Vereinsamung und Verwahrlosung". Einige Kurzgeschichten entwerfen regelrechte (kritische) Kommentare zur (deutschen) Wohlstandsgesellschaft und den Möglichkeiten individueller Selbstentfaltung und -verwirklichung in einer Umwelt, die von den Systemimperativen des Ökonomischen dominiert werden.
Gerade angesichts einer zunehmenden Dominanz des Ökonomischen in der Lebenswirklichkeit heutiger Kinder und Jugendlicher bietet die Beschäftigung mit diesen wieder aktuellen Kurzgeschichten ein beachtliches didaktisches Potenzial.

4.1 Siegfried Lenz: Der große Wildenberg (1958)

In Siegfried Lenz' Kurzgeschichte (**Arbeitsblatt 42**, S. 145f.) „Der große Wildenberg", erschienen 1958, geht es um einen personalen Ich-Erzähler, der sich als Mitarbeiter bei einer Drahtfabrik bewirbt und auf sein Bewerbungsschreiben auch Antwort erhält. Obwohl das Antwortschreiben der Firma äußerst sachlich gehalten ist, reist der Ich-Erzähler voller Hoffnung auf Anstellung zu dieser Fabrik, wo er vom mürrischen Pförtner abgewiesen wird. Herr Wildenberg, so der Name der Unternehmensführung, sei ein viel beschäftigter Mann und daher erst morgen wieder zu sprechen. Der Erzähler kehrt am nächsten Morgen zurück, wo er im Büro eines Dr. Setzki von dessen Sekretärin empfangen wird. Diese versteckt sich regelrecht vor dem Mann hinter ihrer Schreibmaschine und reduziert die Kommunikation auf das Äußerste, bis ihr Chef eintrifft. Dr. Setzki entschuldigt die lange Wartezeit für den Erzähler mit der Arbeitsbelastung des „großen einsamen Arbeiters" Wildenberg, der niemals zur Ruhe komme. Setzki redet derart ehrfurchtsvoll von Wildenberg, dass der Ich-Erzähler „ein wenig Furcht" (Z. 111) vor diesem bekommt und in Schweiß ausbricht. Der Bewerber wird nun in ein weiteres (Vor-)Zimmer gebeten, um dort auf die rechte Hand Wildenbergs, Dr. Petersen, zu warten. Dieser erscheint nach einer weiteren Wartezeit. Über die Bewerbung könne er nicht reden, da diese immer noch bei Wildenberg liege. Überhaupt sei es günstig, Herrn Wildenberg nur möglichst wenig zu fragen, um diesen viel beschäftigten Mann nicht zu sehr in Anspruch zu nehmen: „Herr[n] Wildenbergs Laune wird umso besser, je kürzer Sie sich fassen!" (Z. 147 ff.)

Nun tritt der Ich-Erzähler – verängstigt und gespannt – in das Zimmer des großen Wildenberg, wo der pointenhafte Wendepunkt der Geschichte geschildert wird. Denn zu seiner Überraschung erwartet ihn dort ein „kleiner, leidvoll lächelnder Mann", der sich höflich und freundlich, ja gar schüchtern und schwach verhält. Wildenberg erzählt dem Bewerber über mehrere Stunden die Geschichte der Firma und klagt über seine Einsamkeit. Als der Ich-Erzähler nach Stunden auf seine Bewerbung zu sprechen kommen will, muss Wildenberg seine Machtlosigkeit endgültig eingestehen. Er habe sie nie zu Gesicht bekommen, daher müsse sich der Ich-Erzähler an Dr. Setzki wenden, der über den Pförtner zu erreichen sei. Hierin erweist sich die zirkuläre Struktur der Hoffnungslosigkeit: Alles soll von Neuem beginnen. Die Kurzgeschichte endet offen mit dem Versprechen des Mannes, Wildenberg bald wieder zu besuchen.

In Lenz' in erzählerischer Hinsicht konventionell erzählter Satire geht es um den Gegensatz von behaupteter Macht und tatsächlicher Ohnmacht. Lenz zeigt, wie durch anonyme Prozesse in Verwaltung und Produktion echte Menschlichkeit verloren geht. Der Mensch mit der vermeintlich größten Macht erweist sich als bemitleidenswertes, völlig vereinsamtes Geschöpf, das nur noch als Spielball seiner Angestellten funktioniert. Dabei bleibt letztlich unklar, wer in diesem Unternehmen die Zügel wirklich in der Hand hält. Offensichtlich jedoch ist die Kritik des Autors an der Anonymität und Undurchschaubarkeit ökonomischer Strukturen, die für Humanität und Kommunikation, für den Anspruch des Menschen auf Selbstverwirklichung, Glück und Füreinanderdasein keinen Raum mehr lassen. Die Imperative des Ökonomischen – „Zeit ist Geld" – dominieren das Denken und Handeln der Menschen, deren wichtigstes Bedürfnis – Zuwendung und Zuneigung – nun einmal Zeit „kostet".

Die Kurzgeschichte eignet sich aufgrund ihres auch theoretischen Anspruchs besonders gut für Oberstufenschüler, mit anderem Schwerpunkt kann sie auch in den Jahrgängen 9 und 10 eingesetzt werden. Vorgeschlagen wird ein Vorgehen mithilfe des **Arbeitsblattes 42a** (S. 145 f.). Die Schülerinnen und Schüler erhalten die Kurzgeschichte bis zur Zeile 155. Bis zu dieser Stelle wird beim Leser nach und nach Spannung aufgebaut. Die Erwartungshaltung der Schülerinnen und Schüler wird mit der des personalen Ich-Erzählers, der aus seiner rein subjektiven Perspektive erzählt, übereinstimmen: Erwartet wird ein schlecht gelaunter, über keine Zeit verfügender, einschüchternder Unternehmensdespot, vor dem es sich in Acht zu nehmen gilt. Um den Schülerinnen und Schülern die nahezu groteske Wende – zugleich der erzählerische Höhepunkt der Kurzgeschichte – deutlicher werden zu lassen, erhalten sie nachfolgenden produktiven Arbeitsauftrag:

> *Schreiben Sie die Kurzgeschichte an dieser Stelle weiter. Entwerfen Sie auch ein geeignetes Ende für die Geschichte. Stellen Sie Ihre Version anschließend vor und begründen Sie Ihren Handlungsentwurf.*

Im Anschluss können ausgewählte Geschichten im Plenum vorgelesen werden. Dabei ist darauf zu achten, dass möglichst inhaltlich unterschiedliche Versionen vorgetragen werden, um Redundanzen zu verringern. Die Schülertexte sollten dabei angemessen gewürdigt werden, zugleich kann eine Prüfung der hypothetischen Vorschläge an der Textvorlage vorgenommen werden:

Baustein 4: Das Individuum in Wirtschaft und Gesellschaft

- *Was halten Sie von der Schlussversion Ihres Mitschülers/Ihrer Mitschülerin?*
- *Inwiefern gibt der bisherige Text Hinweise auf das Ende der Geschichte?*
- *Welcher Schülerversion würden Sie eher zustimmen? Begründen Sie.*

Der kreative Schreibauftrag dürfte die konventionelle Erwartungshaltung der Schülerinnen und Schüler in der Regel verstärken. Umso wichtiger ist es in dieser Phase, auch abweichende Versionen zu würdigen und zu befragen. Im Anschluss an diese Einstiegsphase sind unterschiedliche Vorgehensweisen denkbar. Zum einen kann der Lerngruppe der Originalschluss der Kurzgeschichte zur Lektüre vorgelegt werden.

- *Was halten Sie von diesem Schluss?*
- *Vergleichen Sie die originale Schlussversion mit Ihrer eigenen. Welche Gemeinsamkeiten, welche Unterschiede fallen Ihnen auf?*
- *Wie erklären Sie sich das Verhalten Wildenbergs, wie das seiner Angestellten?*
- *Was ist das Thema dieser Kurzgeschichte?*

Das **Arbeitsblatt 42b** (S. 147) bietet hingegen eine methodische Erweiterung an, die dann genutzt werden kann, wenn die Schülerversionen die konventionelle Erwartungshaltung – Wildenberg als Furcht erregendes Monstrum – nicht deutlich genug akzentuieren oder auf das Schreiben eigener Texte (aus Zeitgründen) verzichtet werden muss. Den Schülerinnen und Schülern werden hier beide Möglichkeiten angeboten. Neben dem Originaltext, der schnell zu einem Aha-Effekt führt, erhalten sie eine Textversion mit eher konventionellem Ende. In Partnerarbeit könnte vorab die Wahrscheinlichkeit der Versionen diskutiert werden:

- *Diskutieren Sie mit Ihrem Partner, welche der beiden Versionen Sie für gelungener halten. Begründen Sie.*
- *Welche Version halten Sie für die von Siegfried Lenz geschriebene?*

Im sich anschließenden Unterrichtsgespräch dürften der Schluss Lenz' sowie sein satirischer Charakter schnell erkannt werden. Dabei sollten die Schülerinnen und Schüler vor dem Hintergrund der Dekonstruktion konventioneller Leseerwartung zur Reflektion ihrer eigenen Denkweisen angehalten werden. Der in Partnerarbeit zu bearbeitende folgende Arbeitsauftrag sensibilisiert die Schülerinnen und Schüler für die große Täuschung, der sowohl der Ich-Erzähler als auch der Leser erliegen. Zudem schult er das textanalytische Arbeiten und detaillierte Suchen nach Textindizien.

In höheren Jahrgangsstufen kann die Arbeit an der Kurzgeschichte weiter vertieft werden. Dafür bietet sich vor allem die Kritik der Geschichte an der „Zeit-ist-Geld"-Einstellung der kapitalistischen Konsumgesellschaft an. Die Schülerinnen und Schüler könnten dabei mithilfe des folgenden Arbeitsauftrages den offensichtlichen Gegensatz von Wirklichkeit und Schein textanalytisch erarbeiten. Dafür übertragen die Schüler die folgende Tabelle in ihr Heft. Alternativ könnten an die Schüler auch Folien ausgeteilt werden.

- *Notieren Sie in Partnerarbeit in Form einer Tabelle, was der Ich-Erzähler vor seinem Treffen mit Wildenberg über diesen in Erfahrung bringt. Was erzählen ihm die anderen Mitarbeiter der Drahtfabrik über Wildenberg?*
Wie stellt sich Wildenberg dann in der wirklichen Begegnung dar? Notieren Sie stichpunktartig in der rechten Spalte der Tabelle. Was fällt Ihnen auf?

Baustein 4: Das Individuum in Wirtschaft und Gesellschaft

Aussagen über Wildenberg von Seiten seiner engsten Mitarbeiter (Pförtner, Dr. Setzki, Dr. Petersen)	Tatsächliches Erscheinungsbild Wildenbergs während des Treffens mit dem Ich-Erzähler
• ... • ...	• ... • ...

Im Auswertungsgespräch kann schlagwortartig auf die in der Rückschau offensichtlichen Lügen der Mitarbeiter Bezug genommen werden. So stellt beispielsweise Dr. Setzki Wildenberg als „großen einsamen Arbeiter" dar, der keinen „zur Ruhe kommen" lasse. Auch Dr. Petersen gibt dem Ich-Erzähler einen Rat, der angesichts der Einsamkeit Wildenbergs an Zynismus kaum zu überbieten ist: „Herrn Wildenbergs Laune wird umso besser sein, je kürzer Sie sich fassen. Leute seiner Art machen alles kurz und konzentriert." (Z. 147) Die von der Lerngruppe genannten Aspekte werden – immer unter Beachtung der konkreten Textstelle – gemeinsam in der Tabelle an der Tafel oder auf Folie erarbeitet. Ist die Tabelle auf Folie erarbeitet worden, können die Ergebnisse in Form kurzer Präsentationen vorgestellt werden:

Aussagen über Wildenberg vonseiten seiner engsten Mitarbeiter (Pförtner, Dr. Setzki, Dr. Petersen) in Stichpunkten/Schlagwörtern	Tatsächliches Erscheinungsbild Wildenbergs während des Treffens mit dem Ich-Erzähler in Stichpunkten/Schlagwörtern
• Macht	• Machtlosigkeit/Ohnmacht
• Kälte und Desinteresse	• Warmherzigkeit und Interesse
• kurz angebunden	• gesprächig/redselig
• Zeitknappheit	• Zeitüberfluss
• Arbeitsüberlastung	• „Arbeitslosigkeit"
• uninteressiert an Mitmenschen	• interessiert
↓	↓
„Schein" „Lüge"	„Sein" „Wahrheit"

Der große Wildenberg ist eine Inszenierung.

Mit den nachfolgenden Impulsen kann eine erste Auswertung vorgenommen werden:

- *Welche Texthinweise haben dazu geführt, dass wir uns vor Wildenberg fürchteten? Inwiefern spielt dabei das Erzählen durch einen personalen Ich-Erzähler eine Rolle?*
- *Wie lockt uns der Erzähler auf die falsche Fährte?*
- *Warum wird der Leser auf die falsche Fährte gelockt? Was wird durch das überraschende Ende umso deutlicher?*
- *Was ist die Botschaft, die Grundaussage des Textes? Worum geht es?*

Baustein 4: Das Individuum in Wirtschaft und Gesellschaft

> **In der Kurzgeschichte „Der große Wildenberg" geht es ...**
>
> - um die Einsamkeit und Verlorenheit eines alten, bemitleidenswerten Mannes.
> - darum, dass die Menschen keine Zeit mehr füreinander haben („Zeit ist Geld").
> - darum, dass echte Menschlichkeit im Wirtschaftsleben keinen Raum mehr hat.
> - darum, dass der Schein häufig trügt.
> - darum, dass man in großen Unternehmen oft nicht weiß, wer das Sagen hat (Anonymität und Undurchschaubarkeit der Herrschaftsstrukturen).

Behandelt man die Kurzgeschichte in den Jahrgängen 9 und 10, kann an diesem Punkt die Leerstelle des offenen Schlusses für eine kreative Ausgestaltung genutzt werden:

- *Was denkt der junge Mann auf der Rückfahrt? Schreibe seine Gedanken in einem „Stream of Consciousness " (= Bewusstseinsstrom) auf. Die Gedanken können dabei assoziativ, bruchstückartig, auch in Form von Fragen formuliert werden.*

Alternativ:

- *Wird der junge Mann der Bitte Wildenbergs Folge leisten und zurückkehren? Schreibe die Geschichte weiter und begründe dein Ende.*
- *Wird der junge Mann seine Bewerbung zurückziehen oder nimmt er die ihm angebotene Stelle an? Begründe deine Meinung.*

Die oben genannten Arbeitsaufträge regen zum Nachdenken über die Vorgänge in der Drahtfabrik an. Den Schülerinnen und Schülern kann über die Ausgestaltung der Arbeitsaufträge deutlich werden, dass Lenz die Fabrik hier als nicht lebenswerten Ort darstellt. Dies hat vor allem mit der nicht oder kaum stattfindenden Kommunikation zu tun, auf die aber jeder Mensch existenziell angewiesen ist.
Ausgewählte Texte könnten im Plenum vorgetragen und besprochen werden. Auch wenn jeder denkbaren Schülerlösung Anerkennung zuteil werden sollte, so muss doch deutlich werden, dass die Fabrik als ein Apparat gekennzeichnet wird, der kaum durchschaubar und voller Rätsel ist. An einem solchen Ort verkümmert Mitmenschlichkeit, Kommunikation dient nur noch dem Räderwerk, dessen Teil das anonyme Individuum ist. Die Wahrscheinlichkeit, dass der Ich-Erzähler in der Drahtfabrik arbeiten möchte, ist daher eher als gering einzuschätzen. Einzig ein empathisches Mitfühlen mit dem mitleiderregenden Schicksal Wildenbergs könnte den Erzähler zur Rückkehr veranlassen.
In höheren Jahrgangsstufen kann die Arbeit an der Kurzgeschichte weiter vertieft werden. Dafür bietet sich vor allem die Kritik der Geschichte an der „Zeit-ist-Geld"-Einstellung der kapitalistischen Konsumgesellschaft an. Wenn im Unterrichtsgespräch erarbeitet worden ist, dass der große Wildenberg eine Inszenierung, eine Täuschung ist, dann sollte den Schülerinnen und Schülern der Oberstufe die Möglichkeit gegeben werden, die sich an dieser Stelle aufdrängende Frage zu formulieren:

- *Welche Frage ergibt sich für Sie aus der Feststellung, dass der große Wildenberg eine bloße Inszenierung ist?*
- *Was benötigt man für eine Inszenierung?*

130

Wenn die Schülerinnen und Schüler erarbeitet haben, dass die Person Wildenbergs nicht der realen Erscheinung entspricht, er vielmehr geschickt inszeniert wird, dann muss die Frage gestellt werden, welchem Zweck diese Inszenierung dient. Und wo eine Inszenierung stattfindet, da muss es auch einen oder mehrere Regisseure geben. Auf der Suche nach dem Zweck der Inszenierung Wildenbergs und den Regisseuren dieses „Films" erhalten die Schüler nun das **Arbeitsblatt 43** (S. 148). Auf der Folie der berühmten Szene aus Charlie Chaplins Filmklassiker „Moderne Zeiten" (1936) soll den Schülerinnen und Schülern Gelegenheit gegeben werden, sich einen zentralen Kritikpunkt an offensichtlichen negativen Auswirkungen des Kapitalismus möglichst eigenständig zu erarbeiten. Dabei sollte bei der Auswertung in einem ersten Schrift die Kritik Chaplins an den Auswüchsen eines hemmungslos expandierenden Kapitalismus festgehalten werden. Die von Chaplin geschaffene Figur des Tramps kritisiert insbesondere den Taylorismus in der Arbeitswelt sowie die aus der Weltwirtschaftskrise resultierende Massenarbeitslosigkeit. Chaplins Meisterwerk greift den durch die Industrialisierung verursachten Verlust von Individualität an. Zeitdruck, Akkordarbeit und Monotonie prägen moderne Arbeitsabläufe. Daher stellt Chaplin die Fabrikarbeiter als abgestumpft und isoliert dar.

In einem zweiten Schritt sollten sich die Schüler von der alten Vorlage lösen und für sich klären, ob die Kritik Chaplins heute noch Bestand hat.

Chaplins „Moderne Zeiten" kritisiert ...

- die Auswirkungen moderner ausbeuterischer Formen des Kapitalismus auf das Individuum
- dass der einzelne Mensch nur ein „Rädchen im Getriebe" des großen Ganzen ist
- dass die Maschine („der Kapitalismus") nur dann gut läuft, wenn alle Einzelteile („der Mensch") gut „geölt" sind, also funktionieren
- dass sich dem Einzelnen in der modernen Arbeitswelt keine Chancen auf Selbstverwirklichung und individuelle Entwicklung bieten
- dass niemand da ist, der das Räderwerk anhalten will bzw. kann
- dass das Individuum seinen in Wirklichkeit bedauernswerten Zustand nicht erkennt

Ist die Kritik Chaplins an negativen Folgen des Kapitalismus veraltet oder noch heute aktuell?

Bei der Diskussion dieser Frage sollte deutlich werden, dass weder eine pauschale Glorifizierung noch eine simplifizierende Verteufelung des Kapitalismus einer differenzierten Sichtweise auf die weltweit dominierende Wirtschaftsform gerecht wird. Chaplins Kritik trifft auch heute noch ins Herz, wenn man an menschenunwürdige Arbeitsbedingungen zu Niedrigstlöhnen denkt, die im Zuge der Globalisierung für zunehmende Ungleichheiten in den Lebensbedingungen der Menschen sorgen. Wenn Menschen in Pakistan für weniger als einen Dollar pro Tag bei 16 Stunden Arbeitszeit Lederbälle von Hand nähen, die von den Global Playern im Sportbusiness im reichen Westen für über 150 Dollar verkauft werden, dann kann hier ganz unideologisch von Ausbeutung gesprochen werden. Gleichwohl sollten auch die positiven Auswirkungen einer freien und sozialen Marktwirtschaft Erwähnung finden, welche die Lebensbedingungen von Millionen von Menschen gravierend verbessert und ein Leben in Wohlstand und Würde ermöglicht haben. Selbstverständlich kann an dieser Stelle der Literatur- kein Substitut des Politikunterrichts sein. Dennoch sollte in der Oberstufe diese zentrale politische Frage, die Lenz mit seiner Kurzgeschichte aufwirft, angesprochen werden. Der zweite Teil des **Arbeitsblattes 43** (S. 148) stellt den Transfer zur Kurzgeschichte her.

Den Schülerinnen und Schülern wird durch die Erarbeitung der zirkulären Struktur der Geschichte deutlich, dass der Ich-Erzähler am Ende wieder da steht, wo er am Anfang war. Wildenberg schickt den jungen Mann wieder zurück zum Pförtner, damit dieser sich dort bei Dr. Setzki anmelden kann. Das Spiel beginnt – ohne Hoffnung auf ein anderes, besseres Ende, mit dem nur die Glück und Wohlstand verheißende Einstellung gemeint sein kann – von Neuem. Dabei gibt die Kurzgeschichte keine eindeutige Antwort auf die Frage, wer in diesem Unternehmen die Fäden in der Hand hält. Wildenberg scheidet als Autorität von vornherein aus, zu schwach und inszeniert erscheint er. Für Könecke können auch Setzki und Petersen nicht die heimlichen Herrscher der Fabrik sein: „Einen Chef gibt es nicht in diesem Apparat, der zweimal zutreffend mit ‚man' beschrieben wird. [...] Dieser Apparat hat sich soweit verselbstständigt, dass jegliche Zuständigkeit und damit die Leitung des Unternehmens rätselhaft und undurchschaubar geworden ist." (Könecke, a. a. O., S. 124) Damit erfüllt Lenz' Kurzgeschichte ein klassisches Gattungsmerkmal: Der offene Schluss hinterlässt einen Leser, der sich mit den aufdrängenden Fragen auseinandersetzen muss.

- *Wie viel Hoffnung lässt einem die Kurzgeschichte?*
- *Was kann man tun?*

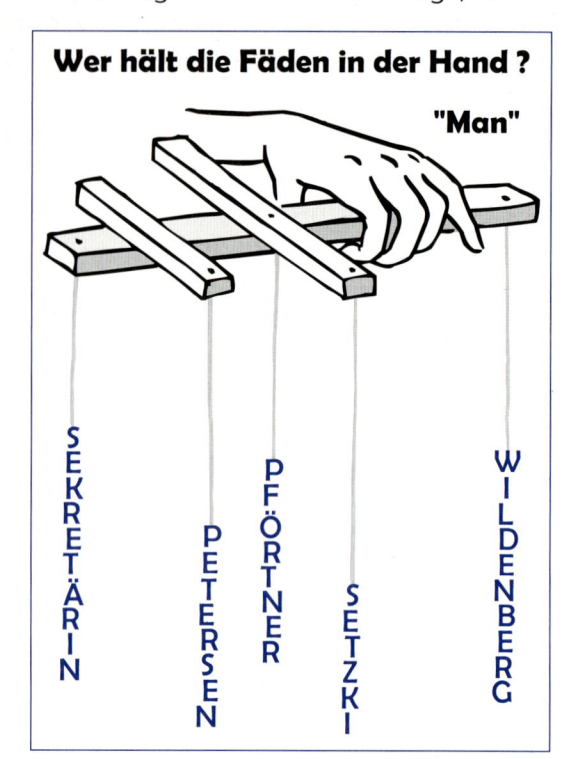

4.2 Günter Eich: Der Stelzengänger (1954)

Eichs Kurzgeschichte aus dem Jahr 1954 schildert aus der Perspektive eines Ich-Erzählers dessen Erfahrungen als Vertreter der Firma Astrol, die Schuhcreme herstellt. Geprägt wird die Geschichte dabei von der Innensicht der Figur, die zentrale Denkweisen preisgibt: Für ihn ist die Arbeit – anders als im heutigen Verständnis – kein Mittel zum Zweck, sie dient keineswegs nur dem bloßen Broterwerb. Indem der Ich-Erzähler seine Ware in kleineren Dörfern an den Mann bringt, sich für neugierige Kinder verkleidet und für Aufmerksamkeit sorgt, weil er auf Stelzen läuft, gelingt ihm eine „Verbindung mit dem Höheren" (Z. 15). Bedingt durch die personale Erzählhaltung wird dem Leser Einblick in die tiefsten Gedanken der Figur gewährt, der die gemeinhin eher banalen Alltagshandlungen für sich mit Sinn überhöht. Das Laufen auf Stelzen gibt dem eher langweiligen Leben des Protagonisten eine neue Perspektive, ermöglicht Selbstverwirklichung und die Chance, zu sich selbst zu kommen. Der Blick in die eigene Vergangenheit – die Erinnerung an einen beeindruckenden Stelzengänger – lassen die eigene Tätigkeit wie eine in Erfüllung gegangene Verheißung erscheinen, die Stelzen erhalten quasireligiöse Funktion. Muten die Ausführungen des Erzählers anfangs zwar seltsam, aber immer realistisch an, so bekommt sein Erzählen gegen Mitte der Kurzgeschichte etwas Komisches, Irreales: „[...] ich überquere Flüsse, Gletscher und Felsgebiete. Von alpinistischem Rang ist meine Stelzenbesteigung der Dafourspitze. [...] Ich gewann Wettläufe gegen Kurzstreckenläufer und galoppierende Pferde." (Z. 137 f.) Dabei gelingt Eich der Spagat zwischen bloßer Komik als Folge der Belustigung des Lesers über einen „übergeschnappten" Angestellten und ergreifender Ernsthaftigkeit, die den Leser einnimmt.

Baustein 4: Das Individuum in Wirtschaft und Gesellschaft

Weil Beruf und personales Glück für den Ich-Erzähler eine nicht zu trennende Einheit bilden, erfährt er das Verbot, für die Firma weiterhin auf Stelzen Werbung zu machen, als Schock. Seine Art, Werbung zu machen, erscheint der Firma antiquiert und altmodisch. Der Kampf des Ich-Erzählers um sein Recht auf das Stelzenlaufen für die Firma – im übertragenen Sinn um die Chance auf Selbstverwirklichung und ein erfüllendes, sinnhaftes Leben – hat etwas Tieftrauriges und an die Handlungen Don Quichottes Erinnerndes, weil er den (vergeblichen) Versuch des Individuums beschreibt, dem Tempo und Takt der modernen Arbeitswelt etwas Eigenes, Authentisches entgegenzusetzen. Am Ende gibt die Geschäftsführung ihre Versuche, dem Ich-Erzähler das Stelzenlaufen zu verbieten, auf. Jedoch nicht, weil sie die sinnstiftende, die Identität stabilisierende Funktion des Stelzenlaufens verstanden hat. „Warum tun Sie das eigentlich?" Der Spott und das Unverständnis seiner Umwelt machen dem Stelzenläufer jedoch nichts aus: „Man verzeihe mir, dass ich glücklich bin." (Z. 264) So lässt das offene Ende Raum für beides: Mitleid für eine altmodisch-wirklichkeitsfremde Person, die mit den Ansprüchen der modernen Arbeitswelt nicht mehr zurechtkommt, andererseits aber auch Respekt für das unbeirrbare, utopische Festhalten an ideellen, nicht-materialistischen Imperativen in einer von Konsumorientierung und Zweckrationalität dominierten Gesellschaft. Genau dies macht die literarische Qualität des Erzählers Eich aus, dass bei aller Belustigung, bei allem mitleidigen Lächeln des Lesers über das scheinbar antiquierte Handeln des Stelzenträgers die Kurzgeschichte nie ins nur Komische, in die Groteske gleitet. Auch am Ende bleibt ein Hauch von bitterer Sehnsucht nach dem, was in unserer modernen Arbeitswelt verloren scheint, dem Stelzengänger aber möglich ist: die Synthese von persönlichem Lebensglück und der Berufswelt.

Das in der Folge beschriebene Vorgehen ist für die Jahrgangsstufen 9–10 konzipiert, kann aber auch in der Oberstufe Anwendung finden. In diesem Fall kann der Schwerpunkt mehr auf die erzählerischen Besonderheiten der Kurzgeschichte gelegt werden.

Zum Einstieg wird den Schülerinnen und Schülern das **Zusatzmaterial 5** (S. 168) auf Folie präsentiert. Es zeigt eine aktuelle Internet-Anzeige eines Stelzenläufers, der von unterschiedlichsten Firmen für ihre Werbeaktionen zu buchen ist. Den Schülern wird Gelegenheit gegeben, mögliche eigene Erfahrungen mit Stelzenläufern zu äußern:

- *Wofür bietet der Stelzenläufer seine Dienste an?*
- *Haltet ihr den Stelzenläufer für einen guten Werbeträger? Begründet.*
- *Was ist das Besondere an ihm, warum zieht er die Aufmerksamkeit auf sich?*
- *Wie nimmt man die Welt auf Stelzen wahr?*

Im Anschluss wird die Kurzgeschichte (**Arbeitsblatt 44**, S. 149 ff.) den Schülern ausgehändigt und gelesen. Auf der Folie des Bildeinstiegs kann der Leseeindruck verstärkt werden, weil er die Erwartungen, welche die Schülerinnen und Schüler an die Kurzgeschichte gestellt haben, eher negiert. Anders, als im Einstieg suggeriert wird, hält die Firmenleitung das Werben durch Stelzenläufer für altmodisch und antiquiert. Daher sollte den Schülern im Anschluss an die erste Lektüre Gelegenheit für Verständnisfragen oder bereits den Austausch erster Verstehensansätze gegeben werden. Von der Lerngruppe erwähnte Aspekte könnten in Frageform an der Tafel formuliert werden:

- *Welche Fragen ergeben sich für euch aus dem Gelesenen?*
- *Was haltet ihr vom Stelzengänger? Ist er eine positive Figur oder eine Witzfigur?*
- *Warum ist ihm das Stelzenlaufen so wichtig? Welche Funktion hat es für ihn?*
- *Haltet ihr sein Festhalten am Stelzenlaufen für richtig oder starrköpfig?*

Baustein 4: Das Individuum in Wirtschaft und Gesellschaft

Im Mittelpunkt der weiteren Bearbeitung sollte die Figur des Stelzengängers stehen. Schon durch die personale Erzählhaltung, die den Leser sehr weit an der Innensicht der Figur teilhaben lässt, wird ein solches Vorgehen gerechtfertigt. Dabei ist es eine Besonderheit dieser Kurzgeschichte, dass der Leser ausgesprochen viele Informationen über den Protagonisten erfährt. Statt eines exemplarischen Ausschnittes wird in groben Zügen das Leben des Stelzenläufers wiedergegeben. Aufgrund dieser für eine klassische Kurzgeschichte doch sehr hohen Informationsdichte können die Schüler nun mithilfe des **Arbeitsblattes 45** (S. 152) eine Rollenbiografie erstellen. Lässt man die Schülerinnen und Schüler gleich eine mehr auf Analyse abzielende eigene Charakterisierung verfassen, steigt der Anspruch. Das Erstellen einer Rollenbiografie zu diesem Zeitpunkt hat daher etwas bewusst Verlangsamendes, es zwingt die Schüler zu einer zweiten, genauen Lektüre. Didaktisch ist die Rollenbiografie vor allem für die Schüler sinnvoll, die nach der ersten Lektüre dem Stelzenläufer ablehnend gegenüberstehen. Die Methode bietet sich an dieser Stelle auch deshalb an, weil der Leser über die Innensicht des Stelzengängers weitaus mehr Informationen erhält, als in einer klassischen Kurzgeschichte üblich. Erwartungsgemäß hält die Mehrheit der Acht- bis Zehntklässler den Stelzenläufer für einen verschrobenen, wenn auch harmlosen „Spinner". Der Auftrag, eine Rollenbiografie zu verfassen, zwingt gerade diese distanzierten Schüler zu einem Sich-Einlassen auf die Motive des Stelzengängers. Das Arbeitsblatt bietet einen ganzen Katalog von Hilfsfragen an, die den Schülern die Arbeit erleichtern. Insbesondere bei mit der Methode vertrauten Lerngruppen kann auf das Arbeitsblatt auch verzichtet werden, was den Schwierigkeitsgrad jedoch erhöht. Zudem geben die Hilfsfragen neue Impulse, die verhindern dürften, dass die Schüler in ihren Texten die Ausführungen des Stelzengängers zu seiner eigenen Person reproduzieren, sodass es zu ermüdenden Redundanzen gar nicht erst kommen dürfte.

Beim Verfassen der Rollenbiografien sollte darauf geachtet werden, dass die Schüler nicht sofort losschreiben, sondern zunächst Stichworte zu den jeweiligen Hilfsfragen notieren. Erst danach kann, z. B. als Hausaufgabe, der eigentliche Text verfasst werden. Bei der Präsentation der Schülertexte sollten für die Zuhörer geeignete Beobachtungsaufträge formuliert werden, welche die Rezeption intensivieren:

■ *Auf welche Aspekte sollte man beim Zuhören besonders achten?*

In dem sich anschließenden Gespräch über die Rollenbiografien ist darauf zu achten, dass die Schüler Gelegenheit erhalten, ihre Ausführungen zu begründen. Hierbei ist ein Verweisen auf konkrete Textstellen als Belege unabdingbar. Werden mehrere Texte vorgetragen, ist häufig eine Diskussion über die Differenzen zwischen den einzelnen Schülertexten fruchtbar.

In der Auswertung kann auch auf formale Merkmale der Kurzgeschichte eingegangen werden. So dürfte den Schülern selbst auffallen, dass auf einige Fragen des Arbeitsblattes im Text keine Antworten zu finden sind („Wie heißt du?", „Verhältnis zum anderen Geschlecht"). Je nach Schwerpunktsetzung könnten die Schüler an dieser Stelle in dem die Unterrichtseinheit begleitenden Merkblatt (**Zusatzmaterial 1**, S. 162f.) ihnen auffällige formale Besonderheiten der Kurzgeschichte markieren. Den Schülern kann so deutlich werden, dass in der Reduktion auf wenige Figuren die krisenhafte Gefährdung einer scheinbar nicht mehr lebbaren Existenz umso deutlicher dargestellt werden kann. Gegebenenfalls kann auch die Art des Vortragens zum Gegenstand des Unterrichtsgesprächs werden.

■ *Entsprach die Art des Vortragens eurem Bild vom Stelzengänger?*

■ *Wie stellt ihr euch die Stimme des Stelzengängers vor? Eher laut oder leise, eher flüsternd oder polternd, eher melodisch oder eintönig? Begründet.*

Baustein 4: Das Individuum in Wirtschaft und Gesellschaft

Ein Tafelbild sichert die Ergebnisse der Annäherung an die Figur des Stelzengängers.

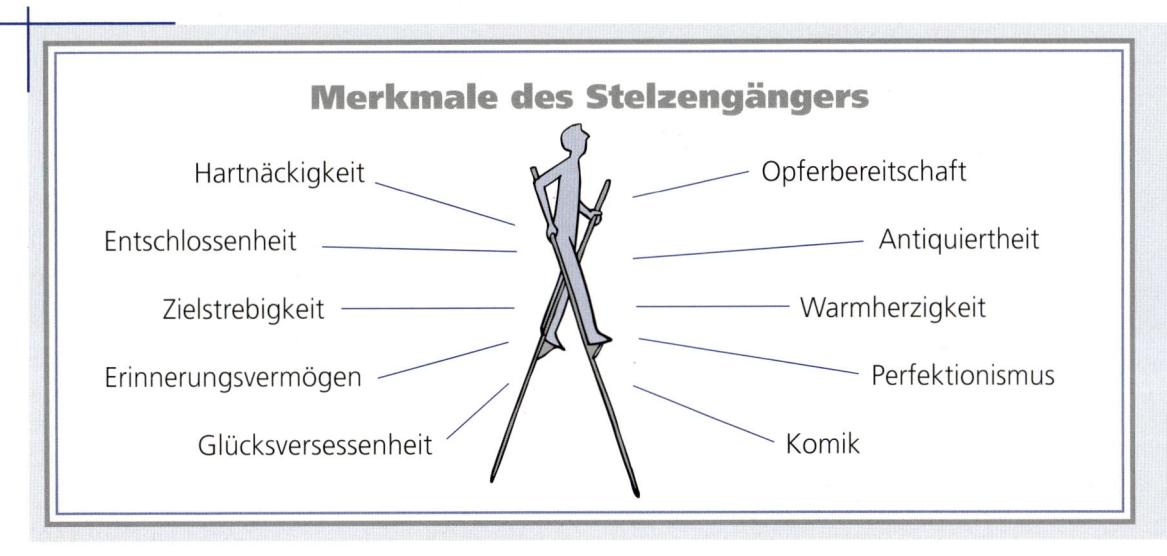

Merkmale des Stelzengängers

- Hartnäckigkeit
- Entschlossenheit
- Zielstrebigkeit
- Erinnerungsvermögen
- Glücksversessenheit
- Opferbereitschaft
- Antiquiertheit
- Warmherzigkeit
- Perfektionismus
- Komik

In einem zweiten Schritt kann nun die Interpretation und Bewertung der Kurzgeschichte vorgenommen werden. Die Schülerinnen und Schüler erhalten dafür das **Arbeitsblatt 46** (S. 153) und bearbeiten es in einem ersten Schritt in Einzelarbeit. Im Anschluss sollen in Gruppen- oder Partnerarbeit die Einschätzungen der Schüler aus der Einzelarbeitsphase zur Diskussion gestellt und anhand wichtiger Textstellen verteidigt werden. Der Abfragecharakter des Arbeitsblattes orientiert sich in seiner Methodik an den in mittlerweile zahlreichen Bundesländern durchgeführten Lernstandserhebungen und zentralen Abschlussprüfungen zum Ende der Mittelstufe. Die Schüler erhalten auf diese Weise Gelegenheit, eine für sie meist neue und ungewöhnliche Arbeitsform im Literaturunterricht zu erproben.

Für die Auswertung und Präsentation kann das **Arbeitsblatt 46** auf Folie gezogen und mithilfe eines OHPs an die Wand projiziert werden. Um einen lebendigen Austausch zwischen den einzelnen Gruppen zu ermöglichen, trägt nun die erste Gruppe ihre Ergebnisse vor und begründet diese. Hat die Lehrkraft die vorhergehende Gruppenarbeitsphase intensiv beobachtet, kann nun das alternative, von der ersten Lösung abweichende Ergebnis einer anderen Gruppe – farblich mit einem anderen Folienstift markiert – vorgetragen werden. Dem Lehrer kommt an dieser Stelle die Funktion eines Moderators zu, der nur bei dringender Notwendigkeit neue Impulse zu setzen braucht, indem er beispielsweise auf eine interessante Textstelle verweist. Es ist von Vorteil, wenn zumindest das Aussageraster zum Inhalt auch als Erstes besprochen wird, da hier eine Vergewisserung über den Inhalt der Kurzgeschichte sichergestellt werden kann.

a) Inhalt

stimmt	stimmt nicht	stimmt z.T.	Aussage	Begründung/ Textstelle/Zitat
X			Seit der Ich-Erzähler in seiner frühen Kindheit einen Stelzengänger sah, besteht für ihn der Wunsch, den gleichen Beruf auszuüben, es dem Stelzengänger gleichzutun.	S. 149, Z. 102f.
	X		Der Leiter der Astrolwerke findet das Verhalten des Ich-Erzählers zwar merkwürdig, aber bewundernswert. Er versteht die Motive des Stelzengängers.	S. 151, Z. 252f. „Warum tun Sie das eigentlich?"
		X	Die Kurzgeschichte hat ein Happy-End.	Lebbare Existenz?

b) Sprache

stimmt	stimmt nicht	stimmt z.T.	Aussage	Begründung/Textstelle/Zitat
	X		Die Kurzgeschichte „Der Stelzengänger" von Günter Eich ist sehr realistisch geschrieben. Das, was hier beschrieben wird, könnte genauso passiert sein.	S. 150, Z. 132f. (groteske Elemente)
		X	Die Kurzgeschichte von Günter Eich ist eine Art Märchen. Sie kann einfach nicht stimmen, denn an manchen Stellen wird klar, dass alles nur erfunden ist.	Realistisch-ernste Erzählweise kombiniert mit grotesk-komischer Sprache
X			Eigentlich ist die Kurzgeschichte schon realistisch und ernst erzählt, man glaubt an das, was erzählt wird. Aber einige Stellen können nur ironisch gemeint sein, zu grotesk erscheint das Erzählte. Somit steht der Ernst des Stelzengängers in Spannung zur Ironie des Autors.	Siehe oben

c) Thema und Bedeutung

stimmt	stimmt nicht	stimmt z.T.	Aussage	Begründung/Textstelle/Zitat
	X		In der Kurzgeschichte „Der Stelzengänger" geht es thematisch darum, wie man am besten Werbung für ein Unternehmen macht.	Das Verhalten des Stelzengängers schadet der Firma sogar eher.
		X	In der Kurzgeschichte wird gezeigt, wie man heutzutage den Spagat zwischen Privat- und Berufsleben hinbekommt. Der Stelzengänger ist ein Vorbild für alle, die Beruf und Privatleben nicht vereinbaren können.	Streben nach Meisterschaft und Hartnäckigkeit sind bewundernswert, aber der Stelzengänger ist isoliert und wird von seinen Mitmenschen belächelt.
X			In der Kurzgeschichte geht es um Identität. Das Stelzenlaufen ist mit der Identität des Ich-Erzählers direkt verbunden. Verbietet man ihm das Laufen, entzieht man ihm zugleich den Boden seiner Existenz. Daher kämpft der Ich-Erzähler so verbissen um die Erlaubnis des Stelzengehens.	S. 151/Z. 264: „Man verzeihe mir, dass ich glücklich bin." Der Ich-Erzähler ist dabei, zu sich selbst zu gelangen.
X			Um das Stelzenlaufen geht es nur in diesem konkreten Beispiel. Letztlich wirft die Kurzgeschichte die Frage auf, ob es auch heute Möglichkeiten gibt, unsere wahre Identität in unseren Beruf einzubringen, oder aber ob wir gezwungen werden, Beruf und Privatleben radikal zu trennen.	Es geht um die Synthese zwischen beruflichen Anforderungen und persönlichem Lebensglück.

- Wie beurteilt ihr die Haltung des Stelzengängers gegenüber seinen Mitmenschen?
- Was macht für den Stelzengänger die Sinnhaftigkeit des Stelzengehens aus?

- *Was bezweckt der Autor mit seiner Kurzgeschichte?*
- *Hat die Aussage der Kurzgeschichte auch heute noch Relevanz? Welche?*
- *Ist eine harmonische Verbindung von Beruf und privatem Glück überhaupt möglich?*
- *Kann man in der Schule „man selbst" sein oder wird man zu Verstellung und Täuschung gezwungen? Wer oder was zwingt uns zu falschem Verhalten?*
- *Ist das Motto des Stelzengängers eine unerreichbare Utopie oder heute umsetzbar?*

4.3 Kurt Marti: Neapel sehen (1960)

In Kurt Martis berühmter Kurzgeschichte „Neapel sehen" werden die letzten Wochen im Leben eines älteren, an einer schweren Krankheit leidenden Fabrikarbeiters beschrieben, der über seine Einstellung zur Arbeit reflektiert und in Folge dieser Selbstreflexion zu einer neuen Einschätzung der bisher verhassten Akkordarbeit kommt. Thematisch geht es um die Bedeutung der Arbeitswelt für das Individuum bzw. um das Verhältnis von Arbeits- und Berufswelt und deren möglicher oder unmöglicher Synthese.

Dabei ist die Geschichte grundsätzlich in zwei Hälften zu unterteilen: Im ersten Teil äußert der von der Akkordarbeit körperlich und geistig ausgelaugte und letztlich zugrunde gerichtete Mann seinen Hass auf die offensichtliche Ursache seines Leidens, die sprachlich durch (oftmals parataktische) Wiederholungen ins Extreme gesteigert wird: „Er hasste die Fabrik. Er hasste seine Arbeit in der Fabrik. Er hasste die Maschine, an der er arbeitete. Er hasste das Tempo der Maschinen, die er selbst beschleunigte." (Z. 5 ff.) Die Kritik an der Arbeit und ihren Auswirkungen ist in diesem Teil geradezu klassisch, sie richtet sich gegen die Entfremdung des Menschen von seiner Arbeit bzw. von sich selbst. Die Logik des kapitalistischen Wirtschaftsprozesses zwingt den Arbeiter zur Erhöhung seines individuellen Arbeitstaktes, die Aussicht auf mehr Lohn verführt zu einer Arbeitsgeschwindigkeit, die übermenschlich und nicht zu leisten ist und auf Dauer in Krankheit und Tod führen muss. Der nur noch arbeitende Mensch degeneriert und wird geradezu selbst zur Maschine dehumanisiert: Er zuckt sogar nachts mit seinen Händen „im schnellen Stakkato der Arbeit", der Akkord ergreift Besitz von ihm. Dabei kann von einer grundsätzlich antikapitalistischen Kritik Martis zumindest an dieser Stelle nicht die Rede sein, schließlich ist es der Arbeiter selbst, der sich den Takt erhöht und nicht ein von außen hinzukommender Vorarbeiter. In jedem Fall zwingt die erste große Krankheit in vierzig Jahren harter Arbeit, die zu einem gewissen materiellen Wohlstand (Haus und Garten) geführt hat, den Arbeiter ans Kranken- bzw. Totenbett. Von diesem aus ist ihm der Blick auf die Fabrik verwehrt, er sieht nur „den Frühling im Gärtchen". Zum Erschrecken seiner Frau bittet der Mann um die Entfernung einiger Bretter aus dem Zaun, sodass ein Blick auf seine alte Arbeitsstätte möglich wird, zuerst noch eingeschränkt, später – nach Abbau des ganzen Zaunes – in Gänze. Mit der Bretterwand als Leitsymbol der Geschichte ändert sich sowohl die Atmosphäre und Grundstimmung als auch die sprachliche Ausgestaltung. Der alte, dem Tode geweihte Arbeiter gewinnt zunehmend eine neue Einstellung zu der jahrzehntelang verhassten Arbeit und Fabrik. Die vormals nüchtern-prosaische Sprache, die mit Enttäuschung aus vergeblicher Mühe korrespondierte, wird durch nahezu lyrische Bilder wie „Spiel des Rauches über dem Schlot" oder „das Ein des Menschenstromes" (Z. 49) abgelöst. Am Ende empfindet der Sterbende eine regelrechte Zärtlichkeit gegenüber seiner Fabrik, die er nahezu liebevoll idealisiert. Die Gründe für diesen Wandel werden nicht direkt angesprochen. Sie können jedoch nur im Inneren der Person, in einer veränderten Einstellung zum Beobachtungsgegenstand zu suchen sein. Wem es

Baustein 4: Das Individuum in Wirtschaft und Gesellschaft

gelingt, die „Bretterwand" zwischen Privatleben und Beruf niederzureißen, der kann sein „Neapel sehen" und – von Marti elliptisch verschwiegen – sterben. Das hasserfüllte, aber sinnlose Sich-Aufbäumen gegen die äußeren Verhältnisse wird zum Ende demnach abgelöst durch eine gelungene innere Versöhnung mit dem gelebten Leben, durch einen Bewusstwerdungsprozess im Angesicht des nahenden Todes. Insofern endet „Neapel sehen" gattungsuntypisch, da diese Kurzgeschichte sich durch ein klares, nicht durch ein offenes Ende auszeichnet.

Anders als es die auf den ersten Blick einfach verständliche Sprache suggeriert, handelt es sich bei „Neapel sehen" um eine thematisch komplexe Kurzgeschichte, die – will man sich ihr gesamtes didaktisches Potenzial zunutze machen – sich vor allem für Schüler der Sekundarstufe II eignet. Ein Bearbeiten der Kurzgeschichte in der Mittelstufe ist zwar möglich, Schülerinnen und Schülern der Oberstufe ist sie aufgrund der thematischen Komplexität jedoch näher und empfehlenswerter.

Zum Einstieg und noch vor Aushändigung der Kurzgeschichte (**Arbeitsblatt 47**, S. 154) kann der etwas kryptisch anmutende Titel der Geschichte an die Tafel geschrieben werden. In Form eines Blitzlichtes können auf diese Weise die subjektiven Assoziationen der Schüler abgerufen und gegebenenfalls im Anschluss nutzbar gemacht werden. Den Schülern wird zur Auflage gemacht, spontan einen Satz zur Vorgabe zu äußern. Es wird nicht diskutiert, die Beiträge bleiben als persönliche Meinungsäußerung so stehen, wie sie mitgeteilt wurden. Diese dem Brainstorming verwandte Methode eruiert mögliches Vorwissen und die durch den Titel hervorgerufenen Erwartungen aufseiten der Lerngruppe. Denkbar ist es, dass ein Schüler bereits den Spruch „Neapel sehen und sterben" kennt. In diesem Fall kann angesprochen werden, dass die Stadt Neapel aufgrund ihrer Schönheit seit jeher als ein magischer, außergewöhnlicher Ort gilt, als ein auf die Erde gefallenes Stück Himmel. (Ein auf Folie gezogenes Foto von Neapel könnte diesen Einstieg verstärken.) Bei einem solchen Einstieg, der nicht mehr als fünf Minuten in Anspruch nehmen sollte, ist darauf zu achten, dass in der Auswertungsphase auf die frühen Schülerassoziationen im Blitzlicht rückblickend Bezug genommen wird, andernfalls verliert der Einstieg seine funktionale Eingebundenheit in die Gesamtinterpretation der Kurzgeschichte. Alternativ zum Blitzlicht kann auch auf den bereits in 4.2 (**Arbeitsblatt 43**, S. 148) verwendeten Bildauszug aus Chaplins Filmklassiker „Moderne Zeiten" zurückgegriffen werden. Auf Folie an die Wand projiziert, können die Ergebnisse dieser Stunde memoriert und in einen Zusammenhang mit „Neapel sehen" gebracht werden.

Im Anschluss wird den Schülern der Text ausgeteilt (**Arbeitsblatt 47**, S. 154) und langsam im Plenum vorgelesen. (Die Frage, ob ein gemeinsames Lesen kurzer Texte im Plenum dem alleinigen Lesen in Stillarbeit vorzuziehen ist oder nicht, ist strittig. Im Rahmen einer Unterrichtseinheit zu Kurzgeschichten empfiehlt sich aber ein sinnvoll eingesetzter Wechsel zwischen beiden Lektüreformen.) Im Anschluss an die erste Lektüre sollte der Lerngruppe ein Austausch erster Verstehensansätze ermöglicht werden. Hier gilt es vor allem, den Inhalt der Kurzgeschichte richtig darzustellen:

- *Welches Geschehen wird hier dargestellt?*
- *Was fällt euch an dieser Kurzgeschichte auf?*
- *Gefällt und interessiert euch diese Kurzgeschichte? Begründet.*
- *Missfällt euch diese Kurzgeschichte? Begründet.*

Schülerfragen, die ein tiefer gehendes interpretatorisches Verständnis voraussetzen, sollten an dieser Stelle noch nicht gemeinsam geklärt werden. Wahrscheinlich fällt einigen Schülern an dieser Stelle schon die widersprüchliche Haltung des Mannes zu seiner Arbeit oder die veränderte Sprache auf. Stattdessen könnten sie auf einem größeren Plakat als Arbeitsfragen notiert und für alle sichtbar im Klassenraum aufgehängt werden. Im Laufe der Behandlung der Kurzgeschichte oder an dessen Ende kann dann explizit – z. B. im Stuhlkreis – auf diese ersten Fragen Bezug genommen werden.

Im Anschluss ermöglicht das **Arbeitsblatt 48** (S. 155) eine weitgehend eigenständige Bearbeitung der Kurzgeschichte durch die Schülerinnen und Schüler. Die Anlage des Arbeitsblattes betont im oberen Teil die besondere Bedeutung bzw. literarische Ausgestaltung des Raumes. Bei ausreichend zur Verfügung stehender Zeit kann ein eigener Zeichenauftrag den Reflexionsprozess anregen bzw. zusätzlich verlangsamen:

> *Entwerfen sie skizzenartig zwei Bilder zur Kurzgeschichte von Kurt Marti. Die Bilder sollen aus der Perspektive des Protagonisten seinen Blick aus dem Garten widerspiegeln.*
>
> *Notieren Sie in einem zweiten Schritt unter dem jeweiligen Bild auffällige sprachliche Besonderheiten aus dem entsprechenden Textabschnitt.*

Durch die visuelle Umsetzung werden die Schüler eher indirekt auf die zentrale Rolle der Bretterwand bzw. die Zweiteilung der Geschichte hingewiesen und können sich die entsprechenden Wortfelder und weitere sprachliche Auffälligkeiten in Partnerarbeit selbstständig erarbeiten. Die bildliche Ausgestaltung provoziert von sich aus die Frage nach den Gründen für den Wandel in der Wahrnehmungsweise des Protagonisten. Da sich an den äußeren Gegebenheiten nichts verändert hat, wird der Blick des Interpreten automatisch auf innere Wahrnehmungsprozesse des Helden gelenkt. Die Ergebnisse der Partnerarbeitsphase werden im Plenum gesammelt und an der Tafel fixiert. Dabei ist darauf zu achten, dass im Sinne der weiteren Fragen 1–3 des Arbeitsblattes immer nach der Bedeutung der sprachlichen Merkmale zu fragen ist. Ein bloß additives Notieren der Merkmale ist zu vermeiden.

Sprachlich-stilistische Auffälligkeiten (Z. 1–40)

- Wiederholungen (10x „hassen", „Arbeit") am Satzanfang: Anaphern
- Gleichförmiger, parataktischer Satzbau (einfache und kurze Sätze)
- Wortfeld „Fabrik" (Arbeit, Zahltag, Tempo, Meister, Maschine Akkord) ist negativ besetzt
- Unpersönlich „kalte" Bezeichnungen: „die Frau", „der Mann"
- Grammatischer Parallelismus (Verbzweitstellung im Satzbau): „er hasste", „er sah", „er glaubte ihr nicht"
- Alltagssprache (mundartlich: Blust)

Sprachlich-stilistische Auffälligkeiten (Z. 42–56)

- Wiederholungen (Dominanz des Wortfeldes „sehen", „Blick")
- Wortfeld „Fabrik" ist positiv besetzt: „Zärtlich ruhte der Blick ...", „verfolgte das Spiel des Rauches" (Metapher), „unsere Büros", „entspannte ein Lächeln"
- Gefühlsmäßige Aufladung vormals neutral genannter Wörter durch Possessivpronomen: „auf seiner Fabrik" (vorher: die Fabrik), „unsere Büros"
- Spannungsaufbau: in drei Stufen wird Bretterwand entfernt, dann ist friedliches Sterben möglich

↓

künstlerisch streng komponierte Kurzgeschichte/Reduktion auf das Wesentliche/Zusammenhang von Form und Inhalt

Baustein 4: Das Individuum in Wirtschaft und Gesellschaft

- *Welche Rolle spielt das Wortfeld „sehen" im zweiten Teil der Geschichte?*
- *Inwiefern trägt der Abbau der Bretterwand zu einem progressiven Spannungsaufbau bei? Welche Bedeutung hat die Bretterwand?*

Im Anschluss an die sprachliche Analyse gibt das **Arbeitsblatt 49** (S. 156 f.) den Schülern die Möglichkeit, sich selbstständig mit einigen Thesen zur Aussage und Bedeutung der Kurzgeschichte zu beschäftigen. Steht nicht mehr ausreichend Zeit zur Verfügung, kann auf das Thesenpuzzle auch verzichtet und gleich auf das abschließende Tafelbild (s. u.) im Rahmen einer Abschlussdiskussion eingegangen werden.

Zum Ablauf der Gruppenarbeit: Jede Gruppe erhält das **Arbeitsblatt 49**. Die Gruppengröße sollte vier Schüler nicht übersteigen. Jede Gruppe benötigt nur ein Arbeitsblatt, dieses bietet vier verschiedene Thesen zur Kurzgeschichte. In der Gruppe werden die Thesen zerschnitten, nun liest jeder Schüler die ihm zugeteilte Thesenkarte, stellt sie im Anschluss den anderen Gruppenmitgliedern vor und beantwortet eventuelle Verstehensfragen. Gemeinsam sollte zuerst ein umfassendes Verständnis der jeweiligen Thesen angestrebt werden. Erst im zweiten Schritt – das ist der Kern dieser Gruppenarbeit – geht es um eine kontroverse Auseinandersetzung mit den Inhalten der Thesenkarten. Der Arbeitsauftrag zwingt die Gruppen zu einer reflektierten Bewertung der Aussagen. Dadurch sollte die Diskussion ein höheres Maß an Verbindlichkeit erreichen, die Reflexion wird intensiver geführt:

- *Setzen Sie sich in Gruppen zu vier Schülerinnen und Schülern zusammen und teilen Sie sich in der Gruppe eine der vier Thesen des Arbeitsblattes zu. Lesen Sie in Einzelarbeit Ihre These durch und stellen Sie diese anschließend den anderen Gruppenmitgliedern vor. Identifizieren Sie inhaltlich ähnliche sowie sich widersprechende Thesen, indem Sie diese aufeinanderlegen. Nehmen Sie nun gemeinsam eine Bewertung der einzelnen Thesen vor, indem Sie mithilfe der Arbeitsblatt-Vorlage eine wertende und begründete Rangfolge (Stichpunkte) der besten drei Thesen aufstellen (→ Aufkleben). Die aus Sicht der Gruppe „schwächste" These verwerfen Sie, diese wird nicht auf die Vorlage aufgeklebt.*
  Stellen Sie die begründete Reihenfolge Ihrer Thesen im Plenum vor.

In den Gruppen wird nun für etwa 15 bis 20 Minuten diskutiert. Für die sich anschließende Präsentation der Gruppenergebnisse ist es methodisch von Vorteil, wenn die Lehrkraft die Thesen des Arbeitsblattes auf Folie gezogen und zerschnitten hat. Die einzelnen Thesen können so über einen OHP an die Wand projiziert werden. Dabei sollte die erste Gruppe die begründete Reihenfolge ihrer Thesen vollständig vortragen. Um zu große Redundanzen zu vermeiden, ist es vorteilhaft, wenn nicht alle Gruppen ihre Ergebnisse nacheinander vortragen. Didaktisch effektiver ist ein selektives Vorgehen. Dazu sollte sich der Lehrer schon gegen Ende der Gruppenarbeitsphase die Ergebnisse sämtlicher Gruppen anschauen und nach der ersten Präsentation eine derjenigen Gruppen vortragen lassen, deren Reihenfolge sich von der ersten Gruppe deutlich unterscheidet. Auf diese Weise kann im Idealfall eine kontroverse Diskussion ermöglicht werden. Nach Möglichkeit sollte jede Gruppe in die Diskussion integriert werden. Eine für alle verbindliche Endversion kann hierbei nicht das Ziel sein.

- *Welche Thesen ähneln sich in ihrer Argumentation?*
- *Wo liegt der Unterschied zwischen beiden Thesen?*
- *Warum hat Ihre Gruppe die These … aussortiert?*

Baustein 4: Das Individuum in Wirtschaft und Gesellschaft

These 1	Bei aller berechtigten Kritik an den ausbeuterischen Folgen der Akkordarbeit, die der Grund für die zum Tode führende Krankheit des Arbeiters ist, kann man die Schlussfolgerung der These nur als falsch bezeichnen. Mit dem Abbau der Bretterwand schwindet auch der Hass auf Fabrik und Umwelt. Das „Lächeln" am Ende lässt eher den Schluss zu, dass der Mann sehr wohl sein „Neapel" gesehen hat.
These 2	Wie These 1, nur ohne die falschen Schlussfolgerungen. Den Aussagen ist grundsätzlich zuzustimmen, allerdings erfassen sie nicht die Gesamtaussage der Kurzgeschichte, sondern nur einen, wenn auch sehr wichtigen Aspekt.
These 3	Die Begegnungen des Autors mit sozial und ökonomisch ungerecht Behandelten hat Kurt Marti politisiert, nach links getrieben. Gleichwohl ist die Folgerung der These ein Kurzschluss. Eine radikale Systemkritik am Kapitalismus müsste anders aussehen als das doch versöhnliche Ende. Hier scheint ein Zustand möglich, in dem die Arbeit nicht zur Selbstzerstörung führt, sondern dem Menschen dient. Insofern ist die Kurzgeschichte sehr wohl von großer Aktualität.
These 4	Der Aussage der These ist grundsätzlich zuzustimmen. Insbesondere in Kombination mit These 2 erscheint so die Hauptaussage der Kurzgeschichte weitgehend richtig erfasst.

Zentraler Diskussionspunkt im Abschlussgespräch ist die Versklavung des Menschen unter die Systemimperative des Ökonomischen, die von dem Individuum so sehr Besitz ergreifen, dass es sogar in der Nacht im Stakkato der Akkordarbeit zuckt. Doch mit dem Akkord verschwindet der Hass. (Vgl. Elsbeth Pulver: Kurt Marti *Neapel sehen*. In: W. Beilmann [Hrg.]: Klassische deutsche Kurzgeschichten. Stuttgart 2004, S. 240–246) Diese Versöhnung des Individuums findet sich auch sprachlich wieder. Erst der freie, unverstellte Blick auf die lange verhasste Fabrik ermöglicht am Ende des Lebens die zentrale, den Arbeiter mit sich selbst versöhnende Einsicht. Nicht der Garten, gedacht als Gegenwelt zur verhassten Arbeit, ist der Ausweg. „Sein Neapel ist – und das gibt Rätsel auf – gerade die Arbeitswelt, die er aus seinem Leben ausschließen wollte." (Ebd., S. 244) Gibt es für Adorno kein richtiges Leben im falschen, so muss die Versöhnung des Mannes mit seiner Vergangenheit, der Arbeit in der Fabrik, doch ernst genommen werden. Es finden sich keine Hinweise im Text, dass die Wendung auf eine Selbsttäuschung des Arbeiters zurückzuführen sei. Das Ende der Kurzgeschichte eröffnet somit einen hoffnungsvollen Ausblick auf die Möglichkeit eines authentischen, humanen Arbeitslebens, über allem liegt „ein Hauch des Utopischen" (ebd., S. 245). Die Ergebnisse des Plenumgesprächs können als Tafelbild zusammengefasst werden:

Die Kurzgeschichte Neapel sehen verdeutlicht, dass ...

- Arbeit den Menschen krank machen, „versklaven", von ihm Besitz ergreifen kann.
- eine strikte Trennung von Arbeits- und Privatleben gefährlich sein kann.
- eine Synthese von Berufs- und Privatleben angestrebt werden sollte.
- Arbeit dem Menschen zu dienen hat, nicht umgekehrt.
- ein neuer, ungewohnter Blick aus der Distanz wichtige Einsichten ermöglichen kann.

Mögliche Impulsfragen:

- *Ein Schüler sagt: „Das Problem des Mannes ist nicht die Holzwand, sondern die Wand, die er sich in seinem Kopf über Jahre hinweg gebaut hat." Kommentieren Sie.*
- *Wofür steht die Bretterwand als Leitsymbol der Geschichte?*

Baustein 4: Das Individuum in Wirtschaft und Gesellschaft

- *Warum trägt die Hauptfigur dieser wie auch vieler anderer Kurzgeschichten keinen Namen?*
- *Worin gleichen sich die Kurzgeschichten „Der Stelzengänger" und „Neapel sehen"?*
- *Inwiefern ist der „Stelzengänger" dem Mann in „Neapel sehen" einen Erkenntnisschritt voraus?*
- *Ist die Kurzgeschichte „Neapel sehen" noch aktuell?*

4.4 Theo Schmich: Die Kündigung (1977)

Die Kurzgeschichte „Die Kündigung" von Theo Schmich handelt von der Reaktion eines Arbeiters auf seine Entlassung. Sie eignet sich aufgrund ihrer inhaltlichen Klarheit gut für einen Einsatz ab Klasse 8. Das in der Folge beschriebene Vorgehen ist daher vor allem für Schüler der Sekundarstufe I konzipiert.

Die Kurzgeschichte beginnt klassisch: Schon im ersten Satz wird das zentrale Thema aufgeworfen. Der Personalchef teilt dem Protagonisten – anonym in der Folge als „Mann" bezeichnet – mit, dass er „im Zuge notwendiger Personaleinsparungen" (Z. 1 f.) leider entlassen werden müsse. Ausdrücklich betont der Personalchef, dass die Entlassung ihren Grund nicht in defizitärer Arbeit des Mannes habe, sondern das Ergebnis sachlich-neutraler Kalkulationen eines Computers sei. Verwirrt und unzufrieden darüber, dass „eine tote Maschine" (Z. 57) über sein Leben entschieden haben soll, sucht der Mann zuerst seinen Chef auf, der ihm auf unangebrachte Art und Weise die Entscheidung des „Elektronenrechners" bestätigt. Wie der Personalchef zuvor wälzt auch der Chef die persönliche Verantwortung auf eine nicht haftbar zu machende Sache ab und zieht sich so aus der Pflicht, die Entlassung sachlogisch begründen müssen. Nach dem gleichen Prinzip verfährt auch der Betriebsrat. Eigentlich kommt diesem die Aufgabe zu, die Interessen der Belegschaft zu verteidigen, doch gleicht dessen Antwort auf die Frage nach dem Grund der Entlassung denen des Personalchefs und des Chefs. Vollkommen unbefriedigt und zunehmend verärgert sinniert der Entlassene über mögliche negative Folgen seiner baldigen Arbeitslosigkeit. Um seinem Ärger Luft zu machen, denkt der Mann darüber nach, ob er sich an einem Automaten „rächen" (Z. 139) könne. Diesen zuerst als lächerlich angesehenen Plan setzt der Mann ein Paar Wochen später in die Tat um: „Er war in den Raum eingedrungen, in dem der Rechner aufgestellt war, und demolierte die Einrichtungen mit einem schweren Hammer." (Z. 143 ff.) Die Kurzgeschichte endet mit der menschenverachtenden Äußerung des Personalchefs, dass diese Straftat Beweis genug für die Richtigkeit der vorhergehenden Entlassung sei.

Schmich wirft mit seiner Kurzgeschichte die Frage nach der Verantwortlichkeit im Wirtschaftsleben auf. Seine Geschichte kann Anlass für eine schülernahe Diskussion über Sinn und Zweck menschlicher Arbeit, die Stellung und Würde des Individuums in einer auf Profitsteigerung ausgerichteten kapitalistischen Wirtschaftsordnung und die Frage nach den menschlichen Gestaltungsmöglichkeiten sein. Für Schüler der Mittelstufe gibt vor allem das nur oberflächlich gesehen sinnlose Verhalten des Mannes Gelegenheit, über Verantwortung im Arbeitsleben zu reflektieren.

Zum Einstieg wird die Kurzgeschichte (**Arbeitsblatt 50**, S. 158 f.) in der Klasse gelesen. Die an dieser Stelle sich üblicherweise anschließende erste Verständigungsphase über den Inhalt der Kurzgeschichte wird ausgespart. Stattdessen erhalten die Schüler den folgenden Arbeitsauftrag, der in Einzelarbeit bearbeitet werden soll:

Baustein 4: Das Individuum in Wirtschaft und Gesellschaft

> ■ Mache dir den Inhalt der Kurzgeschichte „Die Kündigung" klar. Überlege dir im Anschluss fünf Fragen, mit denen du das Textverständnis deiner Mitschüler überprüfen kannst. Die Fragen sollten sich auf die Handlung, die Personen und deren Motive beziehen. Eine Hilfe können die sogenannten W-Fragen sein, die man für die Erstellung einer Inhaltsangabe benötigt.

Nach dieser etwa zehnminütigen Einzelarbeitsphase finden sich jeweils zwei Schüler zum Partnerinterview zusammen. Dabei ist eine Zusammensetzung der Partnertandems nach dem Zufallsprinzip (z. B. über Spielkarten) empfehlenswert. Die Schüler interviewen sich nun gegenseitig und klären auf diese aktivierende Weise den Inhalt der Kurzgeschichte. Je nach Leistungsstärke der Lerngruppe kann ein zweiter Durchgang erforderlich sein.
Im Anschluss erhalten die Schülerinnen und Schüler nun das **Arbeitsblatt 51** (S. 160). Dieses wiederholt die den Schülern aus der Klasse 7 bekannten Kriterien für das Anfertigen einer Inhaltsangabe. Dazu erhalten die Schüler den nachfolgenden Arbeitsauftrag, der in Einzel- oder Partnerarbeit bearbeitet werden kann:

> ■ Lies dir die Informationen des Arbeitsblatts „Eine Inhaltsangabe verfassen" durch. Mache dir zuerst stichpunktartig Notizen auf einem Schmierzettel. Wenn du alle W-Fragen beantworten kannst, schreibe deinen Text ins Heft.

Ausgewählte Inhaltsangaben, die auch gut als Hausaufgaben angefertigt werden können, werden im Anschluss vorgetragen und bewertet. Mithilfe der Schülertexte kann dann gemeinsam im Plenumsgespräch eine Übersicht über die Handlung an der Tafel entworfen werden.

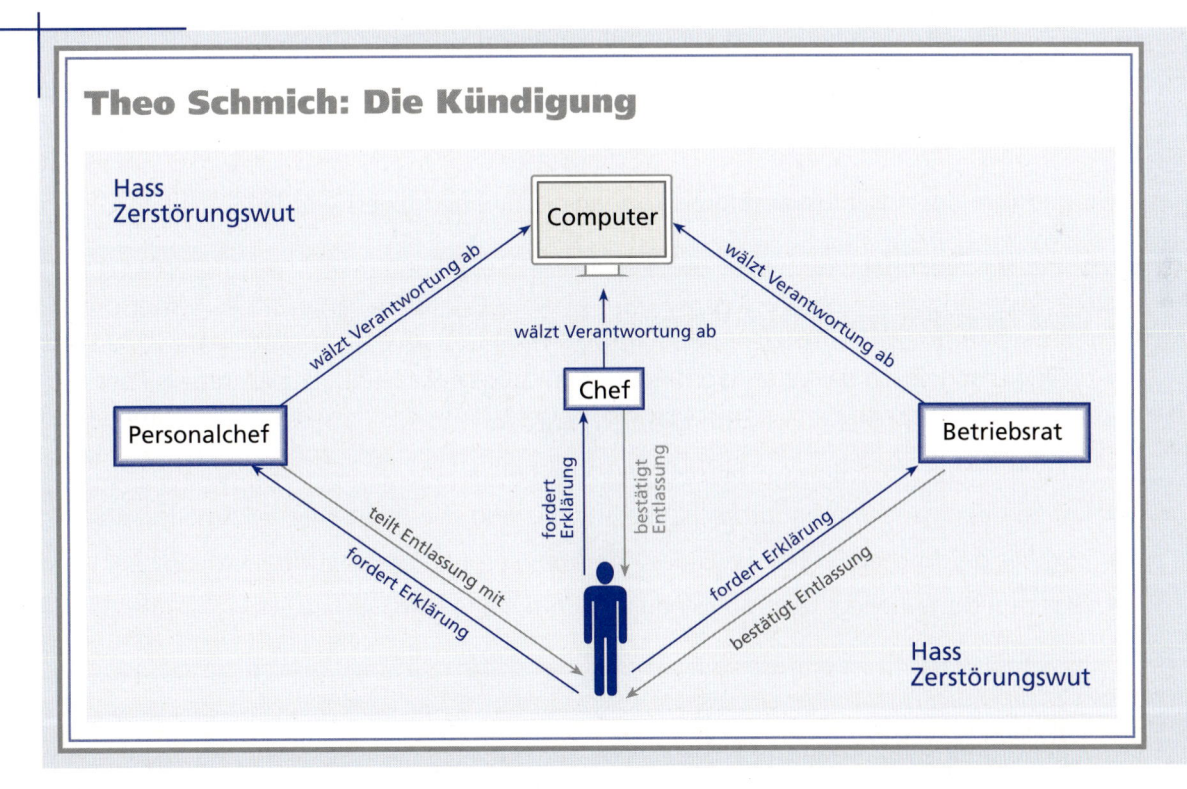

Theo Schmich: Die Kündigung

Hass
Zerstörungswut

Computer

- Personalchef → wälzt Verantwortung ab → Computer
- Chef → wälzt Verantwortung ab → Computer
- Betriebsrat → wälzt Verantwortung ab → Computer
- Personalchef → teilt Entlassung mit → (Mitarbeiter)
- (Mitarbeiter) → fordert Erklärung → Personalchef
- (Mitarbeiter) → fordert Erklärung → Chef
- Chef → bestätigt Entlassung → (Mitarbeiter)
- (Mitarbeiter) → fordert Erklärung → Betriebsrat
- Betriebsrat → bestätigt Entlassung → (Mitarbeiter)

Hass
Zerstörungswut

Nach dieser ersten Phase, die vor allem der Inhaltssicherung diente, soll den Schülern nun Gelegenheit zur Textdeutung gegeben werden. Dafür kann das **Arbeitsblatt 52** (S. 161) in Gruppen bearbeitet werden. Die Schüler setzen sich im Sinne der Aufgabe des Arbeitsblattes aktiv mit unterschiedlich wertenden Äußerungen auseinander, die direkten Aufforderungscharakter haben und zum Widerspruch anregen sollen. Als zentrales Kriterium der Gruppenarbeitsphase sollte dabei im Vorfeld klargemacht werden, dass deutende Aussagen immer am Text belegt werden müssen. Durch den Arbeitsauftrag wird die Gruppe gezwungen, sich auf jeweils eine Aussage zu einigen. Diese soll in der Präsentationsphase vorgestellt und zur Diskussion gestellt werden. (Bei spielerfahrenen Lerngruppen kann das Gruppenergebnis auch im Rahmen eines kleinen darstellenden Spiels präsentiert werden. Eine Gruppe könnte dabei den Diskussionsprozess innerhalb ihrer eigenen Gruppe dialogisch darstellen und zum tatsächlichen Endergebnis führen.) Dabei sind auch die von den Lerngruppen verworfenen Thesen von Interesse für die Interpretation. Für das Unterrichtsgespräch sind folgende Impulsfragen möglich:

- *Welches ist die Grundstruktur der Entlassung?*
- *Worin gleichen sich Personalchef, Chef und Betriebsrat?*
- *Warum berufen sich Personalchef, Chef und Betriebsrat auf das Ergebnis des Computers?*
- *Wie nimmt der Mann seine Entlassung auf?*
- *Welche Reaktionsmöglichkeiten hat der entlassene Mann?*
- *Warum hat der Mann keinen Eigennamen, sondern bleibt anonym?*
- *Wie beurteilst du das Verhalten des Mannes am Ende der Geschichte? Kannst du ihn verstehen?*
- *Ist es richtig, dass der Mann sich wehrt? Welche Alternativen hat er?*
- *Was ist das Thema der Kurzgeschichte?*
- *Wen oder was will der Autor mit seiner Geschichte kritisieren?*
- *Diskutiert anhand der Kurzgeschichte die Behauptung: „Arbeitslosigkeit ist meistens selbstverschuldet."*

Die Ergebnisse des Abschlussgesprächs können als Tafelbild fixiert werden:

Theo Schmichs: „Die Kündigung" ...

- stellt die Frage nach der Verantwortung für schwierige Entscheidungen im Arbeitsleben.
- fordert zur Übernahme von Verantwortung auf.
- kritisiert feiges Verhalten wie das des Personalchefs.
- kritisiert anonyme und undurchschaubare Strukturen in unmenschlicher Arbeitswelt.
- zeigt die psychischen Folgen der Entlassung eines hilf- und perspektivlosen Menschen.
- regt zum Nachdenken über möglichen vernünftigen Widerstand an.

Als weiterführende Arbeitsaufträge bieten sich an:

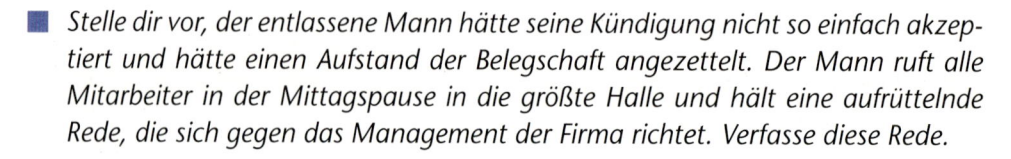

- *Stelle dir vor, der entlassene Mann hätte seine Kündigung nicht so einfach akzeptiert und hätte einen Aufstand der Belegschaft angezettelt. Der Mann ruft alle Mitarbeiter in der Mittagspause in die größte Halle und hält eine aufrüttelnde Rede, die sich gegen das Management der Firma richtet. Verfasse diese Rede.*
- *Entwirf ein Flugplakat, auf dem der Entlassene gegen das Vorgehen der Unternehmensführung protestiert und zu einer Demonstration aufruft.*

Siegfried Lenz: Der große Wildenberg (1958)

Mit dem Brief kam neue Hoffnung. Er war nur kurz, enthielt keine Anrede, er war mit gleichgültiger Höflichkeit diktiert worden, ohne Anteilnahme, ohne die Absicht, mir durch eine versteckte, vielleicht unfreiwillige Wendung zu verstehen zu geben, dass meine Sache gut stand. Obwohl ich den Brief mehrmals las, nach Worten suchte, die ich in der ersten Aufregung überlesen zu haben fürchtete, und obwohl all meine Versuche, etwas Gutes für mich herauszulesen, misslangen, glaubte ich, einige Hoffnungen in ihn setzen zu können, denn man lud mich ein, oder empfahl mir, zum Werk herauszukommen und mich vorzustellen.

Ich faltete den Brief zusammen, legte ihn, damit ich ihn gegebenenfalls schnell zur Hand hätte, in die Brieftasche und fuhr hinaus zur Fabrik. Es war eine Drahtfabrik, ein lang gestrecktes, flaches Gebäude; es war dunkel, als ich hinausfuhr, und es schneite. Ich ging an einer hohen Backsteinmauer entlang, ging in ihrem Windschutz; elektrische Bogenlampen erhellten den Weg, niemand kam mir entgegen. In das Pflaster der Straße waren Schienen eingelassen, sie glänzten matt, der Schnee hielt sich nicht auf ihnen. Der Schienenstrang führte mich zu einer Einfahrt, er verließ in kurzem Bogen die Straße, lief unter einem Drahtgitter hindurch und verschwand im Innern eines schwarzen Schuppens. Neben dem Tor stand ein Pförtnerhaus aus Holz, es wurde von einer schwachen elektrischen Birne erleuchtet, die an der Decke hing. Im Schein der Birne erkannte ich den Pförtner, einen alten, mürrischen Mann, der vor einem schäbigen Holztisch saß und mich beobachtete. Hinter seinem Rücken brannte ein Koksfeuer. Ich ging an das Häuschen heran und der Pförtner legte sein Ohr an das Fenster und wartete auf meine Anmeldung: ich schwieg. Der Mann wurde ärgerlich und stieß ein kleines Fenster vor mir auf. Ich spürte, wie ein Strom von verbrauchter, süßlicher Luft ins Freie drang. Der Pförtner war offenbar besorgt, dass zu viel Luft aus seinem Raum entweichen könnte, und er fragte ungeduldig:

„Zu wem wollen Sie? Sind Sie angemeldet?"

Ich sagte, dass ich bestellt sei; wenn er wolle, könne ich ihm den Brief zeigen. Der Brief sei von einem Mann namens Wildenberg unterzeichnet.

Als ich diesen Namen nannte, blickte der Pförtner auf seine Uhr, dann sah er mich an, bekümmert und mit sanftem Spott, und ich fühlte, dass er seinen Ärger vergessen hatte und nur ein berufsmäßiges Mitleid für mich empfand.

„Ist Herr Wildenberg nicht da?", fragte ich.

„Er ist fast immer da", sagte der Pförtner. „Es kommt selten vor, dass er verreist ist. Aber Sie werden ihn heute nicht sprechen können."

Und dann erzählte er mir, wie schwer es sei, an Wildenberg heranzukommen; er erzählte mir, wie viel auf diesem großen Mann laste, der in schweigender Einsamkeit, hinter fernen Türen, seine Entschlüsse fasse, und dass es zwecklos sei, wenn ich, obgleich ich bestellt sei, zu dieser Stunde noch herkäme. Ich solle am nächsten Tag wiederkommen, empfahl mir der Pförtner, hob die Schultern, seufzte und sagte, dass das der einzige Rat sei, den er mir geben könne, ich täte gut daran, ihn zu befolgen.

Ich befolgte den Rat des Pförtners und ging nach Hause, und am nächsten Morgen, in aller Frühe, machte ich mich wieder auf den Weg zur Fabrik. Die Bogenlampen brannten noch, es war kalt, und von der Werkskantine roch es nach Kohl. Der Pförtner empfing mich freundlich, er schien auf mich gewartet zu haben. Er winkte mir, draußen stehen zu bleiben, telefonierte längere Zeit und erklärte schließlich mit glücklichem Eifer, dass es ihm gelungen sei, mich auf die Spur zu setzen, ich könne nun ohne Schwierigkeiten bis zu Doktor Setzkis Büro gehen, seine Sekretärin würde mich dort erwarten.

Die Sekretärin war forsch und mager, sie bot mir eine Tasse Tee an, den sie gerade gekocht hatte, und entschuldigte sich mit einer eiligen Arbeit. Ich wertete den Tee als gutes Zeichen, das Angebot hatte mich seltsamerweise so zuversichtlich für meine eigene Sache gemacht, dass ich der Sekretärin eine von meinen beiden Zigaretten hinüberreichen wollte, doch sie lehnte ab. Ich rauchte auch nicht, weil Dr. Setzki jeden Augenblick aus seinem Zimmer kommen konnte, ich hörte Geräusche hinter seiner Tür, Knistern und Murmeln.

Es wurde hell draußen, die Bogenlampen erloschen, und die Sekretärin fragte mich, ob sie das Licht im Zimmer ausknipsen dürfe. Ich antwortete ihr lang und umständlich, in der Hoffnung, sie dadurch in ein Gespräch zu ziehen, denn es war mir ihretwegen peinlich, dass Dr. Setzki mich so lange warten ließ. Aber das Mädchen ging nicht auf meine Bemerkungen ein, sondern verbarg sich sofort wieder hinter ihrer Schreibmaschine, wo sie sicher war.

Dr. Setzki kam spät, er war unerwartet jung, entschuldigte sich, dass er mich so lange hatte warten lassen, und führte mich über einen Gang. Er entschuldigte sich vor allem damit, dass Wildenberg, der große einsame Arbeiter, keinen zur Ruhe kommen lasse, immer wieder frage er nach, versichere sich aller Dinge mehrmals und verhindere dadurch, dass man einen genauen Tagesplan einhalten könne. Ich empfand fast ein wenig Furcht bei der Vorstellung, in wenigen Sekunden Wildenberg gegenüberzusitzen, ich spürte, wie auf den Innenflächen meiner Hände Schweiß ausbrach, und sehnte mich nach dem Zimmer der Sekretärin zurück.

Dr. Setzki durchquerte mit mir ein Büro und brachte mich in ein Zimmer, in dem nur ein Schreibtisch und zwei Stühle standen. Er bat mich, auf einem der Stühle Platz zu nehmen und auf Dr. Petersen zu warten, das sei, wie er sagte, die rechte Hand Wildenbergs, die mir alle weiteren Türen zu dem großen Mann öffnen werde. Er zeigte sich unterrichtet, in welcher Angelegenheit ich hergekommen war, sprach mit großer Bewunderung von Wildenbergs Geschick, Leute auszusuchen, und verabschiedete sich schließlich, indem er mir die Hand flüchtig auf die Schulter legte. Als ich allein war, dachte ich noch einmal an seine Worte, hörte noch einmal seinen Tonfall, und jetzt schien es mir, als sei die Bewunderung, mit der er von Wildenberg gesprochen hatte, heimliche Ironie.

Dr. Petersen war, wie die Sekretärin, die unter einem Vorwand ins Zimmer kam, sagte, auf einer Sitzung. Sie konnte nicht sagen, wann er wieder zurück wäre, aber sie glaubte zu wissen, dass es nicht zu lange dauern würde; dafür, meinte sie, seien Sitzungen zu anstrengend. Sie lachte vielsagend und ließ mich allein.

Die Sekretärin hatte recht. Ich hatte zehn Minuten gewartet, da erschien Dr. Petersen, ein Hüne mit wässerigen Augen; er bat mich, Platz zu behalten, und wir sprachen über meine Bewerbung. Sie sei, sagte er, immer noch bei Wildenberg, er habe sie bei sich behalten, trotz seiner enormen Arbeitslast, und ich käme diesem großen Mann gewiss entgegen, wenn ich nicht weiter danach fragte, sondern meinen Aufenthalt bei ihm so kurz wie möglich hielte.

„Ich bin sicher", sagte Dr. Petersen, „Herrn Wildenbergs Laune wird umso besser sein, je kürzer Sie sich fassen. Leute seiner Art machen alles kurz und konzentriert." Dann bat er mich, ihm zu folgen, klopfte an eine Tür, und als eine Stimme „Herein" rief, machte er mir noch einmal ein hastiges Zeichen, all seine Ratschläge zu bedenken, und ließ mich eintreten. Ich hörte, wie die Tür hinter mir geschlossen wurde. [...]

Aus: Siegfried Lenz: Gesammelte Erzählungen. Copyright © 1958 by Hoffmann und Campe Verlag, Hamburg

■ *Schreiben Sie die Kurzgeschichte an dieser Stelle weiter. Entwerfen Sie auch ein geeignetes Ende für die Geschichte. Stellen Sie Ihre Version anschließend vor und begründen Sie Ihren Handlungsentwurf.*

Siegfried Lenz: Der große Wildenberg (1958) – zwei Fortsetzungen

a) „Ich war noch nicht einmal richtig eingetreten, da bemerkte ich einen sich sehr schnell von der linken Seite nähernden Schatten. Blitzschnell drehte ich meinen Kopf und sah eine riesige schwarz gefleckte Dogge auf mich zustürzen. Blut schoss mir panikartig in den Kopf, ich fühlte eine Lähmung in den Gliedern heraufziehen. In letzter Sekunde gelang es mir, mich auf den leeren, etwa vier Meter langen Schreibtisch Wildenbergs zu retten. Mit fletschenden Zähnen sprang das Untier gierig am Tischrand entlang, schnappte wild nach meinem Hosenbein und ließ mir keine Ruhe. In meiner Not griff ich zu einem am rechten Tischrand lehnenden Regenschirm und schlug damit in Richtung des Köters. „Was machen Sie denn da?", hallte es mir in diesem Moment entgegen. In der Aufregung hatte ich nicht bemerkt, wie sich die hintere Tür geöffnet hatte. Ein riesiger, mindestens 130 Kilogramm schwerer, in kalt-blauem Nadelstreifenanzug gekleideter Mann mit gegeltem Haar und goldener Brille stand in der Tür und schaute fassungslos auf das, was sich in seinem Zimmer abspielte. Ich stellte mich vor und versuchte, die Szenerie zu erläutern, doch der massige Unternehmensleiter schien mir gar nicht zuzuhören. Stattdessen kümmerte er sich ausnahmslos um seinen geliebten Hund, den er wohl für von mir misshandelt hielt. Ich blieb insgesamt wohl etwa zwei Minuten in dem einschüchternden riesigen Ohrensessel ihm gegenüber sitzen, während ich hilflos den Grund meines Kommens aus meinem ausgetrockneten Mund herausstammelte. Wildenberg schaute mich in dieser Zeit nicht einmal richtig an. Seinen Hund kraulend, schaute er mich nur am Ende misstrauisch-abschätzend für einen winzigen Moment an, dann stand er auf und leitete mich zur Tür. Er öffnete sie, gab mir nicht die Hand, sondern fragte monoton seine Sekretärin: „Wann habe ich meinen Golf-Termin mit Dr. Ehrismann?"
Ich habe nie wieder von Wildenberg gehört.

b) „Kommen Sie", sagte eine freundliche, schwache Stimme, „kommen Sie zu mir heran."
Ich sah in die Ecke, aus der die Stimme gekommen war, und ich erkannte einen kleinen, leidvoll lächelnden Mann hinter einem riesigen Schreibtisch. Er winkte mir aus seiner Verlorenheit mit einem randlosen Zwicker zu, reichte mir die Hand, eine kleine, gichtige Hand, und bat mich schüchtern, Platz zu nehmen.
Nachdem ich mich gesetzt hatte, begann er zu erzählen, er erzählte mir die ganze Geschichte der Fabrik, und wenn ich in einer Pause zu gehen versuchte, bat er mich inständig, zu bleiben. Und jedesmal, wenn ich mich wieder setzte, bedankte er sich ausführlich, klagte über seine Einsamkeit und wischte mit dem Ärmchen über den leeren Schreibtisch. Ich wurde unruhig und erinnerte mich der Ratschläge, die man mir gegeben hatte, aber sein Bedürfnis, sich auszusprechen, schien echt zu sein, und ich blieb.
Ich blieb mehrere Stunden bei ihm. Bevor ich mich verabschiedete, fragte ich nach meiner Bewerbung. Er lächelte traurig und versicherte mir, dass er sie nie gesehen habe, er bekomme zwar, sagte er, gelegentlich etwas zur Unterschrift vorgelegt, aber nur, um sich nicht so einsam zu fühlen, denn man entreiße es ihm sofort wieder. Und er gab mir flüsternd den Rat, es einmal bei Dr. Setzki zu versuchen, der habe mehr Möglichkeiten und sei über den Pförtner zu erreichen: Ich musste ihm glauben.
Ich verabschiedete mich von dem großen Wildenberg, und als ich bereits an der Tür war, kam er mir nachgetrippelt, zupfte mich am Ärmel und bat mich, ihn bald wieder zu besuchen. Ich versprach es.

- Diskutieren Sie mit Ihrem Partner, welche der beiden Versionen Sie für gelungener halten. Begründen Sie.
- Welche Version halten Sie für die von Siegfried Lenz[1] geschriebene? Begründen Sie.

---

[1] Aus: Siegfried Lenz: Gesammelte Erzählungen. Copyright © 1958 by Hoffmann und Campe Verlag, Hamburg

Charlie Chaplin: Moderne Zeiten

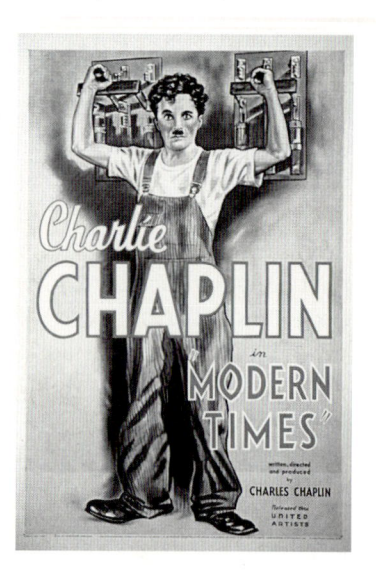

I.

Interpretieren Sie das berühmte Bild Charlie Chaplins aus dessen Filmklassiker „Moderne Zeiten". Dabei können Ihnen folgende Fragen behilflich sein:

- Was wird hier dargestellt? (Beschreibung) Was will Chaplin mit der Szene ausdrücken?
- Wird hier etwas positiv dargestellt oder kritisiert? Woran kann man das erkennen? Begründen Sie.
- Inwiefern kann man das Bild als Kritik am modernen Kapitalismus auffassen?
- Versuchen Sie, die Kritik Chaplins an einem aktuellen Beispiel zu erläutern.
- Trifft Chaplins Kritik heute noch zu? Begründen Sie.

II. Zeichnen Sie in das vorliegende Schema die Stationen des Ich-Erzählers im Laufe der Kurzgeschichte „Der große Wildenberg" ein. Wo beginnt für ihn die Odyssee durch die Drahtfabrik, an wen soll er sich laut Wildenberg am Ende wenden, um die Bewerbung weiterzutreiben?

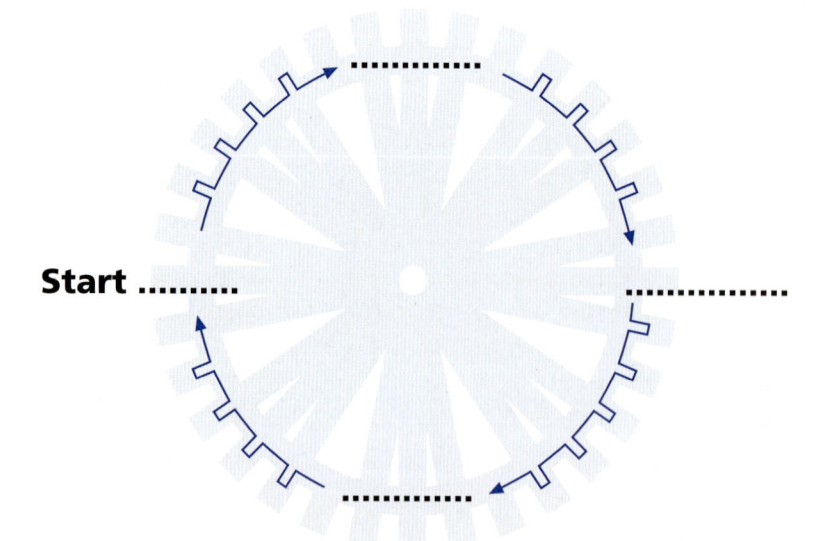

Start ....

III. Was sagt die Struktur der Erzählung über die Erfolgsaussichten des jungen Mannes aus? Stellen Sie einen Zusammenhang zwischen dem Schaubild und Chaplins „Moderne Zeiten" her.

Günter Eich: Der Stelzengänger (1954)

Ich komme mit vielen Menschen zusammen und es gibt kaum einen darunter, der glücklich wäre. Ich aber bin es, denn mir ist es gelungen, das Ziel zu erreichen, das ich seit frühester Jugend erstrebe. Ich habe den Beruf, den ich wollte: Ich bin Vertreter der Firma Astrol, die Schuhcreme herstellt und vertreibt. Damit ist die praktische Seite meiner Tätigkeit bezeichnet, aber erst in Verbindung mit dem Höheren, das zu jedem wahren Beruf und auch zu meinem gehört, erfüllt er mich mit immerwährendem Glück. Wie soll ich dem, der es nicht kennt, dieses Glück erklären? Der oberflächliche Zuschauer ist nicht imstande, die beiden Aufgaben meines Berufes als eine einzige zu sehen. Habe ich in einer Ortschaft alle Läden, die Schuhcreme führen, besucht und die Bestellungen aufgenommen, so kehre ich zu meinem Wagen zurück, um den sich meist schon eine größere oder kleinere Menge versammelt hat. Vor allem kommen Kinder. Nicht die grellfarbigen Reklameflächen auf den Seitenwänden des Autos locken die Kinder an, – Wagen dieser Art sieht man viele, wenn man auch zugeben muss, dass die Astrolfarben (giftgrün und purpurrot hart nebeneinandergesetzt) auf eine gewissermaßen schmerzhafte Weise anziehend wirken, wie das Auge der Viper auf den Frosch. Indessen ist es doch der ungewöhnliche Aufbau meines Wagens, der die Aufmerksamkeit erregt und hin und wieder auch denjenigen betroffen stehenbleiben lässt, der viel gesehen und die natürliche Neugier verloren hat. An den Seitenwänden nämlich sind Leitern angebracht, eine rechts, eine links, schräg zur Mitte geneigt, sich nach oben verjüngend und über die Decke des Wagens hinaus in die Höhe ragend. Zwischen den beiden Leitern dreht sich ein überlebensgroßer giftgrüner Herrenschuh im Kreise. Purpurne Schnürriemen hängen groß wie Vorhangstroddeln seitlich an ihm herab. Zieht man daran, und die Kinder verfallen bald genug darauf, so wird damit das Gangwerk eines Grammophons bewegt, das sich im Innern des Wagens befindet, und es ertönt je nach der Reihenfolge eine getragene, muntere oder innige Musik, von einigen werbenden Worten gefolgt. Die besondere Wirkung besteht darin, dass die Reklame durch eine Handlung ausgelöst wird, die die Kinder für verboten halten, während sie durch diese Meinung zu eben jener Handlung recht eigentlich verführt werden sollen. So stürzen denn auch, wenn ich mich dem Wagen nähere, immer einige Übeltäter, unwissentlich meine Helfershelfer, mit schlechtem Gewissen davon. Die anderen blicken mir erwartungsvoll entgegen. Ich sehe ernst an ihnen vorbei, öffne die Tür in der Rückwand, steige ein und schließe hinter mir zu. Im Dunkeln kleide ich mich um.

Ich muss gestehen, dass mich auch heute noch, wenn ich allein in dem engen Wageninnern bin, bisweilen ein Herzklopfen befällt, eine dem Weinen nahe Spannung vor dem Augenblick, da ich die Wagentür wieder öffnen werde. Vielleicht ist dem Schauspieler ähnlich zumute, der sich in seiner Garderobe für seinen Auftritt vorbereitet. Dabei ist das, was ich zu tun habe, ein viel innigeres und tieferes Beginnen als ein Auftritt auf dem Theater: Bin ich doch dabei, zu mir selbst zu gelangen. Wenn ich die purpurne Hose angezogen habe, die doppelt so lang ist wie meine Beine und deshalb sorgfältig hochgekrempelt werden muss, und das giftgrüne Wams, das auf Rücken und Brust die Aufschrift ‚Astrol' trägt, nehme ich den roten Zylinder in die Hand und setze ihn auf, wenn ich die Tür wieder geöffnet und den Kopf als Erstes hinausgestreckt habe.

So gekleidet gehe ich an eine der Leitern – ich pflege dabei regelmäßig abzuwechseln – und steige die Sprossen empor, während ich gleichzeitig rechts und links zwei an der Leiter verborgen befestigte Stelzen löse. Bin ich auf der vorletzten Stufe angelangt, lasse ich die beiden überlangen Hosenbeine über die Stelzen gleiten, sodass sie sich bis zur vollen Länge ausrollen, steige dann einige Stufen hinunter, bis meine Hände das Holz unter dem Gewand fassen können und die Füße auf den Tritten der Stelze Halt finden. Ich stoße mich leicht vom Wagen ab und beginne meinen Gang durch die Straßen, hoch über den Köpfen der jauchzenden und johlenden Menge.

Ich weiß noch wohl, wie ich als Kind zum ersten Mal einen solchen Stelzengänger erblickte. Mit wehenden Frackschößen kam er durch die Allee: Von den Feldern zog ein Rauch von Kartoffelkraut herüber. Immer erinnern mich die Kartoffelfeuer an ihn. Meine Mutter hielt mich auf dem Arm und ich schaute zu ihm empor, gegen meine Gewohnheit still, denn dies erschien mir als das Wunderbarste, was ich bisher gesehen hatte. Der Stelzenmann beugte sich zu mir herab, wahrhaftig, das konnte er, und während mir sein bärtiges Gesicht ganz nahe schien, steckte er mir einen Malzbonbon in den Mund. Mit diesem Bonbon nahm ich das Verlangen in mich auf, so zu werden wie er.

Als ich ihn nach Jahren noch einmal sah, hatte er von seinem Zauber nichts eingebüßt. Immer deutlicher wurde mir, dass es nichts Größeres auf der Welt gab, als ein Stelzengänger zu sein. Die Menschen verstehen es nicht, glücklich zu werden, weil sie ihre Ziele ändern oder aufgeben, von jeder Schwierigkeit zum Ausweichen verführt. Auch bei mir gab es Hindernisse, und ich habe viel Geduld gebraucht, sie zu überwinden und die Rückschläge ohne Verzweiflung hinzunehmen. Schon die Übung des Stelzengehens, das ich in frühester Jugend begann, hätte mich in die Wüste der Hoffnungslosigkeit führen können. Denn sich recht und schlecht fortzubewegen, genügte nicht, ich musste es ja zur Meisterschaft bringen, und diese Gangart durfte mir keine Geheimnisse verborgen halten. Es kommt dabei vor allem darauf an, den Eindruck des Selbstverständlichen hervorzurufen und schließlich eine gewisse tänzerische Anmut zu erreichen, die ohne Schwerkraft scheint. Bis dahin ist es freilich weit, aber ich darf sagen, dass ich es nicht an Opfern habe fehlen lassen. Seit meinem sechsten Lebensjahr ist kein Tag vergangen, an dem ich nicht mehrere Stunden trainiert hätte. Noch heute verbringe ich, von meinen Vorführungen abgesehen, drei bis vier Stunden täglich auf den Stelzen, sommers wie winters, gleichgültig gegen Regen, Schnee, Glatteis oder Morast, im Autoverkehr der Großstadt, auf Wiesen und in Wäldern; ich überquere Flüsse, Gletscher und Felsgebiete. Von alpinistischem Rang ist meine Stelzenbesteigung der Dufourspitze. Als Kind schon gewöhnte ich mich daran, auf den Stelzen zu schlafen, gegen einen Baum oder eine Mauer gelehnt. Ich gewann Wettläufe gegen Kurzstreckenläufer und galoppierende Pferde. Auf langen Wanderungen erprobte ich meine Ausdauer, auf Treppen und fahrenden Lastwagen meine Geschicklichkeit. Es gelang mir, die üblichen Stelzenmodelle durch verschiedene Verbesserungen zu vervollkommnen, und ich glaube, dass die Geräte, die ich jetzt benutze, in dieser Hinsicht unübertrefflich sind. Ich fertige sie mir selbst an und habe nun drei Paare in Gebrauch, eines mit Licht- und Läutesignalen für den Großstadtverkehr, ein hölzernes für Langstreckenläufe und eines aus Leichtmetall für die Vorführungen.

Was indessen bedeuteten die Schwierigkeiten auf dem Wege zur Meisterschaft im Vergleich zu jenen anderen, die mir die verständnislose Umwelt bereitete? Ich will vom Spott und allen Demütigungen schweigen, die ich erdulden musste, ehe ich die erste Etappe auf meinem Wege, die Lehrstelle in den Astrolwerken, erreicht hatte.

Hier aber, wo ich glaubte, meinem Ziel nahe zu sein, erhob sich ein neues Hindernis, das mich fast gezwungen hätte, meine Pläne aufzugeben. Ich entdeckte bald, dass die Stelzenreklame von der Firma nicht mehr geübt wurde, glaubte aber zunächst, diese Tatsache zu meinem Vorteil auslegen zu können. Offenbar fehlte es an geschultem Nachwuchs. Doch als ich es eines Tages wagte, mich in der Reklameabteilung zu erkundigen, erfuhr ich zu meinem Schrecken, dass nicht die Absicht bestand, diese Art der Werbung wieder aufzunehmen. Sie galt als veraltet. Ich war wie betäubt und grübelte wochenlang über einen Ausweg nach. Sollte ich mich wirklich für besiegt erklären und zugeben, dass all meine Pläne verfehlt waren, weil es einigen wenigen an Einsicht mangelte? Wie andererseits konnte ich, der letzte Angestellte, die Direktoren überzeugen, dass sie die höchsten Werte über Bord geworfen, dass sie alles, was die Welt mit ihrem Namen verknüpfte, leichtsinnig vertan hatten? Eine Idee nach der anderen kam mir, alle verwarf ich wieder. Ich las die Biografie des Demosthenes, vielleicht half eine schnelle feurige Rede. Aber die Steine unter der Zunge bewiesen mir, dass ich kein Redner war. Sollte ich stattdessen einen Brief an die Werkleitung schreiben und mit unwiderleglichen Argumenten ihre bessere Einsicht wecken? Nein, die Sätze, die ich ins Konzept schrieb, waren matt und ungeeignet, Begeisterung zu entfachen. Ich begriff: Wenn überhaupt etwas überzeugen konnte, so waren es meine Stelzen. Ich stahl in der Fabrik zwei grün-purpurne Emailleschilder mit der Aufschrift ‚Astrol', befestigte sie mir mit Draht auf Rücken und Brust und stelzte täglich nach Dienstschluss durch die Straßen. Das blieb nicht ohne Eindruck. Nach drei oder vier Tagen ließ man mich in die Werkleitung rufen.

Dieser unbeschreibliche Augenblick, wo ich mein Ziel in einem Blitz dicht vor mir sah! Halb im Rausch ging ich über den Fabrikhof und die glänzend gewachsenen Treppen zu den Büros hinauf. Ich vergaß anzuklopfen und stand unvermittelt in der Stille der Räume, die ich noch nie betreten hatte. Ein unfreundliches, weiß gepudertes Gesicht wandte sich nach mir um. Ich glaubte, dieser Unmut würde sich in Freundlichkeit verwandeln, wenn ich meinen Namen sagte, aber eine scharfe Stimme belehrte mich anders. Entweder der Unfug, so hieß es, unterbliebe, oder ich sei zum nächsten Ersten entlassen. Ich weiß nicht, wie ich die Tür und die Klinke fand.

Nachdem ich den Flur entlang und die Treppe hinabgegangen war, blieb ich auf dem Absatz stehen und sah auf den Fabrikhof. Das Fenster stand offen und ein lauer trauriger Wind wehte von den Schrebergärten herüber.

Ich schloss das Fenster, ging wieder hinauf, den Flur entlang und trat zum zweiten Mal ohne anzuklopfen in das Zimmer. Das Mädchen saß jetzt schreibend vor ihrer Maschine und ich beeilte mich zu sprechen, bevor sie noch aufblicken konnte. „Ich werde den Unfug fortsetzen", sagte ich, „ich werde ihn fortsetzen, auch wenn man mich entlässt. Ich werde auch nach meiner Entlassung nicht damit aufhören." Das Mädchen zog die Brauen hoch. „Warten Sie einen Augenblick!", sagte sie und verschwand im Nebenzimmer. Ich blieb ganz ruhig stehen, während mir gleichsam die Seele heftig zitterte.

Es war die gleiche Ruhe, mit der ich wenige Augenblicke später dem Leiter der Astrolwerke gegenübertrat. Ich erwartete Erregung und scharfe Worte, aber zu meiner Überraschung begegnete er mir mit fast väterlicher Freundlichkeit. Ich glaubte meinen Ohren nicht zu trauen, als er sich für meine Stelzengänge im Dienste der Firma bedankte. „Ich wünschte", sagte er, „alle Angehörigen der Astrolwerke wären von demselben Geist beseelt. Aber –", fuhr er fort, und er stand hinter seinem Schreibtisch auf und beugte sich vor, um mich von seinem Platz aus recht betrachten zu können, „aber haben Sie nicht bedacht, dass Sie uns vielleicht eher schaden als nützen, wenn Sie, entschuldigen Sie, in Ihren geflickten Hosen, ein Blechschild auf der Brust und Draht an den Hüften, die Astrolwerke repräsentieren?"

Ich merkte, wie ich errötete. Er hatte natürlich Recht. „Ich werde das ändern", sagte ich. „Ändern?", erwiderte er, „die Firma hat kein Geld dafür." „Ich habe nicht gemeint", sagte ich erstaunt, „dass die Firma es ändern soll, ich will es ändern. Ich werde der Firma keine Schande machen. Ich werde nicht eher wieder auf Stelzen gehen, als bis Sie mit meinen Hosen zufrieden sind. Das verspreche ich. Ich habe ohnedies schon auf einen Anzug gespart. Ich werde mir rote Hosen kaufen und ein grünes Jackett. Sie haben völlig Recht." Er starrte mich an und murmelte: „Gut, gut."

Dann reichte er mir die Hand über den Tisch und ich schlug ein. „Ich bin einverstanden", sagte er. „Ich danke Ihnen", erwiderte ich. Er nickte mir zu und ich wandte mich zum Gehen. „Noch eins", sagte er, „warum tun Sie das eigentlich?" Ich verstand die Frage nicht. Was meinte er denn? Erwartete er, dass ich tagsüber für die Firma arbeitete und abends für mich auf den Stelzen ginge? Es gibt freilich heute noch Leute, die meinen, Vertreterbesuch und Stelzengang seien voneinander zu trennen. Aber wie das Geschäft niedrig ist ohne die ideale Erhöhung durch die Stelzen, so schwebte ich anderseits gleichsam im luftleeren Raum, falls ich ohne die Verbindung mit dem Gemeinen die Stelzen bestiege. Eines ist nicht ohne das andere, nur so bleibt die Welt in Harmonie.

Man verzeihe mir, dass ich glücklich bin. Ich möchte mein Glück nicht nur für mich, – ich möchte es auch anderen mitteilen, und bisweilen glaube ich, dass es mir gelingt. In der Dämmerung stelze ich durch die Straßen einer kleinen Stadt. Im leichten Spiel der Arme, im mühelosen Schritt fühle ich mich dem blassen Sichelmond und dem aufziehenden Nachtgewölk nahe. Unter den Stelzen spüre ich die wunderbare Erde, die Kugel, die im Weltraum kreist. Auf Rücken und Brust leuchten mir die Buchstaben ‚Astrol'. Unermüdlich folgen mir trippelnde Schritte und ich höre den eifrigen Atem und abgerissene Worte des Entzückens, sie klingen wie Gesang. Da, wo die erste Laterne brennt, beuge ich mich hinab und blicke in das heiße gerötete Gesicht eines Kindes. Es schaut mich an und in seinen Augen sehe ich die Flamme der Begeisterung leuchten, die nie mehr erlöschen wird.

So ist es bisweilen.

In: Günter Eich: Gesammelte Werke in vier Bänden. Band IV, © Suhrkamp Verlag Frankfurt am Main 1991

Der Stelzengänger – Eine Rollenbiografie verfassen

■ *Verfasse eine Rollenbiografie (Selbstdarstellung) des Stelzengängers, in der du seine Lebenssituation und seine innere Welt, also seine Gedanken und Gefühle, darstellst. Du sollst dich daher in seine Person hineinversetzen und den Text in der Ich-Form und in ganzen Sätzen formulieren. Versuche, den Text im Anschluss so vorzulesen, dass er zum Denken und Handeln des Stelzengängers passt.*

Die folgenden Fragen können dir – neben der Kurzgeschichte selbst – eine Hilfe sein. Du kannst natürlich auch eigene Fragen beantworten. Notiere deine Einschätzungen vor dem Losschreiben in Stichpunkten.

- Wie heißt du? Wie alt bist du?
- Wo lebst du? Zu welcher Zeit lebst du?
- Gefällt dir dein Leben? Welche Vorteile, welche Nachteile hat es?
- Wer lebt mit dir zusammen? Wie wichtig sind dir die Menschen, mit denen du zusammenlebst?
- Was beschäftigt dich momentan am meisten? Was ist dir wichtig?
- Wie ist deine materielle Situation? (Bist du eher arm oder reich?)
- Vermisst dich jemand? Vermisst du jemanden?
- Wie stellst du dir einen perfekten Tag vor? Worin findest du Erfüllung?
- Wie sieht dein Alltag aus? Welchen Beruf übst du aus?
- Hast du ein Hobby? Was machst du in deiner Freizeit?
- Warst du schon einmal verliebt? Was bedeutet dir das andere Geschlecht?
- Hast du Freunde? Was macht ihr zusammen? Was ist dir an einem Freund wichtig?
- Oder: Warum sind Freunde nicht wichtig?
- Was hältst du von Menschen, die das Stelzenlaufen für altmodisch und antiquiert halten?
- Was bedeutet dir deine Fähigkeit, auf Stelzen zu laufen? Für wen oder was wärst du bereit, auf diese Fähigkeit zu verzichten?
- Wovor hast du Angst? Wie gehst du mit Problemen um?

Der Stelzengänger – Lesekompetenz-Test

Kreuze die richtige Lösung an. Notiere die Begründung rechts.

a) Inhalt

stimmt	stimmt nicht	stimmt z.T.	Aussage	Begründung/ Textstelle/Zitat
			Seit der Ich-Erzähler in seiner frühen Kindheit einen Stelzengänger sah, besteht für ihn der Wunsch, den gleichen Beruf auszuüben, es dem Stelzengänger gleichzutun.	
			Der Leiter der Astrolwerke findet das Verhalten des Ich-Erzählers zwar merkwürdig, aber bewundernswert. Er versteht die Motive des Stelzengängers.	
			Die Kurzgeschichte hat ein Happy-End.	

b) Sprache

stimmt	stimmt nicht	stimmt z.T.	Aussage	Begründung/ Textstelle/Zitat
			Die Kurzgeschichte „Der Stelzengänger" von Günter Eich ist sehr realistisch geschrieben. Das, was hier beschrieben wird, könnte genauso passiert sein.	
			Die Kurzgeschichte von Günter Eich ist eine Art Märchen. Sie kann einfach nicht stimmen, denn an manchen Stellen wird klar, dass alles nur erfunden ist.	
			Eigentlich ist die Kurzgeschichte schon realistisch und ernst erzählt, man glaubt an das, was erzählt wird. Aber einige Stellen können nur ironisch gemeint sein, zu grotesk erscheint das Erzählte. Somit steht der Ernst des Stelzengängers in Spannung zur Ironie des Autors.	

c) Thema und Bedeutung

stimmt	stimmt nicht	stimmt z.T.	Aussage	Begründung/ Textstelle/Zitat
			In der Kurzgeschichte „Der Stelzengänger" geht es thematisch darum, wie man am besten Werbung für ein Unternehmen macht.	
			In der Kurzgeschichte wird gezeigt, wie man heutzutage den Spagat zwischen Privat- und Berufsleben hinbekommt. Der Stelzengänger ist ein Vorbild für alle, die Beruf und Privatleben nicht vereinbaren können.	
			In der Kurzgeschichte geht es um Identität. Das Stelzenlaufen ist mit der Identität des Ich-Erzählers direkt verbunden. Verbietet man ihm das Laufen, entzieht man ihm zugleich den Boden seiner Existenz. Daher kämpft der Ich-Erzähler so verbissen um die Erlaubnis des Stelzengehens.	
			Um das Stelzenlaufen geht es nur in diesem konkreten Beispiel. Letztlich wirft die Kurzgeschichte die Frage auf, ob es auch heute Möglichkeiten gibt, unsere wahre Identität in unseren Beruf einzubringen, oder aber ob wir gezwungen werden, Beruf und Privatleben radikal zu trennen.	

Kurt Marti: Neapel sehen (1960)

Er hatte eine Bretterwand gebaut. Die Bretterwand entfernte die Fabrik aus seinem häuslichen Blickkreis. Er hasste die Fabrik. Er hasste die Maschine, an der er arbeitete. Er hasste das Tempo der Maschine, das er selber beschleunigte. Er hasste die Hetze nach Akkordprämien, durch welche er es zu einigem Wohlstand, zu Haus und Gärtchen gebracht hatte. Er hasste seine Frau, so oft sie ihm sagte, heut Nacht hast du wieder gezuckt. Er hasste sie, bis sie es nicht mehr erwähnte. Aber die Hände zuckten weiter im Schlaf, zuckten im schnellen Stakkato der Arbeit. Er hasste den Arzt, der ihm sagte, Sie müssen sich schonen, Akkord ist nichts mehr für Sie. Er hasste den Meister, der ihm sagte, ich gebe dir eine andere Arbeit, Akkord ist nichts mehr für dich. Er hasste so viele verlogene Rücksicht, er wollte kein Greis sein, er wollte keinen kleineren Zahltag, denn immer war das die Hinterseite von so viel Rücksicht, ein kleinerer Zahltag. Dann wurde er krank, nach vierzig Jahren Arbeit und Hass zum ersten Mal krank. Er lag im Bett und blickte zum Fenster hinaus. Er sah sein Gärtchen. Er sah den Abschluss des Gärtchens, die Bretterwand. Weiter sah er nicht. Die Fabrik sah er nicht, nur den Frühling im Gärtchen und eine Wand aus gebeizten Brettern. Bald kannst du wieder hinaus, sagte die Frau, es steht jetzt alles in Blust. Er glaubte ihr nicht. Geduld, nur Geduld, sagte der Arzt, das kommt schon wieder. Er glaubte ihm nicht. Es ist ein Elend, sagte er nach drei Wochen zu seiner Frau, ich sehe nur immer das Gärtchen, sonst nichts, das ist mir zu langweilig, immer dasselbe Gärtchen, nehmt einmal zwei Bretter aus dieser verdammten Wand, damit ich was anderes sehe. Die Frau erschrak. Sie lief zum Nachbarn. Der Nachbar kam und löste zwei Bretter aus der Wand. Der Kranke sah durch die Lücke hindurch, sah einen Teil der Fabrik. Nach einer Woche beklagte er sich, ich sehe immer das gleiche Stück Fabrik, das lenkt mich zu wenig ab. Der Nachbar kam und legte die Bretterwand zur Hälfte nieder. Zärtlich ruhte der Blick des Kranken auf seiner Fabrik, verfolgte das Spiel des Rauches über dem Schlot, das Ein und Aus der Autos im Hof, das Ein des Menschenstromes am Morgen, das Aus am Abend. Nach vierzehn Tagen befahl er, die stehen gebliebene Hälfte der Wand zu entfernen. Ich sehe unsere Büros nie und auch die Kantine nicht, beklagte er sich. Der Nachbar kam und tat, wie er wünschte. Als er die Büros sah, die Kantine und so das gesamte Fabrikareal, entspannte ein Lächeln die Züge des Kranken. Er starb nach einigen Tagen.

Aus: Kurt Marti: Neapel sehen. Erzählungen. Ausgewählte Erzählungen aus Dorfgeschichten, Bürgerliche Geschichten, Nachtgeschichten. Mit einem Nachwort von Elsbeth Pulver. © 1996 Nagel & Kimche im Carl Hanser Verlag, München

1. Geben Sie den Inhalt der Kurzgeschichte in eigenen Worten wieder.

2. Analysieren Sie die Kurzgeschichte unter besonderer Berücksichtigung der sprachlichen und stilistischen Mittel. Welche Rolle spielt der Raum, insbesondere die Bretterwand, für die Entwicklung des Protagonisten?

Sprachliche Mittel erkennen und deuten

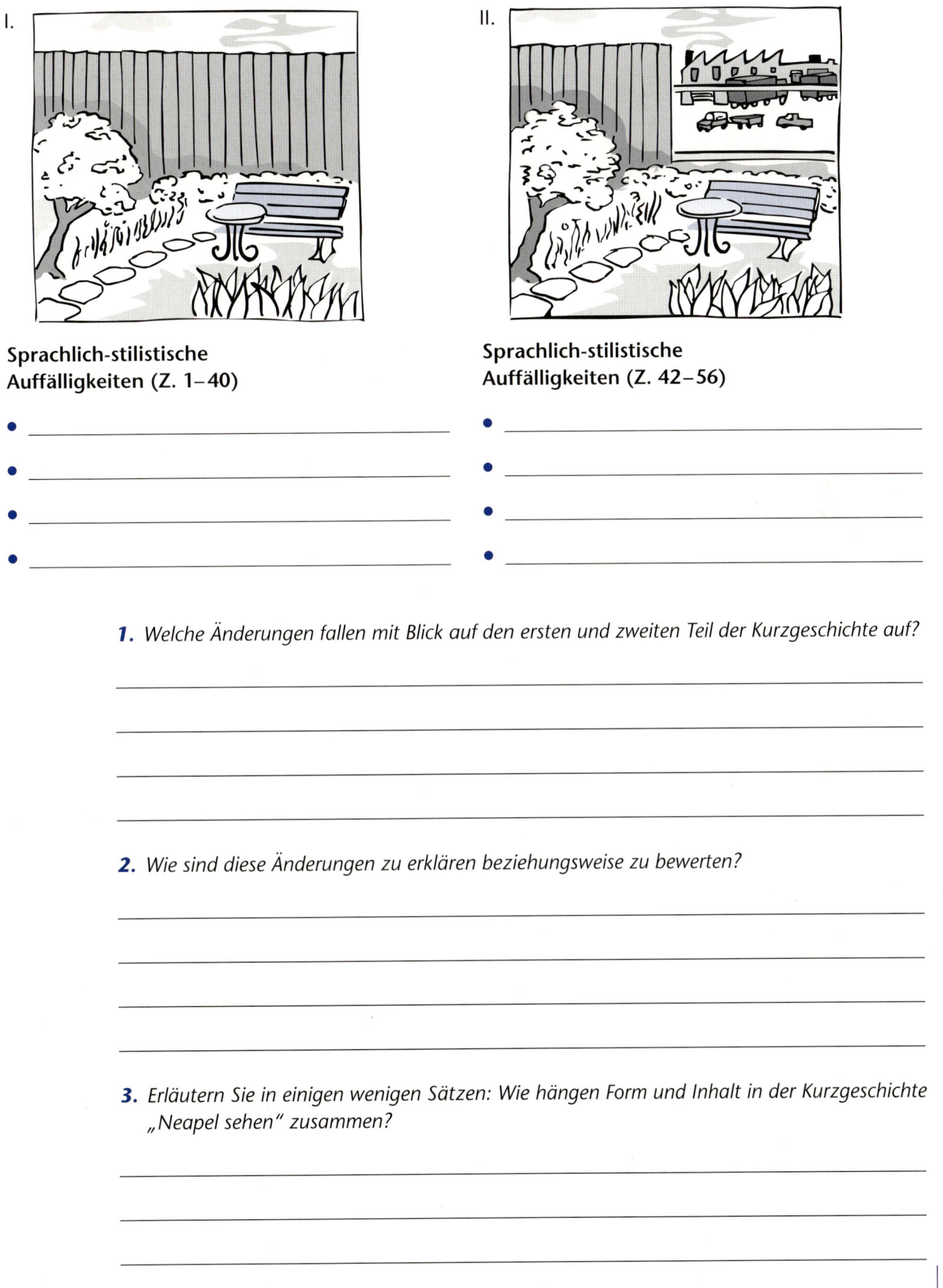

I.

II.

Sprachlich-stilistische
Auffälligkeiten (Z. 1–40)

- _____
- _____
- _____
- _____

Sprachlich-stilistische
Auffälligkeiten (Z. 42–56)

- _____
- _____
- _____
- _____

1. Welche Änderungen fallen mit Blick auf den ersten und zweiten Teil der Kurzgeschichte auf?

_____
_____
_____
_____

2. Wie sind diese Änderungen zu erklären beziehungsweise zu bewerten?

_____
_____
_____
_____
_____

3. Erläutern Sie in einigen wenigen Sätzen: Wie hängen Form und Inhalt in der Kurzgeschichte „Neapel sehen" zusammen?

_____
_____
_____
_____

Thesenpuzzle zu *Neapel sehen*

Thesenkarte 1

Die Kurzgeschichte „Neapel sehen" erzählt die tieftraurige Lebensgeschichte eines Mannes, der sein Leben lang in einer Fabrik Akkord geschuftet hat und kurz vor dem verdienten Ruhestand so krank wird, dass er innerhalb weniger Wochen stirbt. Der Arbeiter hat in den letzten Wochen seines Lebens genug Zeit, über sein Leben nachzudenken. Ihm wird klar, dass er seinen Ruhestand hätte besser planen sollen. Er wäre besser weit weg von der Fabrik gezogen, am besten nach Neapel, wo es immer warm und sonnig ist. Weil er aber als Kranker immer nah an der Fabrik lebt, kriegt er sie nicht aus seinem Kopf. Er wird niemals sein „Neapel" sehen. Der Leser lernt: Beruf und Privatleben kann man nicht miteinander vereinbaren.

Thesenkarte 2

Die Aussage der Kurzgeschichte „Neapel sehen" ist zu komplex, als dass man sie in einem Satz auf den Punkt bringen könnte. Es wird klar, dass die radikal-selbstzerstörerische Haltung des Mannes zur Arbeit ein tragischer Fehler war. Der Tätigkeiten des Fabrikarbeiters sind geprägt von Akkordarbeit, Hetze, Maschinen und Zahltag. Alles dreht sich um das Geld, wenig um den Menschen selbst. In der Folge steigert sich der Hass des Mannes auf seine Umwelt und die Fabrik als Ausdruck seiner Machtlosigkeit und Ohnmacht gegenüber dem Arbeitsprozess, den er aber aufgrund des selbstverdienten kleinen Wohlstandes nicht unterbrechen will oder kann.

Thesenkarte 3

Die Kurzgeschichte Kurt Martis ist eine radikale Kritik am kapitalistischen Wirtschaftsprozess. Dieser enthumanisiert den Arbeitenden, macht ihn zum Sklaven eines anonymen Machtapparates, nach dessen Logik und Imperativen (Akkord) alle Arbeitnehmer funktionieren. Entsprechen sie jedoch nicht mehr den Anforderungen des Systems, werden sie aussortiert und bekommen weniger Lohn. Nur wer Leistung bringt, wird belohnt, der Rest wird aussortiert. Nach einem Leben für den Profit bleibt ein vom Hass geprägtes Etwas übrig, das einmal ein Mensch war. Doch von Wohlstand, Haus und Gärtchen lässt sich der Leser nicht blenden, der Mann erscheint nur als ausgehöhlter, leerer Diener des Systems, auf dessen Altar er sich selbst zum Opfer bringt. Von den Früchten seiner Arbeit bleibt ihm nämlich nichts. Da die Kritik sich gegen den Kapitalismus als Wirtschaftsform richtet, kann man sie als kommunistisch bezeichnen. Der Kommunismus aber hat den Systemkampf gegen den Kapitalismus 1989 endgültig verloren. Insofern ist die Botschaft der Kurzgeschichte veraltet.

Thesenkarte 4

Die Kurzgeschichte hat ein Happy-End. Dieses besteht gerade darin, dass nicht das Gärtchen das „Neapel" des Mannes ist. Das Schönste und Wichtigste, das man vor seinem Tod noch sehen will, sein „Neapel", ist gerade die Arbeitswelt, die er aus seinem Leben vertreiben wollte. Der Mann begreift, dass die Arbeitswelt seine Lebenswelt war. Die Härte des Lebens wird zwar nicht geleugnet, doch die Geschichte lässt utopisch Hoffnung auf eine bessere Arbeitswelt entstehen, in der Arbeit nicht zwangsläufig zur Selbstzerstörung und Entfremdung von sich selbst führt. Das macht die Aktualität der Kurzgeschichte aus.

Vorlage Thesenpuzzle

Rang 1

Begründung:

Rang 2

Begründung:

Rang 3

Begründung:

Theo Schmich: Die Kündigung (1977)

„Im Zuge notwendiger Personaleinsparungen müssen wir leider auch Sie entlassen", sagte der Personalchef zu dem Mann, den er in sein Büro gerufen hatte und der ihm nun gegenüber saß. Bekümmert hob er die Arme und ließ sie wieder sinken, um darzutun, wie leid ihm diese Entscheidung tat.

Der Mann antwortete nicht sofort. Es kam zu plötzlich. „Sie sind nicht der Einzige", sagte der Personalchef nach einer Pause. „Wir mussten noch achtzig andere entlassen." Der Mann nahm an, dass das ein Trost sein sollte. Ungläubig schüttelte er den Kopf. „Wieso bin gerade ich dabei?", fragte er schließlich. „Bin ich – habe ich denn so schlecht gearbeitet?"

„Das weiß ich nicht!", antwortete der Personalchef. „Ich teile Ihnen Ihre Entlassung nur mit. Sie brauchen es nicht persönlich zu nehmen. Unser Elektronenrechner hat Sie und die achtzig anderen ausgesucht." „Wie das?", fragte der Mann verwirrt.

„Wir haben dem Rechenautomaten die Daten aus den Akten sämtlicher Belegschaftsmitglieder eingegeben" erklärte der Personalchef ungeduldig. „Nun, und dabei hat der Automat eben entschieden, dass Sie am ehesten für eine Entlassung in Frage kommen. So leid es uns natürlich tut, überhaupt einen Mann entlassen zu müssen."

„Aber – ich verstehe nicht –", stotterte der Mann. „Mehr kann ich Ihnen dazu nicht sagen", fiel der Personalchef ihm ins Wort. „Ich wünsche Ihnen für die Zukunft alles Gute. Sie entschuldigen mich. Ich muss noch achtzig weitere zu mir rufen. Kopf hoch! Sie sind noch nicht so alt, als dass Sie nicht woanders etwas finden könnten." Dabei setzte er ein so liebenswürdiges und optimistisches Lächeln auf, dass der Mann für einen flüchtigen Augenblick glaubte, es sei etwas Schönes, entlassen zu werden.

Er blieb noch einen Moment sitzen. Das Ganze kam ihm so unwirklich vor. Doch schließlich erhob er sich, murmelte „Danke" und ging hinaus.

Während er durch die vertrauten Flure des Bürogebäudes schritt, wiederholte er sich ständig, was der Personalchef gesagt hatte. Und allmählich wurde er sich der ganzen Tragweite seiner Entlassung bewusst. Er war versucht, zurückzulaufen und den Personalchef um Gnade zu bitten. Aber dann ließ er es. O ja, er glaubte schon, dass er nach Ablauf der Kündigungsfrist eine andere Arbeit würde gefunden haben. Aber wer gab ihm die Sicherheit, dass es so war?

Und noch etwas fraß in ihm. Wieso hatte man ihn entlassen? Man entließ niemanden ohne Grund. Wieso ihn? Vielleicht fand er tatsächlich eine neue Arbeit. Aber zu wissen, dass die Firma seine Arbeit während der vergangenen Jahre so beurteilt hatte, dass sie gut und gerne darauf verzichten konnte!

Wer hatte so über ihn geurteilt? Der Elektronenrechner? Das war eine tote Maschine. Aber wer hatte die Daten zusammengestellt, die der Maschine eingegeben worden waren? Er wandte sich an seinen Chef. „Wieso bin ich entlassen worden?", fragte er.

„Richtig!", antwortete der Chef und griff an die Stirn. „Ich hätte mit Ihnen darüber sprechen wollen. Tja, ich war selbst überrascht. Ich verzichte ungern auf Sie. Aber die Maschine", – der Chef schien sich des feinen Witzes durchaus bewusst zu sein, denn er lächelte an dieser Stelle – „hat gegen Sie entschieden. Wir haben den Rechenautomaten mit den Daten sämtlicher Mitarbeiter gefüttert. Und dabei sind eben auch Sie zur Entlassung vorgeschlagen worden. Ein unerwartetes Ereignis, gewiss. Aber wenn wir die Ergebnisse des Automaten im Voraus wüssten, bräuchten wir keinen Automaten mehr, nicht?"

Und wieder freute sich der Chef über den kleinen Scherz, der ihm da gelungen war.

„Danke!", sagte der Mann und ging. Wie schnell man den Glauben an einen Menschen verlieren konnte. „Der Betriebsrat!", schoss es ihm durch den Kopf. Der würde ihm weiterhelfen. Dort würde er die wahren Gründe für seine Entlassung erfahren. Und vielleicht fand man dort sogar Wege, sie rückgängig zu machen. Das war doch möglich! War nicht der Chef von seiner Entlassung überrascht gewesen? Und auch der Personalchef hatte doch gesagt, dass man nichts gegen ihn persönlich habe. Vielleicht war alles nur ein Irrtum. Der Betriebsrat würde einen Ausweg wissen! Er ging zu ihm.

„Nein!", sagte der Betriebsrat. „Es hat schon alles seine Richtigkeit. Wieso sollten wir die Entscheidung des teuren Elektronenrechners anzweifeln? Wir haben ihn mit den Daten aller Belegschaftsmitglieder –." „Das weiß ich!", fiel der Mann ihm ins Wort. „Aber wieso. Wieso sehen meine Daten so aus, dass der Rechner zu einer solchen Entscheidung kommen konnte? Was ist der eigentliche Grund für meine Entlassung?"

Der Betriebsrat legte die Arme auf die Lehnen seines Sessels. Seine Gestalt straffte sich wie die eines Redners, der eine wohlvorbereitete Ansprache zum soundsovielten Male wiederholt.

„Im Zuge notwendiger Einsparungen mussten wir achtzig Mitarbeiter entlassen, unter denen auch Sie sind", sagte er. „Das ist der Grund!" Der Mann erhob sich, murmelte ein „Dankeschön" und ging. Natürlich bemühte er sich nun um eine andere Arbeit. Aber die Kündigungsfrist schmolz immer mehr zusammen. Sie saß ihm im Nacken, wie ein Verfolger, dem man zwar zu entgehen hofft, von dem man aber auch weiß, dass es eine Katastrophe gibt, wenn es nicht gelingt. Noch nie war ihm bewusst geworden wie jetzt, wie sehr er in Abhängigkeit lebte. Ihm kamen – gewiss nur, weil man ihn so plötzlich entlassen hatte – ketzerische Gedanken. War er wirklich mehr als ein Sklave? Zwar durfte er einmal im Jahr seinen Wohnort für einen dreiwöchigen Urlaub verlassen. Und auch an den Wochenenden konnte er sich ziemlich frei bewegen. Doch während der übrigen Zeit gehörte er seinem Arbeitgeber. Und wenn es diesem gefiel, so kündigte er ihm. Und mit der Arbeit blieb dann auch das Geld aus und ohne Geld –

Der Mann hatte plötzlich das Gefühl, keine Luft mehr zu bekommen, als er sich alle möglichen Folgen seiner Entlassung ausmalte. Und dabei hatte er nicht einmal Grund, jemandem einen Vorwurf zu machen. Rechtlich war alles einwandfrei. Den Vertrag, der besagte, dass der Arbeitgeber ihm genauso gut kündigen konnte wie er ihm, hatte er selbst unterschrieben. Und auch die Kündigungsfrist wurde eingehalten. Nein, nein, es war alles in Ordnung! Und doch wäre ihm wohler gewesen, wenn er ein menschliches Wesen hätte fassen können, wenn er jemandem die Schuld für seine Entlassung hätte geben können. Personalchef, Betriebsrat, sein Vorgesetzter – jeder wälzte die Schuld auf den Elektronenrechner ab. Konnte man sich an einem Automaten rächen? Das war lächerlich. Aber war es nicht feige, sich hinter einem Automaten zu verstecken?

Ein paar Wochen später, an einem Sonntag, ertappte der Hausmeister der Firma den Mann. Er war in den Raum eingedrungen, in dem der Rechner aufgestellt war, und demolierte die Einrichtungen mit einem schweren Hammer.

„Wie gut wir daran taten, ihn zu entlassen", meinte der Personalchef, als er sich darüber mit dem früheren Vorgesetzten des Mannes unterhielt. „Sich wegen einer Kündigung so aufzuregen."

Aus: Theodor Karst (Hrg.): Texte aus der Arbeitswelt seit 1961. Stuttgart: Reclam 1974, S. 147–151

Eine Inhaltsangabe verfassen

Die Inhaltsangabe

Mit einer Inhaltsangabe informiert man jemanden knapp und präzise über den Inhalt eines Textes, eines Buches oder Films.

In der **Einleitung** nennt man Autor, Titel und Textart und gibt einen kurzen Handlungsüberblick. Einen guten Einleitungssatz zu verfassen ist nicht leicht, denn um einen knappen Überblick über die Handlung geben zu können, muss man den gesamten Text auch in seiner Bedeutung verstanden haben und das **Thema** benennen können, das mit dem Inhalt nicht identisch ist. Schreibe den Einleitungssatz daher erst, nachdem du dich gründlich mit dem Inhalt des Textes beschäftigt hast.

Im **Hauptteil** gibst du die zentralen Ereignisse (Personen, Ort, Zeitpunkt, wichtige Handlungsschritte) in eigenen Worten wieder. Eine Darstellung einzelner Details sollte hier nicht stattfinden, beschränke dich daher auf den Kern der Handlung, das Wesentliche. Stelle die Ereignisse in ihrem ursächlichen und zeitlichen Zusammenhang dar. Hier helfen vor allem Satzgefüge, mit denen man die erzählten Ereignisse begründen kann (**Kausalsätze:** „Weil der Mann 40 Jahre geschuftet hat, ist er nun erschöpft."; **Konsekutivsätze:** „Die Stimmung ist aufgeheizt, sodass er eine Mauer bauen lässt."), sowie Hinweise, die den temporalen Zusammenhang deutlich machen (**Temporalsätze:** „Nachdem er seinen Frieden mit der Vergangenheit gemacht hat, lässt er die Mauer wieder abreißen.").

Die **Sprache** der Inhaltsangabe sollte durch ihre informierende Absicht bestimmt sein: Sie ist sachlich und enthält keine Gefühlsäußerungen. Ersetze die direkte Rede durch die indirekte Rede oder eine Umschreibung. Denke in eigenen Worten und eigenen Sätzen. Übertrage schwierige Wörter in deine eigene Sprachebene. Wähle als **Tempus** immer das Präsens.

Überprüfe mithilfe der **W-Fragen** (Wer? Wo? Wann? Was? Warum? Wie?), ob deine Inhaltsangabe ausreichend informiert.

■ *Verfasse zu der Kurzgeschichte* _____
  eine Inhaltsangabe.

Zu einem literarischen Text Stellung beziehen

> Meiner Meinung nach haben der Chef, der Personalchef und der Betriebsrat das Richtige getan. Wie hätten sie sich denn anders verhalten sollen, schließlich haben sie den Computer doch selbst angeschafft. Und ein Computer irrt nie.
> (Paul)

> Dass der Mann am Ende den Computer zerstört, kann ich zwar verstehen, aber das bringt doch nichts. Da kriegt er höchstens noch mehr Ärger, weil die Polizei kommt. Wir Menschen sind in der Arbeitswelt immer von den Entscheidungen der Chefs abhängig. Da kann man leider nichts dran ändern. Das war immer so und das wird auch immer so bleiben. (Jakob)

> Ich finde das Verhalten der drei Vorgesetzten ziemlich mies. Das sind doch Feiglinge. Die trauen sich nicht, dem Mann die schwere Entscheidung selbst zu begründen. Stattdessen wälzen sie die gesamte Verantwortung auf einen Computer ab, den man nicht befragen kann. Deshalb kann ich die Reaktion des Mannes am Ende schon verstehen.
> (Marie)

1. Was hältst du von Aussagen der Schüler? Begründe.

a) Die Aussage von Jakob finde ich _____

_____

_____

_____

b) Die Aussage von Marie finde ich _____

_____

_____

_____

c) Die Aussage von Paul finde ich _____

_____

_____

_____

2. Stellt euch nun in der Gruppe eure Bewertungen aus Aufgabe 1 vor. Diskutiert vor allem die unterschiedlichen Einschätzungen, indem ihr nach Textstellen sucht. Einigt euch am Ende auf eine gemeinsame Position. Stellt diese Position vor der Klasse vor.

3. Verfasse in deinem Heft eine eigene Stellungnahme zum Verhalten der Vorgesetzten und des entlassenen Mannes. Begründe deine Meinung mit Beispielen aus dem Text.

Merkmale der Kurzgeschichte

Personen		Kurzgeschichte Textstelle
Held	„Durchschnittsmensch"	
sehr detailliert beschriebener Charakter	geringfügig beschrieben, wenig Angaben	
wechselhafter Charakter	standhafter Charakter	
vorbildlich	kein besonderes Vorbild	
namenlos, anonym	per Namen genau bestimmte Person	
Innenleben genau beschrieben	Äußerlichkeiten genau beschrieben	
Gedanken wichtiger als Taten	Taten wichtiger als Gedanken	
mehrere Personen im Mittelpunkt	eine Person im Mittelpunkt	
Gefühlswelt der Personen wird genauestens beschrieben	Gefühle werden sparsam geschildert; oft dienen Gestik und Mimik dazu, Gefühle indirekt zu zeigen	
Konflikte werden offen ausgesprochen und bearbeitet	Konflikte werden von den Personen eher verdrängt	

Thema/Handlung		Kurzgeschichte Textstelle
pointiert, auf den Punkt gebracht	ausufernd	
viele verschiedene Erzählstränge: ausschweifendes Erzählen	bewusst und streng komponiert (lineares Erzählen): Reduktion auf das Wesentliche	
ein ganzes Leben wird erzählt, inklusive Vor- und Nachgeschichte	Darstellung eines knappen Daseinsausschnitts	
konfliktgeladene Situation eines einzelnen Menschen	angesichts vieler Protagonisten ist es schwer zu sagen, um wen es letztlich geht	
lange orientierende Einführung des Lesers in die Handlung (Exposition)	plötzlicher, unvermittelter Einsatz der Handlung	
langsam ausklingendes Ende der Handlung	(pointierter), offener Schluss	
Individuum hat Vertrauen auf einen göttlich-metaphysischen Sinn der menschlichen Existenz verloren	Die Welt wird als sinnbestimmtes Ganzes und Harmonisches erfahren	
Konflikt besteht auch über das Handlungsende hinaus weiter	Für den Leser bleibt der Konflikt virulent	

Zusatzmaterial 1

Thema/Handlung		Kurzgeschichte Textstelle
Die Handlung spielt an einem Ort und umfasst einen relativ kurzen Zeitabschnitt (Aristoteles: Einheit des Ortes und der Zeit)	Die Handlung spielt an verschiedenen Orten, sie umfasst einen langen Zeitabschnitt, z. B. auch ein ganzes menschliches Leben	
personaler Erzähler/Ich-Erzähler bei insgesamt begrenztem Informationsgehalt	auktorialer Erzähler gibt dem Leser möglichst viel Informationen, um die Kurzgeschichte verstehen zu können	

Stimmung/Atmosphäre/Sprache		Kurzgeschichte Textstelle
nüchtern-prosaisch	ausgelassen	
gut gelaunt, heiter, fröhlich	bedrückend, belastet, traurig	
eher langweilig, ruhig	spannend	
gelassen	aufgeregt	
illusionslos, nachdenklich	fantasievoll, utopisch	
fast außergewöhnlich, fantastisch, surreal	alltäglich, normal, fast bieder	
einfache, schmucklose, nüchterne Sprache	ausgeschmückte, variantenreiche Sprache mit vielen Adjektiven	
Hypotaxe: stilistisch aufwändige Aufgliederung eines Gedankens in Haupt- und von diesen abhängigen Nebensätze zu oftmals kunstvoll geschachtelten Gefügen	oft parataktischer Stil: Nebeneinanderstellung gleichberechtigter, meist knapp formulierter Hauptsätze	

■ *Mithilfe dieser Tabelle kannst du wichtige **Merkmale der Kurzgeschichte** erarbeiten. Du kannst sie nutzen, indem du nach der Lektüre der jeweiligen Kurzgeschichte die einzelnen Merkmale abfragst und Zutreffendes farblich markierst. Dabei muss nicht immer jeder Oberbegriff zu einer Kurzgeschichte bearbeitet werden. Setze Schwerpunkte. Notiere in der rechten Spalte den Titel der Kurzgeschichte, auf die du dich beziehst, sowie evtl. eine Textstelle. In der leeren Spalte kannst du eigene Merkmale notieren, die du nicht in dieser Tabelle, aber in einigen von dir untersuchten Geschichten gefunden hast.*

Formen modernen Erzählens

I Der Erzählerstandort und die Erzählperspektive

Der Ort, von dem aus ein Erzähler seine Geschichte darbietet, kann sich **außerhalb oder innerhalb des erzählten Geschehens** befinden. Der Erzählerstandort wirkt sich auf das **Erzählverhalten** und das gesamte erzählte Geschehen aus.

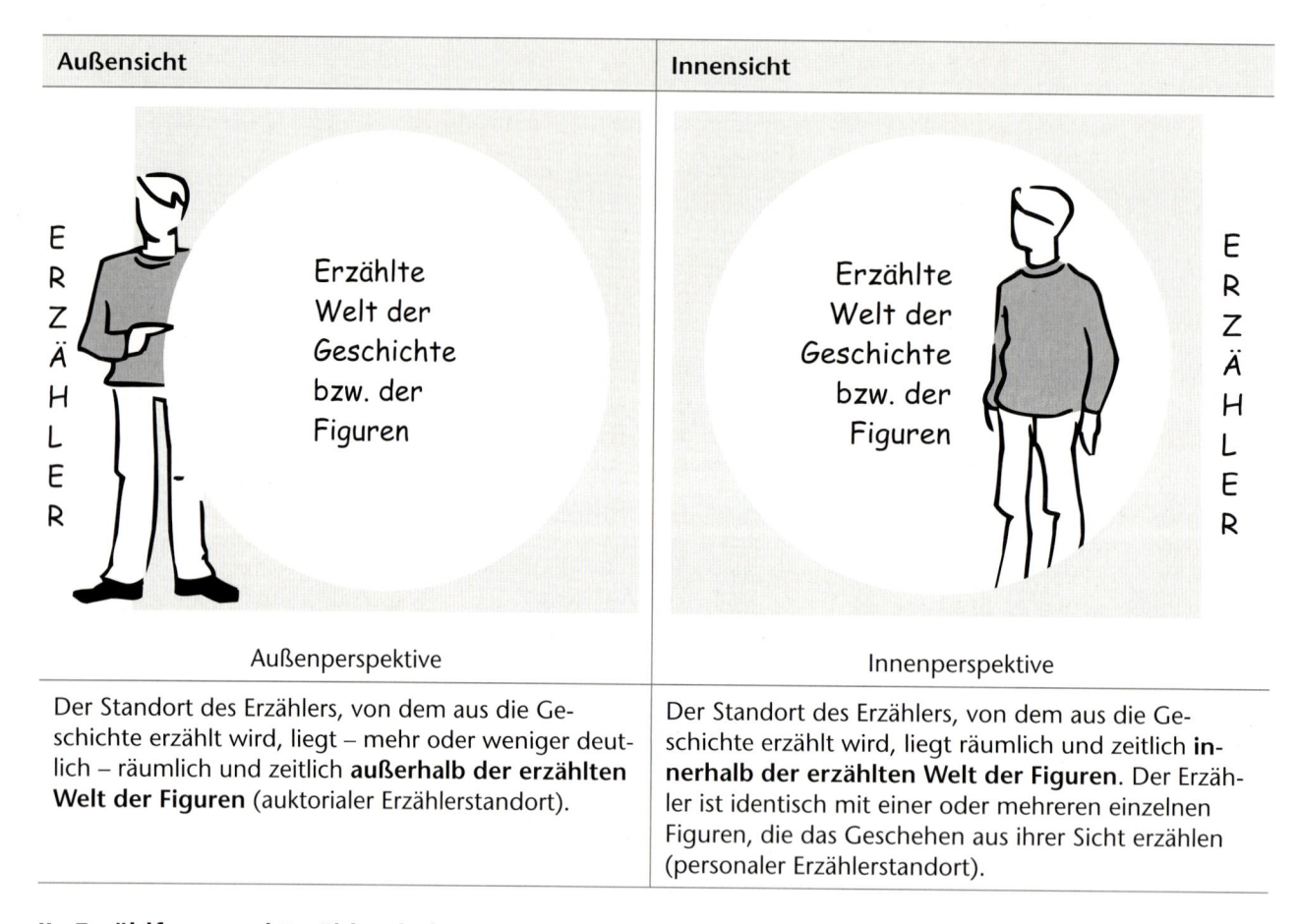

Außensicht	Innensicht
Außenperspektive	Innenperspektive
Der Standort des Erzählers, von dem aus die Geschichte erzählt wird, liegt – mehr oder weniger deutlich – räumlich und zeitlich **außerhalb der erzählten Welt der Figuren** (auktorialer Erzählerstandort).	Der Standort des Erzählers, von dem aus die Geschichte erzählt wird, liegt räumlich und zeitlich **innerhalb der erzählten Welt der Figuren**. Der Erzähler ist identisch mit einer oder mehreren einzelnen Figuren, die das Geschehen aus ihrer Sicht erzählen (personaler Erzählerstandort).

II Erzählform und Erzählverhalten

Ich: auktorial / personal / neutral

Erzählverhalten: auktorial / neutral / personal

Man kann verschiedene Formen des **Erzählverhaltens** voneinander unterscheiden. Sie gelten für die **Er- oder Ich-Form** gleichermaßen.

auktorial	Ein „allwissender" Erzähler, der den Erzählvorgang initiiert und lenkt, ist spürbar. Dieser Erzähler ist nicht identisch mit dem Autor! Da er auch in das Innere der Figuren sehen kann, kann neben die Außen- auch die Innensicht treten. Der Erzähler kommentiert und mischt sich ein, häufig spricht er auch den Leser an. Vorausdeutungen, Rückwendungen, Zusammenfassungen sind möglich, denn der Erzähler ist allwissend und kennt alle Hintergründe, die Vergangenheit und die Zukunft.
personal	Hier wird das Geschehen nicht von einem persönlich konturierten Erzähler vermittelt, sondern es spiegelt sich im Bewusstsein einer Figur (Innensicht). Der Leser wird damit zum „Augenzeugen" und teilt die Wahrnehmung einer Figur. Typisch sind Schilderungen von Bewusstseinsprozessen, von Gedanken und Gefühlen. Unmittelbarkeit wird durch Inneren Monolog oder Erlebte Rede erzeugt.
neutral	Der Erzähler zieht sich ganz aus der Figurenwelt zurück. Es wird sachlich und in strenger Außensicht erzählt. Der Erzähler greift weder als erkennbare auktoriale Erzählerpersönlichkeit ins Geschehen ein, noch wählt er die individuelle Optik einer der beteiligten Figuren. Es findet sich ein hoher Anteil szenischer Darstellung (direkte Rede).
Ich-Form	Hier ist das Besondere, dass der Erzähler gleichzeitig eine Figur der Handlung ist. Wird rückblickend erzählt, ergibt sich eine Unterscheidung zwischen _erlebendem_ und _erzählendem Ich_. Dabei ist die Ich-Form prinzipiell mit jeder der drei Formen des Erzählverhaltens (auktorial, personal und neutral) verknüpfbar, je nachdem, ob die Perspektive ganz in das erlebende Ich rutscht oder das erzählende Ich auktorial allwissend kommentieren kann.

auktoriale Ich-Erzählung	personale Ich-Erzählung
Das erzählende Ich (= _sich erinnernde Ich_) kommentiert, wertet oder distanziert sich von früherem Verhalten des erlebenden Ichs. Es kennt die Zukunft.	Das Geschehen wird nur oder weitgehend aus der Sicht des erlebenden Ichs (= _erinnerten Ichs_) vermittelt: Dieses Ich ist befangen im Erleben.

Vgl. Bettina Greese: Die Kurzgeschichte auf dem Weg ins 21. Jahrhundert. Paderborn: Schöningh 2007, S. 45f.

Kommunikationsanalyse[1]

1. Situationsanalyse

Welche Faktoren der Situation bestimmen v.a. die Art und das Zusammenspiel des Handelns und des Redens?

- *Äußere Umstände*: Ort, Raum, Zeit, Klima, Gegenstände, Umstände, Atmosphäre
- *Personen*: Personenkonstellation, Rollenverteilung, persönliche Situation, Gefühle
- *gesellschaftl. Bedingungen*: politische, gesellschaftliche, epochale Bedingungen, Normen, ökonomische Lage
- *Veränderung der Situation:* Leben zu Tod, Macht zu Ohnmacht, Kälte zu Hitze

2. Handlungsanalyse

Welche Handlungen wirken v.a. auf die Situation und das Gespräch ein oder gehen aus ihnen hervor?

- Handlungs-/Entscheidungsträger; bewusstes, gesteuertes, spontanes Handeln
- Handlungsspielraum, -alternativen, Handlungsablauf: vorausgehende Handlungen (z. B. ein Kopfschütteln, ein Klaps auf die Schulter)
- Arten des Handelns:
  - *konkret*: aufstehen, Kaffee eingießen, Formular reichen
  - *nonverbal*: lächeln, sich räuspern, mit den Fingern trommeln, ...
  - *symbolisch (Ritual):* Blumen überreichen
  - *erinnert*: Erfahrungen mit dem Gegenüber
  - *vorgestellt*: unterdrückte Wunschvorstellungen, erwartete Handlungen in der Zukunft, ...

3. Rede-/und Gesprächsanalyse

Welche Bedeutung haben Gesprächs- und Redeanteile für die Situation und die konkreten Handlungen?

- *Sprachhandlungen, verbale Handlungen*: bitten, danken, nötigen, fordern, lügen, beschuldigen, raten, bestreiten, unterstellen, rechtfertigen, widersprechen, schmeicheln
- *Sprachstile der Figurenreden*: zeittypische Formen, geschlechtsspezifisch, enge personale Perspektive
- *Gesprächstypus*: Verhör, Interview, Enthüllungsgespräch, Entscheidungsgespräch, Konversation, Ritual, zerstreutes Gespräch, Einschüchterungsgespräch
- *Redesequenzen*: typische Abfolge der Beiträge, z. B. Streitgespräch mit Vorwurf – Rechtfertigung/Gegenvorwurf – Ausweichen – Verstärken des Vorwurfs – Aggression – Beschwichtigung; oder Interview: Frage – Antwort – Gegenfrage
- *Gesprächsinitiativen*: Impulse, Redeanteile, Dominanz
- *Gesprächsstörungen*: mangelnde Eindeutigkeit, Missverständnis, Ironie, Anspielungen, Zurückhaltung von Information, Formen der Zensur, des Lügens, der Täuschung, des Übergehens
- *Rederichtung*: dialogisch, monologisch, innerer Monolog, öffentliche Rede
- *Redemittel*: rhetorische Mittel, bildliche Mittel, Redewendungen

---

[1] Vgl. www.fachdidaktik-einecke.de/4_literaturdidaktik/kommunikationsanalyse_meth.... 27.05.2007

Rhetorische Figuren (Übersicht)

■ *Welche rhetorischen Mittel liegen vor? Bestimmen Sie auf der Basis der Tabelle folgende Beispiele.*

1 Ich schlafe am Tag, in der Nacht wache ich.
2 Wer ist schon perfekt?
3 Er schaut nicht rechts, er schaut nicht links.
4 Das lern ich nie und nimmer.
5 Ein Feuerwerk der Gefühle durchzischte mich.
6 Ich fühle mich mies, elend, vollkommen daneben!
7 Er lernt den ganzen Goethe auswendig.
8 Vera ist vollschlank.
9 Mars macht mobil.

Alliteration	Milch macht müde Männer munter.	Wiederholung der Anfangsbuchstaben bei Wörtern
Anapher	Er schaut nicht die Felsenriffe/Er schaut nur hinauf ...	Wiederholung eines oder mehrerer Wörter an Satz-/Versanfängen
Antithese	Der Wahn ist kurz, die Reu ist lang.	Entgegenstellung
Chiasmus	Die Kunst ist lang und kurz ist unser Leben	Überkreuzstellung, spiegelbildliche Anordnung von syntaktisch oder bedeutungsmäßig einander entsprechenden Satzgliedern
Euphemismus	*verscheiden* statt *sterben*	Beschönigung
Ironie	Das hast du ja mal wieder toll hinbekommen!	unwahre Behauptung, die durchblicken lässt, dass das Gegenteil gemeint ist
Klimax	Ich kam, sah und siegte.	dreigliedrige Steigerung
Metapher	Der Verstand ist ein Messer in uns	Bedeutungsübertragung; sprachliche Verknüpfung zweier semantischer Bereiche, die gewöhnlich nicht verbunden sind
Metonymie	Das Weiße Haus macht wieder einmal Schlagzeilen.	Ersetzung eines gebräuchlichen Wortes durch ein anderes, das zu ihm in unmittelbarer Beziehung steht, z. B. Ort für Person(en)
Neologismus	Berufsjugendliche; Nebelspinne	Wortneuschöpfung
Oxymoron	Alter Knabe, beredtes Schweigen	Verbindung zweier sich logisch ausschließender Begriffe
Paradoxon	Vor lauter Individualismus tragen sie Uniform	Scheinwiderspruch
Parallelismus	Das Schiffchen fliegt, der Webstuhl kracht	Wiederholung gleicher syntaktischer Fügungen
Personifikation	Vater Staat	Vermenschlichung
Rhetorische Frage	Wer ist schon perfekt?	scheinbare Frage, bei der jeder die Antwort kennt
Symbol	*Taube* als Symbol des Friedens; *Ring* als Symbol der Treue und Ewigkeit	Sinnbild, das über sich hinaus auf etwas Allgemeines verweist; meist ein konkreter Gegenstand
Synästhesie	Schreiendes Rot, heiße Musik	Verschmelzung verschiedener Sinnesbereiche zur Steigerung der Aussage
Tautologie	Persil wäscht nicht nur sauber, sondern rein	Doppelaussage
Vergleich	Achill ist stark wie ein Löwe	Verknüpfung zweier semantischer Bereiche durch Hervorhebung des Gemeinsamen

Vgl. Bettina Greese: Die Kurzgeschichte auf dem Weg ins 21. Jahrhundert. Paderborn: Schöningh Verlag 2007, S. 125

Internetwerbung[1]

Stelzenläufer für Ihre Werbeaktion – der ideale Blickfang für Kunden und Passanten

C. Dickens, der Mann mit Überblick, verwickelt die Besucher in lustige Dialoge und Ihre Gäste werden aktiv in das Geschehen eingebunden.

Warum C. Dickens?

- Jeder Gast wird persönlich angesprochen.
- Jeder Gast erhält ein individuelles, handgemachtes Souvenir aus Ihrem Haus (Luftballontier beliebt bei Alt und Jung).
- C. Dickens zaubert ein Lachen in die Gesichter der Kinder, was den Eltern zeigt, dass Sie auch an die Kleinen denken.
- Er fördert die Kommunikation und schafft Ihren Gästen eine angenehme Atmosphäre.

Sie haben etwas Besonderes zu feiern und wollen alle Ihre Gäste kurz zuvor oder währenddessen daran erinnern, dann nutzen Sie doch einfach die Erfahrung von C. Dickens, denn keiner kann so einprägsam für jeden der „Knoten im Taschentuch" sein.

- Der Entertainer auf Stelzen erinnert mobil an Ihre Veranstaltung und ist auf Plätzen und Straßen die gefragteste Person, denn jeder will ihn aus der Nähe sehen.
- Flyer werden visuell auffällig und gezielt an Ihre Gäste verteilt.
- Sie verstärken Ihre Werbung, denn C. Dickens ist ein begehrtes Motiv für Bilder in der Zeitung oder im lokalen Fernsehen.

Warum C. Dickens auf Ihre Firmenfeier gehört:

- C. Dickens begrüßt Ihre geladenen Gäste und versorgt sie mit wichtigen Informationen zum Event.
- Lockern Sie die Atmosphäre auf, denn jeder Ihrer Gäste kann sich in das Geschehen einbringen.
- Ihre Partner lernen sich kennen, da durch C. Dickens eine Brücke gebaut wird.

C. Dickens passt auf Straßen- und Sommerfeste, Tag der offenen Tür, Jubiläen, Firmenfeste, Messen: Er ist für jeden Anlass geeignet!

---

[1] Quelle: http://www.c-dickens.de/stelzengehen_muenchen.html (2007)

Schreibanlässe (I)

E. Hopper: Chair car (1965)

Die Frau auf dem Bild reist mit ihrem Freund per Bahn. Als der Zug auf offener Strecke hält, verschwindet der Mann für – wie er sagt – „einen kurzen Moment", um den Grund für den Halt zu erfahren. Als der Mann nach über einer Stunde wiederkehrt, sieht er blass und verstört aus. Auch auf Nachfrage seiner Frau schweigt er beharrlich. Was kann der Grund für sein seltsames Verhalten sein?

■ *Verfasse zu diesem Plot eine Kurzgeschichte aus Sicht des Mannes oder der Frau.*

■ *Verfasse zu dem Foto „Verzweifelter Kampf gegen die Fluten" eine Kurzgeschichte.*

Schreibanlässe (II)

45 Kinder vor Sturz in den Abgrund gerettet

Balderschwang/Friesoythe (dpa). Ein beherzter Sport- und Mathematiklehrer hat gestern im Oberallgäu einen Bus mit 45 Achtklässlern und vier Lehrern aus Friesoythe (Kreis Cloppenburg) vor dem Sturz in den Abgrund bewahrt. Als der Fahrer auf einer engen Passstraße das Bewusstsein verlor, habe der Pädagoge ins Lenkrad gegriffen und das Fahrzeug am Straßenrand zum Stehen gebracht, teilte die Polizei mit.

WB, 27.1.2004

Wunder unter Trümmern
Sechs Tage im Schutt überlebt

Teheran (dpa). Wunder in den Trümmern: Hilfsmannschaften haben mehrere Tage nach dem katastrophalen Erdbeben im Iran weitere Verschüttete gerettet. Ein 27-jähriger Mann habe sechs Tage lang in einem Kleiderschrank unter dem Schutt überlebt, bevor er geborgen wurde, meldete das staatliche Fernsehen gestern. Einen Tag zuvor hatten Helfer nach Angaben des Senders drei Männer und zwei Frauen in Barawat in der Nähe der beinahe vollständig zerstörten Stadt Bam geborgen.

WB, 2.1.2004

Fallschirm hing am Kran fest

München (WB/dpa). Mit einer dramatischen Bergungsaktion zwischen Himmel und Erde haben Feuerwehrmänner in München einen österreichischen Fallschirmspringer gerettet. Der sogenannte Basejumper war in der Nacht zum Samstag nach einem verbotenen und waghalsigen Sprung aus dem 35. Stockwerk des noch nicht fertiggestellten „Uptown-Tower"-Hochhauses von einer Windböe erfasst worden. Dabei verfingen sich seine Gurte am Querausleger eines Krans.
Der 32 Jahre alte Student blieb in Höhe des zehnten Stockwerkes hilflos hängen. In größter Lebensgefahr setzte er per Handy einen Notruf ab. Höhenretter der Münchner Feuerwehr bargen den Extremsportler mit starker Unterkühlung.

WB, 20.10.2003

1. *Inwiefern kann man bei allen drei Meldungen von außergewöhnlichen Ereignissen sprechen? Was haben die Menschen gemein?*

2. *Bei welchen Ereignissen spielt das Schicksal eine wichtige Rolle, wo sind das Verhalten und die Entscheidungen von Menschen von zentraler Bedeutung?*

3. *Verfasse zu einer dieser Meldungen eine Kurzgeschichte. Beachte dabei die Merkmale der Kurzgeschichte.*